LE SENTIER
DES,
PENSÉES

ÉCRIT PAR

DAVID L. LOMAX

Le Sentier de Pensées (Trail of Thoughts)

Afin de préserver leur anonymat, j'ai parfois changé les noms des personnes et des lieux, et j'ai pu modifier certaines caractéristiques et détails permettant de les identifier, tels que leurs ca-ractéristiques physiques, leurs professions et leurs lieux de résidence. Ce mémoire est un récit fidèle des événements réels qui ont marqué la vie de l'auteur.

Ce livre est conçu pour fournir des infos précises et fiables sur le sujet traité.

Publié aux États-Unis d'Amérique par Lomax Family, LLC.

ISBN :

979-8-9944775-4-0 (Broché/Paperback)
979-8-9944775-5-7 (Couverture rigide /Hardcover)
979-8-9944775-6-4 (Livre numérique/E-Book)
979-8-9944775-7-1 (Livre audio/AudioBook)

CARTE DE L'ALASKA

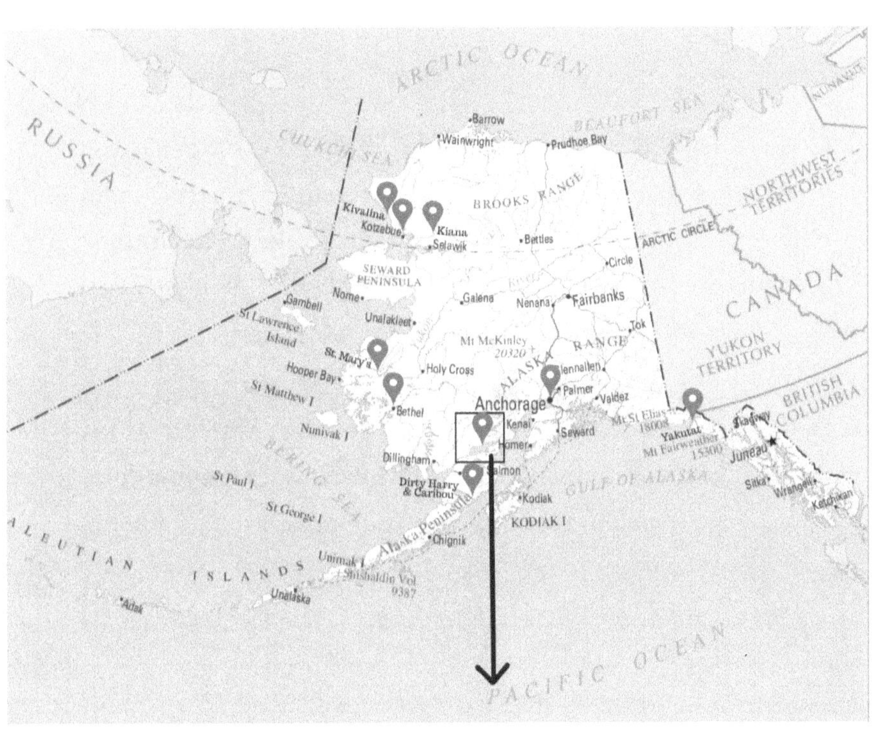

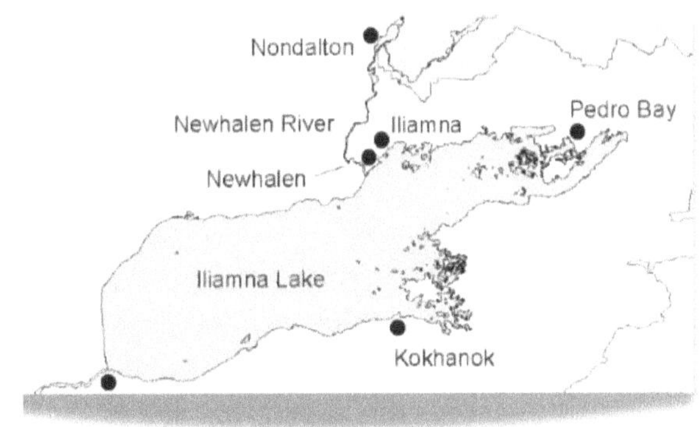

DÉDICACE ET REMERCIEMENTS

Ce livre est dédié à mon fils adoré, Robert. C'est grâce à sa gentille insistance et à son espoir sincère que je partage mes réflexions et que j'ai trouvé le courage de raconter cette histoire. Sa confiance en moi, même quand je doutais de moi-même, a été mon plus beau cadeau et ma motivation.

Je tiens aussi à remercier ma chère épouse, Marcela, dont l'amour, le soutien et l'aide sans faille dans la réalisation de ce livre ont rendu sa réalisation possible.

TABLE DES MATIÉRES

CHAPITRE 1
Cap au sud

Combien de kilomètres devais-je encore parcourir avant de désactiver les quatre roues motrices ? Ça ne pouvait pas être tout de suite.

Je venais de quitter le froid extrême. J'avais quitté l'Alaska et, alors que je me dirigeais vers des températures plus clémentes au Canada, j'ai remarqué des parcelles de terre sans neige à mesure que je roulais vers le sud, kilomètre après kilomètre. L'autoroute semblait bizarre ; là où elle était visible, la route était de couleur argile et très bosselée. La route inégale provoquait de fortes vibrations qui se propageaient jusqu'à la cabine du véhicule et à tout mon corps. J'ai baissé la vitre du camion Dodge blanc de 1995 et j'ai senti l'air froid sur le bout de mes doigts, ce qui m'a rafraîchi et revigoré. J'ai ressenti un sentiment de liberté.

Mon cœur débordait de joie maintenant que je portais un pull plutôt qu'un gros manteau d'hiver. Les nuits d'hiver avaient été si froides que j'avais peur que le radiateur gèle et endommage le moteur si j'éteignais le camion, car il n'y avait pas de bloc chauffant. Démarrer un moteur à froid quand il fait moins de zéro peut vraiment l'abîmer. Quand j'ai passé la frontière entre le Canada et l', il faisait tellement froid que j'ai dormi dans le camion en laissant le moteur tourner. Toute la nuit, j'ai vérifié les jauges. Pendant la journée, je n'ai pris aucun risque ; j'ai conduit doucement pour ne pas trop solliciter le camion.

Au fil de mon voyage, j'ai remarqué que les arbres étaient plus touffus et plus grands que ceux que l'on trouve plus au nord. J'ai toujours aimé les grands pins. Ils sont magnifiques, se dressant fièrement et dominant le monde. Leurs longues et larges branches surplombaient le sol, et leurs épais aiguilles vertes hérissées ajoutaient de la profondeur et de la douceur à ces géants.

J'étais impressionné par l'âge de certains de ces magnifiques géants de la forêt. Ils ont tellement d'histoire. Une partie de moi aurait aimé qu'ils puissent parler. Imaginez les leçons que nous pourrions tirer de ces gardiens de la forêt. C'était comme un rêve, et je me sentais en paix. C'était le 6 janvier 1998, le soleil se levait dans un ciel sans nuages, et je venais d'avoir trente-trois ans. C'était une belle journée pour être en vie.

Mais il me manquait quelque chose depuis un certain temps. J'avais besoin d'une pause dans mon boulot, mes affaires et l'hiver sombre, glacial et enneigé qui fait la réputation de l'Alaska. Les hivers en Alaska sont longs, et je commençais à avoir la bougeotte. J'avais besoin d'une ordonnance pour guérir, et le soleil était ce que le médecin m'avait prescrit. Alors, quand mon beau-père m'a demandé de lui rendre service et de conduire son camion au Mexique, où il passait l'hiver, j'étais plus que disposé à le faire. Je venais d'obtenir un nouvel emploi au ministère du Logement et du Développement urbain de l'Alaska (HUD). Ce travail me permettait de rester en ville la plupart du temps, ce qui me donnait la flexibilité et la possibilité de continuer à développer des propriétés. J'étais extrêmement reconnaissant à mon nouveau patron de m'avoir accordé un congé pour faire ce voyage.

Mon plan était d'éviter de rayer le camion, d'économiser autant que possible en réduisant les frais de voyage et de rembourser à mon beau-père une partie de l'argent qu'il m'avait prêté. Ce serait difficile, car j'avais dépensé tout ce que j'avais dans ma jeune entreprise, ce qui m'obligeait parfois à dormir dans le camion, dans le froid.

En roulant sur l'autoroute au Canada, je me demandais pourquoi la route était si bosselée, surtout que, comme les Alaskiens, les Canadiens ont du super matos pour déblayer la glace et la neige des routes. J'ai ralenti à 70 km/h. J'avais roulé assez longtemps et il était temps de faire une pause. M'arrêter me donnerait l'occasion de vérifier l'état de la route. Lorsque j'ai freiné, le camion a commencé à déraper. Bizarre, je ne vois pas de glace.

Finalement, le camion s'est complètement arrêté. Après m'être assuré qu'il était garé en toute sécurité sur le large accotement, j'ai regardé attentivement autour de moi pour voir si quelqu'un arrivait. Non, la voie semblait libre. Il était encore tôt le matin, il y avait donc très peu de véhicules sur la route. En ouvrant la porte et en regardant la route, j'ai vu qu'une fine couche de verglas la recouvrait. On l'appelle ainsi parce qu'il est difficile de voir la glace en conduisant. Cela crée des conditions de conduite extrêmement dangereuses, surtout la nuit.

Je suis sorti du camion et j'ai tout de suite glissé sur la route. J'ai commencé à déraper, presque hors de contrôle, et j'ai dû m'agripper à la poignée de la porte pour me retenir. Bon sang, c'est glissant. Me frayer un chemin jusqu'à l'autre côté du camion, qui était garé sur une légère pente, s'est avéré difficile. Après un petit moment, j'ai réussi à contourner le camion et j'ai finalement atteint le bord de l'accotement.

Le lendemain, j'ai décidé que je ne pouvais plus dormir dans le camion et j'ai décidé de trouver un hôtel ou un autre endroit avec un parking couvert pour pouvoir m'allonger dans un lit chaud. Heureusement, j'ai trouvé un bed & breakfast tard dans la soirée. Les propriétaires âgés m'ont accueilli avec cette chaleureuse hospitalité canadienne pour laquelle ils sont connus. Non seulement j'avais une chambre chaude pour dormir, mais le mari m'a proposé de garer le camion dans leur garage. Il m'a dit qu'il faisait -31 degrés Celsius, comme la nuit précédente, et qu'il faisait trop froid pour laisser le camion dehors. Je leur étais super reconnaissant.

NÉ DANS LA RÉGION de LA BAIE en novembre 1964, j'étais un garçon californien et j'aimais ça. À l'époque, c'était le paradis sur terre. Je veux dire, ce n'était pas le bon vieux temps, c'était le « super » vieux temps. On avait de super écoles et de bons potes, la ligue de baseball junior, le skateboard, la moto, une piscine dans le jardin construite par mon grand-père, le bateau, le ski nautique, la pêche, les courses de voitures, les matchs des 49ers au Candlestick Park, et de temps en temps, on allait à Baja, au Mexique, pour pêcher le thon albacore et plein d'autres trucs.

Une de mes activités préférées était de décoller ou d'atterrir à l'aéroport de San Francisco dans un Piper Twin Comanche privé et d'apercevoir le Golden Gate Bridge en allant ou en revenant de notre chalet. J'adorais le magnifique brouillard bas qui recouvrait les montagnes et la baie, enveloppant doucement le pont. Ça me détendait et m'apaisait toujours, comme si j'étais dans un autre monde. Je ne me lassais jamais de cette vue.

La famille s'est associée à une autre famille et est rapidement devenue un grand promoteur immobilier résidentiel florissant, construisant des copropriétés haut de gamme. Les partenaires étaient de bons amis et nous, les enfants, fréquentions les mêmes écoles. Un jour, les pères de chaque famille ont décidé d'étendre leur activité en déménageant à Anchorage, en Alaska, où ils se sont rapidement fait un nom, enrichissant le paysage urbain.

Sans trop savoir à quoi s'attendre, on a atterri à Anchorage pendant l'été 1975. J'avais encore la tête en Californie. Elton John venait de sortir *Captain Fantastic* et *KISS* se préparait pour ses grands concerts. J'espérais qu'ils viendraient en Alaska l'année suivante pour les célébrations du bicentenaire. Alors que l'avion descendait, j'ai pensé à mon meilleur pote Jimmy. On venait de voir les films *Tommy* et *Les Dents de la mer*. Après avoir vu Les Dents de la mer, on avait trop peur pour aller pêcher le requin avec son père dans la baie. Il me manquait ; on était comme des frères. *Que Dieu ait son âme.*

L'Alaska est surnommé la « dernière frontière » pour une bonne raison. Avec une superficie d'environ 663 300 miles carrés et plus de trois millions de lacs, il y a beaucoup d'espace à explorer. En tant que plus grand État de l'Union, il représente un cinquième de la superficie des 48 États contigus et est deux fois plus grand que le Texas. Il est facile de reconnaître l'importance de ce grand État et la liberté qu'il offre, la liberté d'explorer des terres frontalières sans limites. À notre arrivée, l'État comptait une petite population d'un peu plus de 400 000 habitants. On pouvait voler pendant des jours sans jamais croiser âme qui vive. À l'époque, il existait encore des endroits où aucun être humain n'avait jamais mis les pieds. Il en existe peut-être encore aujourd'hui. L'immensité du territoire et l'indépendance qu'il exige sont ce qui rend l'Alaska si mystérieux et séduisant.

Le pays du soleil de minuit est très différent de la Californie. Les étés sont courts et le temps peut passer de frais à chaud en un instant.

Les forêts sauvages verdoyantes entourées de grandes chaînes de montagnes enneigées, de lacs, de rivières, de cascades et d'une faune abondante sont d'une beauté à couper le souffle. Je fais référence en particulier à Anchorage, la plus grande ville de l'État, avec une population d'environ 174 000 habitants, et la troisième plus grande ville des États-Unis en termes de superficie, couvrant un peu plus de 1 900 miles carrés.

Les eaux du Cook Inlet, qui tirent leur nom du capitaine James Cook, qui a exploré la région en 1778, entourent la majeure partie d'Anchorage et forment un estuaire semi-fermé avec l'une des marées les plus hautes du monde. La hauteur moyenne des marées est de 9 mètres. C'est impressionnant de voir à quelle distance les marées s'étendent depuis le rivage.

Venant du climat tempéré de Californie, j'ai dû m'adapter rapidement et apprendre à travailler et à m'amuser pendant les étés courts et les hivers longs, sombres et glacials de l'Alaska.

Les hivers sont un peu différents des étés. Ils sont rudes, longs, sombres, glacials, enneigés et tempétueux. Parfois, surtout à Anchorage, il y a un truc climatique appelé « tempête de chinook ». Des vents forts soufflent de l'air chaud qui fait fondre rapidement la neige et la glace, laissant le sol mouillé et boueux et rendant les routes impraticables. Puis, une fois les tempêtes passées, toute cette boue et cette eau gèlent à nouveau.

Comme pour beaucoup de gens, l'hiver me déprimait parfois, mais la plupart de mes plaintes venaient du fait que je devais bosser dehors dans le noir total, avec des températures négatives. Avec le vent qui soufflait, tout semblait encore plus froid. Même si je me plaignais beaucoup, j'aimais bien faire plein de sports d'hiver.

Quand j'étais plus jeune, je faisais du ski alpin et du ski de fond, de la motoneige et du hockey. Si c'était un sport d'hiver, il y a de fortes chances que je l'aie pratiqué. J'ai même fait partie de l'équipe de ski de fond de mon collège, qui a participé aux championnats d'État et s'est classée dix-huitième. Je n'oublierai jamais cette course, car à environ cinquante mètres de la ligne d'arrivée, mon gant a glissé de ma main, emportant mon bâton avec lui, et j'ai donc dû terminer la course avec un seul bâton de ski à la main. Le commentateur a dit : « En voici un autre sans bâton. » J'ai juste éclaté de rire en franchissant la ligne d'arrivée, car je pensais être le seul à avoir perdu un gant et un bâton de ski ce jour-là.

Le sport d'hiver que j'aimais le plus était la motoneige. Les autres l'appellent « snowmobiling », mais je préfère le terme « snow machining ». Chaque fois que je pouvais faire un tour avec un ami, j'essayais de ne pas refuser. Bien sûr, mes activités préférées étaient celles des mois d'été.

J'adorais conduire des bateaux sur les rivières et les lacs, mais mon activité préférée était de piloter des hydravions. C'est dur de décrire la beauté de voler au-dessus d'un paysage luxuriant et d'avoir la liberté d'atterrir et de décoller sur n'importe lequel des millions de lacs et de rivières de notre choix. Même en volant autour de la baie de San Francisco, il n'y a toujours rien au monde qui puisse se comparer à ça, à cause de l'immensité et de la beauté des paysages de l'Alaska. Si tu aimes le plein air, l'Alaska est le paradis des activités de plein air.

CHAPITRE 2
Vue d'ensemble

Je voulais profiter de mon voyage de 6 400 km. Bon sang, j'ai envie de faire pipi. Je me retiens depuis longtemps depuis le dernier arrêt. *Après m'être garé sur le bas-côté et être sorti pour me soulager, j'ai levé les yeux vers le ciel et j'ai contemplé les grands arbres et les montagnes magnifiques. Je me sentais en paix. Le Canada est un pays tellement grand et magnifique. Les Canadiens étaient généralement polis, gentils et chaleureux avec moi. Le pays et ses habitants m'ont réchauffé le cœur, presque comme si j'étais chez moi.* Je ferais mieux de me remettre au volant si je veux arriver dans l'État de Washington ce soir, *me suis-je dit.*

J'ai commencé à réfléchir à ma vie, qui avait été à la fois bénie et maudite. J'avais vu et fait beaucoup de choses, et j'avais bossé dur pour m'améliorer depuis mes jours dans la brousse en gérant deux entreprises, en occupant un emploi à temps plein et en suivant des cours du soir à l'université. J'essayais sans cesse de comprendre pourquoi ma vie avait été mise en danger plus souvent que je ne pouvais m'en souvenir.

En cahotant sur l'autoroute verglacée, cette question me hantait. Quelqu'un ou quelque chose m'avait sauvé à maintes reprises, mais pourquoi ? Quelle pouvait être la raison ? Je suis un homme compliqué, avec beaucoup de défauts et de faiblesses. Dieu sait que j'ai commis beaucoup d'erreurs et fait beaucoup de choses stupides dans ma vie. J'ai brûlé quelques ponts, certains que je regrette. La plupart, non. Je me bats pour ce qui est juste. Je n'ai pas toujours raison, mais quand je suis convaincu de quelque chose, j'essaie de défendre mes idées, même si ça me coûte cher.

Mes pensées sont revenues à la route lorsque j'ai appuyé sur l'accélérateur et remarqué que le camion dérapait en mode quatre roues motrices. Je devais continuer à rouler très lentement jusqu'à ce que je sorte de la glace. Quelle galère, mais ce n'était pas mon camion.

L'heure du dîner approchait. J'ai trouvé un endroit où manger et je me suis demandé s'ils servaient des salades et s'ils avaient un téléphone. Ce serait bien de prendre des nouvelles d'un membre de ma famille en Alaska pour lui faire savoir que j'allais bien. En entrant dans l'allée et en regardant la petite enseigne du restaurant, mon estomac s'est mis à gargouiller encore plus fort. J'ai ouvert la porte du camion et je suis sorti, puis j'ai glissé et je me suis retrouvé à genoux, avant de me relever péniblement. Le sol était recouvert de glace et j'ai eu de la chance de ne pas me blesser. À l'extérieur du petit restaurant, il y avait une cabine téléphonique que je pouvais utiliser. J'étais content qu'il ne fasse pas froid, alors j'ai appelé pour donner de mes nouvelles.

« Tout va bien ? » m'a-t-on demandé.

« Jusqu'à présent, tout va bien », ai-je répondu. « J'ai dormi dans le camion dans le froid glacial, mais la température se réchauffe rapidement. Le seul vrai problème que j'ai, c'est d'éviter les semi-remorques. Ils me dépassent avec leurs doubles remorques dans des virages serrés et verglacés. Je fais face à ça depuis que j'ai commencé mon voyage en Alaska. Le douanier canadien à qui j'ai parlé à la frontière m'a dit que ce n'était pas leur problème. »

« Tu n'as qu'à les éviter. Quand penses-tu passer la frontière américaine ? », m'a-t-on demandé.

« Je dois encore rouler lentement à cause du verglas. Je pense qu'il ne me reste qu'une heure ou deux avant d'arriver à la frontière de l'État de Washington. Après avoir passé la frontière, je prendrai une chambre d'hôtel. »

« T'es fatigué ? »

« Non, pas du tout », ai-je répondu. *« Je veux prendre une douche. »*

« Conduis doucement. Fais attention et appelle-moi quand tu auras passé la frontière. » J'ai raccroché. Oh là là ! J'avais hâte de manger une salade.

J'ai décidé de manger aussi vite que possible et de repartir dès que possible. Une fois que j'aurais passé une bonne nuit à Washington, je comptais me lever tôt et essayer d'atteindre l'Oregon. En retournant au camion après le dîner, j'ai glissé sur la glace en descendant les escaliers. En marchant vers le camion et en regardant la route, je me suis demandé si les Canadiens appelaient toujours cette autoroute « l'autoroute de l'Alaska ». J'ai remarqué que la glace avait toujours la même couleur grisâtre. C'était courant : il peut faire chaud dehors, mais il reste quand même de la glace sur la route. La température semblait être d'environ -1 °C à 0 °C.

Lentement, je dois rouler très lentement, me suis-je répété.

La route était toujours bosselée et il semblait y avoir beaucoup de circulation, notamment d'énormes semi-remorques. En regardant le compteur de vitesse, j'ai vu qu'il indiquait 35 miles par heure.

C'est ridicule de rouler aussi lentement sur une autoroute, me suis-je dit. Il me faudra beaucoup de temps pour atteindre la frontière.

C'était bizarre que je n'arrive pas à me décider à rouler plus vite, vu que j'ai toujours été un peu hyperactif, peut-être même plus qu'un peu, mais je me sentais en sécurité en roulant à cette vitesse.

Alors que je regardais la route sans prévenir, le monde est devenu noir.

JE NE POUVAIS PAS ETRE PLUS HEUREUX de prendre des vacances dans ce froid glacial. Alors que je roulais vers le sud sur l'autoroute de l'Alaska, à l'extrémité sud du Canada, je pensais aux deux petites entreprises que j'avais créées et qui commençaient à porter leurs fruits, tant sur le plan financier qu'émotionnel.

Mon activité principale consistait à rénover et à vendre de vieilles maisons qui nécessitaient d'importants travaux. L'autodétermination et l'esprit d'entreprise m'ont donné l'assurance que je pouvais tracer ma voie dans ce monde. J'étais très passionné, mais parfois, on ne sait vraiment de quoi on est capable qu'une fois mis à l'épreuve. J'étais fier de moi pour ce que j'avais accompli, surtout compte tenu des circonstances dans lesquelles je me trouvais.

Je suis tombé sur ma deuxième activité en rénovant l'une de mes propriétés. Quand j'ai découvert qu'elle était zonée pour un usage résidentiel et commercial, j'ai vite profité de ma chance et je l'ai transformée, ainsi que les autres, en locations à la journée. Les maisons étaient situées près de l'aéroport international et de la plus grande base d'hydravions au monde, où les chasseurs, les pêcheurs et les touristes louent des hydravions. Le concept était simple : je louais la maison entière au lieu d'une simple chambre, et j'inclus un service de navette gratuit depuis l'aéroport.

J'offrais à mes clients un super endroit où séjourner. C'était un chez-soi loin de chez soi, avec toutes les commodités, y compris des ustensiles de cuisine, des télécopieurs, des magnétoscopes, des jacuzzis extérieurs, des garages, des barbecues, des lave-linges, des sèche-linges, un service de ménage et à peu près tout ce dont une personne pouvait avoir besoin. J'ai aussi ajouté un évier extérieur pour nettoyer le poisson et de grands congélateurs pour conserver leurs prises de la journée. J'ai même installé des greens d'entraînement dans les jardins.

Les propriétés étaient privées, et les clients adoraient leur intimité. Je voulais aussi que les clients internationaux se sentent à l'aise, alors je hissais le drapeau de leur pays d'origine. Comme ça, ils se sentaient plus accueillis et chez eux. S'ils n'avaient pas envie de cuisiner, ils pouvaient marcher quelques minutes jusqu'à un resto légendaire d'Alaska. Je ne pouvais pas rêver d'un meilleur emplacement.

Brochure pour Graceland Cottages
Mannequin, mon chien Robert et moi-même

Base d'hydravions pour les cottages

Comme les maisons étaient situées dans une zone commerciale, je devais payer une taxe de séjour, mais ce zonage a aussi légitimé et aidé à développer mon activité. Pour un cours à l'université, j'ai rédigé un business plan et j'ai été surpris de constater que mon instinct était juste : l'emplacement et les services supplémentaires m'ont donné un avantage concurrentiel par rapport aux hôtels voisins.

Les gens me disaient que j'étais fou de louer mes maisons à des touristes.

« C'est dingue ! », me disaient-ils en rigolant.

Après que j'ai prouvé qu'ils avaient tort, certains d'entre eux ont voulu se lancer dans l'aventure.

Pendant des années, j'ai remarqué un truc bizarre : plus j'accomplissais de choses, que ce soit en suivant des cours du soir à l'université, en rénovant des maisons ou en accueillant des touristes, plus je semblais susciter de la rancœur. Les mêmes personnes qui, avant, se fichaient de moi, étaient encore plus en colère quand j'ai commencé à réussir. Je n'ai jamais compris pourquoi. Je n'ai jamais ressenti de rancœur envers ceux qui réussissaient ; au contraire, leur succès me motivait. Ça me poussait à travailler plus dur, sans amertume.

Pour moi, l'argent n'était qu'un outil, pas différent d'un marteau ou d'une scie, utile uniquement pour construire quelque chose de significatif. Les affaires, comme le surf, sont une question de timing et de position. Même les meilleurs surfeurs ratent des vagues, mais ils n'abandonnent pas ; ils s'adaptent et réessaient. Certains appellent ça de la chance, mais je vois ça comme une opportunité.

J'ai toujours respecté ceux qui échouent et continuent d'avancer. Ceux qui n'abandonnent pas deviennent souvent les plus grands gagnants. J'ai fait plein d'erreurs, certaines assez stupides, mais bizarrement, ces échecs ont été à la base de mes plus grands succès.

Mais je n'écris pas pour parler affaires. Il ne s'agit pas d'argent ou de stratégie. Il s'agit de quelque chose de plus profond qui se passe à l'intérieur de soi lorsque les efforts sont jugés, lorsque l'on est incompris et que l'on mène en privé les combats physiques et psychologiques les plus difficiles que personne d'autre ne voit. Parfois, même les surfeurs les plus expérimentés peuvent rater une vague pour une raison ou une autre.

Un jour, mon instructeur de vol, qui m'a appris à piloter et m'a courageusement laissé piloter son avion tout seul quand j'avais quinze ans, m'a montré une carte aéronautique et m'a dit : « Regarde la situation dans son ensemble. Ne te focalise pas sur les petits événements. On s'occupera des petits détails plus tard. Ne t'inquiète pas pour les petits lacs ou les collines basses. Regarde les grandes montagnes et les grands lacs, ils sont plus faciles à voir depuis les airs. » Comme c'était un mentor et un ami, je l'ai écouté attentivement et je n'ai rien pris de ce qu'il m'a dit pour acquis.

L'homme qui m'a élevé a essayé de m'apprendre la même chose. « Ne te prends pas la tête pour des broutilles », disait-il, mais ça m'entrait par une oreille et me sortait par l'autre, et je n'ai jamais compris ce qu'il voulait dire jusqu'à ce que mon instructeur de vol me l'explique. Même s'il ne m'a pas donné beaucoup de leçons, j'ai eu la chance et la gratitude de pouvoir l'observer de près. Parfois, il me disait qu'il n'était pas un enseignant. Ce n'était pas vrai. J'ai appris énormément de lui. Je pense qu'il ne se doutait pas que je l'observais attentivement et que j'absorbais son éthique de travail et ses leçons comme une éponge.

Le concept de simplification du raisonnement complexe m'a donné un outil supplémentaire pour aborder certaines situations de manière plus positive.

Appliquer ces leçons m'a permis de faire tomber petit à petit les barrières dans ma tête, mais ça m'a pris du temps pour les intégrer. Mon plus gros problème, c'était la façon dont je me voyais.

Étant un jeune enfant timide et peu sûr de moi, les choses étaient un peu difficiles pour moi. J'étais mon critique le plus sévère. Si j'échouais dans quelque chose, je ressentais un profond sentiment de perte.

Être perfectionniste peut créer des difficultés dans de nombreux aspects de la vie et jouer des tours cruels. J'ai toujours voulu faire quelque chose de grand, créer quelque chose de fantastique pour moi-même et pour les autres. Dans ma jeunesse, je croyais souvent à tort que je ne réussirais jamais vraiment, surtout quand je devais lire ou écrire des devoirs scolaires. Quand mes profs du primaire me demandaient de lire à voix haute ou de rendre un devoir écrit, je tremblais et je transpirais à grosses gouttes devant mes camarades de classe. Pourtant, je comprenais les devoirs oraux et je les faisais bien. Je ne savais pas pourquoi j'avais autant de mal avec l'anglais. Je ne connaissais pas d'autres façons d'apprendre qui auraient pu m'aider.

Ce n'est qu'en dernière année que j'ai appris que j'étais dyslexique. Un membre de ma famille m'a dit qu'il savait depuis des années que j'avais ce problème, mais je n'ai aucun souvenir que quelqu'un m'en ait parlé. Je ne leur ai jamais dit à quel point je ressentais une frustration, une honte et une humiliation incroyables à cause de ce problème. Ce qui m'a permis de compenser, c'est que j'avais à la fois de solides compétences mécaniques et des aptitudes athlétiques qui me donnaient une certaine confiance auprès de mes amis, de mes camarades de classe et, parfois, de ma famille.

Avec le recul, je pense que le fait d'avoir dû composer avec ce type de trouble d'apprentissage est l'une des raisons qui m'ont poussé à devenir perfectionniste. Je voulais compenser mes insuffisances. Je voulais tellement faire plaisir à ma famille que, quel que soit le travail manuel que je faisais, je travaillais super dur pour le perfectionner, ce qui s'est avéré inutile. J'ai travaillé dur et j'étais super fier de mes réalisations, mais j'ai aussi eu beaucoup de doutes. Essayer d'être perfectionniste me semble ridicule aujourd'hui. Pour qui et pour quoi ?

CHAPITRE 3

Kiana

Aïe. *Je me souviens avoir eu mal.*

Dieu, aide-moi ! ai-je crié dans ma tête.

J'ai ouvert les yeux. Que se passait-il ? J'avais du mal à respirer.

Qu'est-ce que c'est ?

J'ai ressenti une sensation bizarre dans ma main gauche. En roulant des yeux, j'ai vu un homme debout à côté du pick-up Dodge blanc de 1995.

Il semble faire froid. Pourquoi fait-il froid ?

Un inconnu me caressait la main gauche ensanglantée et je l'entendais dire : « Tu vas vivre. »

« Non, pas si vous ne retirez pas ce volant de moi », ai-je répondu d'une voix faible et éteinte, convaincu que mes trente-trois années de vie touchaient rapidement à leur fin.

« La police et l'ambulance sont en route. Ils devraient arriver dans environ vingt minutes », a-t-il déclaré.

Je pensais que les secours étaient déjà là. J'ai du mal à respirer. Vingt minutes ? Je ne tiendrai jamais aussi longtemps ! Je suis coincé.

Mon esprit s'est rempli de souvenirs d'étés passés au nord du cercle arctique pendant mon adolescence. Même si ces mois étaient surtout marqués par le fait de devoir faire le boulot d'un adulte bien avant l'âge et de vivre dans des conditions qu'on pourrait qualifier, au mieux, de spartiates, j'arrivais à m'amuser, surtout quand mes cousins venaient me rendre visite. Ces gars étaient cool. J'adorais être avec eux. On s'amusait tellement. Parfois, le soir, on allait tous à la décharge pour tirer sur des bouteilles. J'adorais entendre le bruit du fusil. Au loin, on voyait une bouteille en parfait état, puis elle volait en éclats. Cool !

Quand le devoir nous appelait, on s'envolait vers un endroit isolé pour chasser le caribou et l'élan afin de nourrir les équipes de travail de mon beau-père. Le père de mon cousin était boucher de profession et il nous a appris à désosser les animaux sur place afin que la viande soit plus légère à transporter jusqu'à l'avion.

Je me souviens surtout des aventures liées aux villages autochtones au nord du cercle arctique, reliés par les 610 km de la rivière Kobuk, et des aventures près et autour du lac Iliamna, le plus grand lac d'Alaska.

LE PARTENARIAT A RAPIDEMENT PRIS FIN et mon beau-père a repris l'entreprise à son compte. Homme d'action, il a courageusement tenté sa chance, prenant un risque important pour aider à améliorer les conditions de logement des autochtones d'Alaska. Il n'a pas fallu longtemps pour qu'il atteigne des sommets en devenant le plus grand entrepreneur en logement autochtone de l'État.

Il y avait de nombreux obstacles à surmonter. Le premier qui me vient à l'esprit est la sécurité des travailleurs. À l'époque, la plupart des villages ne disposaient pas d' s médicales adéquates. Les communications étaient souvent coupées et le temps était imprévisible, ce qui créait un autre danger à affronter. Les pilotes, les avions et les autres moyens de transport pouvaient ne pas être disponibles, même si le temps était clément. Alors, que faire en cas de blessure grave ? Mourir d'hémorragie ou souffrir de gangrène en attendant les secours. Un autre obstacle est la logistique.

Tous les matériaux de construction, y compris la nourriture, les vêtements et les articles de toilette, devaient être acheminés par avion, par barge et par bateau. De nombreux villages n'avaient pas accès aux routes, aux téléphones, à l'eau, aux égouts ou aux trottoirs ; les hélicoptères livraient les matériaux sur les terrains de ces lotissements sans routes. Pour surmonter les difficultés logistiques, il fallait une organisation et un soutien en matière de transport considérables pour construire les maisons. Telle était la réalité du travail dans les villages.

Quand j'avais quatorze ans, après la fin de l'école, j'ai passé mon premier été à Kiana, à environ 57 miles à l'est de Kotzebue et à environ 30 miles au nord du cercle arctique. Le nom Kiana veut dire « lieu où trois rivières se rejoignent ». La ville est sur une falaise qui surplombe deux rivières, la Kobuk et la Squirrel. En ce moment, il y a environ 360 habitants, dont la plupart sont des Esquimaux Iñupiat.

Pendant l'été, de fin mai à début octobre, les températures moyennes varient entre 4 et 15 °C (40 et 60 °) et les précipitations moyennes sont d'environ 40 cm par an. Bien sûr, comme c'est au nord du cercle polaire arctique, les températures peuvent être extrêmes, allant de 32 à -47 °C. Quand la rivière gèle le reste de l'année, les gens se déplacent d'un village à l'autre en motoneige. Je connaissais même des gens qui conduisaient des camions sur la rivière gelée. À -47 °C, sans compter le facteur de refroidissement éolien, je préfère être dans la cabine chauffée d'un camion plutôt que dehors sur une motoneige.

J'ai rencontré Larry et sa femme quand je suis arrivé à Kiana. Ils avaient deux enfants, Paula et Pat, qui avaient à peu près mon âge. Larry était guide professionnel de chasse et de pêche. Petit, trapu, moitié esquimau Iñupiat, il avait grandi à Kiana et était un homme aux multiples talents. Il connaissait beaucoup de vieilles coutumes autochtones d' et était fier de son peuple et de son héritage. Comme il se souciait beaucoup de son peuple, il est devenu policier d'État pour les aider.

Son père a grandi dans une ferme de la côte ouest des États-Unis et a déménagé en Alaska pour s'éloigner des vaches. Jeune homme, il a trouvé un boulot comme chercheur d'or, ce qui l'a amené à vivre à Kiana. Il nous a raconté plein d'aventures dangereuses et passionnantes qu'il a vécues et nous a dit qu'il savait où se trouvait une grande partie de l'or de la région, mais je ne pense pas qu'il ait révélé son emplacement à qui que ce soit. C'était une famille importante qui possédait même la seule épicerie de la région. La mère de Larry était une Esquimaude Iñupiat et son frère, Vic, était maire. Vic, qui a toujours été super sympa avec moi, avait l'air plutôt heureux chaque fois que je lui parlais. Il nous a dit qu'il avait du mal à s'endormir et à se réveiller. On l'appelait affectueusement « le maire endormi ». J'aimais bien toute la famille.

À cause des grosses difficultés pour construire dans l'Arctique, des designs innovants de mon beau-père et du fait qu'il donnait la priorité à l'embauche locale, *National Geographic* a remarqué l'entreprise et a écrit un article sur elle et son partenaire Vic.[i] Pendant l'été 1981, vingt-six logements ont été construits à Kiana et dans les villages voisins de Noorvik, Selawik, Ambler, Shungnak et Kobuk, pour un total de 170 logements.

Mon beau-père a engagé un cinéaste et a fait des courts métrages sur la construction de ses maisons pour le HUD, qu'il envoyait à Washington, D.C. « Montre l'isolation, assure-toi de montrer son épaisseur dans les plafonds et les sols », criait Larry pendant que j'aidais le réalisateur à transporter son matériel sur les lieux. Après mes débuts d'acteur, j'ai vite compris à quel point Hollywood était dur. À quatorze ans, j'étais déjà un « has-been ».

Quelques jours avant le tournage du film, Larry m'avait demandé si je voulais faire du ski nautique. « Tu seras le premier garçon blanc à skier sur la rivière Kobuk. » Je m'en fichais ; ma plus grande préoccupation était la température de l'eau. Larry a continué à me convaincre et j'ai fini par accepter à contrecœur, juste parce que je sentais la chaleur du soleil brûler mon corps. Il faisait environ 27 °C. Le soleil était super intense parce que l'axe de la Terre fait pivoter l' d l'hémisphère nord vers le soleil. On pourrait penser que personne ne prend de coups de soleil au nord du cercle arctique, mais c'est faux. Je m'en fichais. J'étais juste content qu'il ne fasse plus froid.

Je voulais juste me lancer et m'amuser. Avant ce jour-là, j'avais essayé une ou deux fois de tremper mes orteils dans la rivière, mais je n'étais pas allé plus loin. Je sais ce que les gens disent de moi quand il s'agit d'eau froide : « C'est un bébé. » Que dire ? C'est comme ça que mon corps est fait. Inutile de dire que la rivière ne devient pas super chaude, même quand l'hiver est fini. Mais j'étais déterminé à le faire.

Assis dans le jet boat bleu, je me suis souvenu des bons moments de ma jeunesse, quand je grandissais en Californie. On passait beaucoup de week-ends dans notre petite cabane. C'est là que j'ai appris à faire du ski nautique entre six et huit ans. À l'époque, on avait un puissant bateau à moteur pour le ski nautique. Il était équipé d'un énorme moteur Ford 460 à double carburateur à quatre corps. Il était bruyant, rapide, et on s'amusait beaucoup à le piloter. J'aidais à prendre soin du bateau en le lavant et en le cirant régulièrement, et je participais à son entretien mécanique.

J'adorais ces journées passées sur le lac. Surtout parce que le temps en Californie était super presque toute l'année et que l'eau était chaude aussi. Je me souviens avoir pêché depuis les quais des bars, des crapets arlequins et des poissons-chats, mais surtout des crapets arlequins. Je pêchais le poisson-chat avec mon oncle, généralement tard dans la soirée. Parfois, on allait même pêcher des grenouilles au harpon. Les cuisses de grenouille ont le goût du poulet. Elles sont plutôt bonnes, mais je ne voudrais pas en manger tout le temps.

Le bateau à jet bleu qui me tirait sur la rivière Kobuk était un peu différent des bateaux à jet que j'avais vus auparavant. Ce bateau ressemblait davantage à un bateau utilitaire équipé pour la pêche et la chasse, capable de naviguer sur des cours d'eau dangereux, et il était étonnamment rapide.

Larry connaissait super bien la Kobuk. Je savais que je pouvais lui faire confiance pour assurer ma sécurité sur cette rivière, qui est l'une des plus longues du nord-ouest. Elle atteint une largeur impressionnante de 450 mètres et se jette dans la mer des Tchouktches. Elle regorge de poissons-chats, de corégones, de saumons et de grands brochets du nord ( ). Quand on navigue sur la rivière, il faut faire gaffe pour éviter de s'échouer accidentellement sur l'un des nombreux bancs de sable submergés. Des bancs de sable exposés étaient disséminés dans toute la rivière, lui donnant un aspect majestueux, surtout quand elle coule le long de falaises verticales.

Ma principale préoccupation était de savoir comment sauter dans la rivière froide sans faire le bébé devant tout le monde. *Oh là là, ça va être super froid.* Larry rigolait. « Vas-y, plonge dans l'eau. Ce n'est pas froid », m'a-t-il dit.

« T'inquiète pas pour les poissons. Les brochets ne mordent que si tu restes immobile. »

Mais de quoi il parle ? Évidemment, il n'a pas froid. Il est habitué à des températures pouvant descendre jusqu'à -50 degrés Fahrenheit. Qu'il fasse froid ou pas, je devais maintenant m'inquiéter d'être mordu par un brochet. *C'est quoi ce délire ? Je ne pense pas qu'il plaisante, vu ce qui est arrivé à Paula, la fille de Larry, quelques jours avant.* Je pêchais le corégone à portée de vue et d'ouïe de Paula et de ses amis, qui riaient et nageaient dans la Kobuk. Soudain, j'ai entendu Paula crier : « Un poisson m'a mordue, un brochet, un brochet ! » J'ai vu les enfants crier en nageant vers la rive, tandis qu'elle était toujours dans la rivière, criant « un brochet ! ». Elle a regagné la rive à pied et quand elle est sortie de l'eau, j'ai vu du sang couler le long de sa jambe. *Je pensais que les brochets n'attaquaient qu'à proximité de la rive, pas au milieu de la rivière.*

Le grand brochet du nord a un corps bizarre. Bien sûr, il a des nageoires et des branchies comme les autres poissons, mais son visage ressemble plus à un bec de canard. D'après l'Alaska Fish and Game, ses mâchoires supérieures, son palais et sa langue sont armés de centaines de petites dents acérées inclinées vers l'arrière, et sa mâchoire inférieure a des dents plus longues pour empêcher ses proies de s'échapper. Leur corps a évolué avec une nageoire dorsale profilée à un seul rayon située loin en arrière, ce qui leur permet d'atteindre des pointes de vitesse pour tendre des embuscades à leurs proies. Leur poids moyen est d'environ 9 kg, mais ils peuvent atteindre 17 kg et mesurer plus d'un mètre.[ii] Ce sont des machines à tuer d'eau douce, un peu comme les requins.

Je connaissais bien les brochets des rivières et des lacs, car quand j'étais plus jeune, j'en attrapais des petits dans les lacs près d'Anchorage et j'avais appris à faire gaffe à leurs dents pointues. Mais c'étaient juste des petits brochets de 30 à 40 cm, pas vraiment dangereux, même s'ils pouvaient te faire saigner les doigts quand tu enlevais les hameçons de leur bouche. Dès mon plus jeune âge, j'ai appris à utiliser des pinces pour retirer les hameçons de leur bouche, à les attraper par la queue, puis à les rejeter à l'eau. J'avais entendu parler des grands brochets du nord, mais je n'en avais jamais vu de tels auparavant. Larry m'a dit qu'ils étaient connus pour attaquer les canards dans l'eau. Je suppose qu'ils doivent être furtifs pour s'approcher d'un canard sans se faire remarquer. C'est un poisson méchant.

Super ! me suis-je dit. *Hmm, le premier garçon blanc à faire du ski nautique dans le Kobuk, qui s'en soucie ? J'avais des choses plus importantes à penser, comme me mettre à l'eau.*

D'une manière ou d'une autre, j'ai trouvé le courage de plonger dans l'eau. Heureusement pour moi, j'ai atterri dans une zone d'eau plus chaude. Je ne voulais pas sentir le froid des zones plus froides que je savais être là. Je voulais juste me mettre sur les skis et laisser le soleil me réchauffer.

« T'es prêt ? » a crié George, l'observateur.

Les observateurs aident les skieurs, informent les conducteurs des besoins des skieurs et leur indiquent s'ils doivent accélérer ou ralentir, tout en surveillant les autres bateaux. George était un jeune Esquimau Iñupiat et un gars super sympa. Larry a lentement fait tourner le bateau pendant que George me lançait la corde.

« Allez, David, tu peux le faire ! » a crié Larry. « Prêt ? »

J'entendais le moteur ronronner. Mon corps était complètement immergé dans l'eau et je me suis dirigé vers le bateau qui se trouvait à environ dix mètres devant moi. Les extrémités des skis sortaient de l'eau et avançaient très lentement. Je n'avais pas chaussé de skis depuis notre départ de Californie. *J'espère que je vais y arriver.* J'ai commencé à trembler à cause de l'eau froide. Je voulais juste me lever.

« Oui », ai-je crié en lui faisant un signe du pouce levé.

Le moteur a rugi. Je sentais la corde tirer et l'eau m'entourer. Je devais garder mes skis bien droits et ne pas les laisser dévier. Si je ne résistais pas à la pression de l'eau sur les skis, mes pieds se tordraient vers l'extérieur, écartant mes jambes comme si je faisais le grand écart, ce qui me ferait tomber, et je ne voulais pas que ça arrive. Je sentais la pression sur mes jambes et mes mains alors que le bateau me tirait sur l'eau. Soudain, j'allais très vite. *Je suis debout, j'ai réussi ! Je suis vraiment debout sur mes skis nautiques ! Dieu merci, je ne suis pas retombé à l'eau.*

Quelle sensation d'exaltation ! L'air chaud qui soufflait dans mes cheveux et m'enveloppait me recouvrait comme une couverture chaude. J'avais du mal à y croire. J'étais là, en train de faire du ski nautique sur la grande rivière Kobuk, au nord du cercle arctique, par une journée chaude et ensoleillée. En regardant derrière moi, je pouvais voir le village de Kiana sur la colline. Quelle vue ! Cela semblait irréel, comme si j'étais dans un autre monde.

Le rugissement du moteur hors-bord m'a donné des frissons dans le dos. C'était comme si je vivais une expérience spirituelle. Je me déplaçais d'un côté à l'autre, essayant de sauter par-dessus le sillage du bateau tout en cherchant continuellement des rondins et autres débris. Heurter quelque chose aurait été horrible.

Larry m'a conduit près des falaises surplombant la rivière et les grands bancs de sable, ce qui m'a donné l'impression de rouler à cent à l'heure, même si on allait probablement à seulement vingt ou trente à l'heure. Au bout d'un moment, j'ai vu George agiter la main pour me dire qu'il était temps de lâcher la corde. *Oh non, pas maintenant.* Je venais juste de me réchauffer et je m'amusais bien. Je ne voulais pas lâcher prise et couler dans la rivière froide. Soudain, un souvenir datant de quelques années m'est revenu à l'esprit. Alors que je faisais du ski nautique dans les eaux chaudes de Clearlake, en Californie, où se trouvait notre chalet, un homme qui me tractait derrière son bateau à moteur V-drive m'a tiré trop près d'un quai et boum ! Je l'ai percuté de plein fouet. J'ai perdu connaissance et je me souviens avoir flotté dans l'eau, entendant et voyant des gens crier et sauter à l'eau pour me secourir. Ils m'ont hissé sur le quai et m'ont conduit à l'hôpital, qui était assez loin. Je me suis cassé le bras. Finalement, le bras a guéri et je n'ai jamais eu beaucoup de problèmes avec mon bras gauche, même après que mon oncle ait eu la brillante idée d'enlever mon plâtre avec une scie à métaux et une pince. Je l'ai regardé scier avec intensité, tandis que nous riions tous les deux aux éclats. Cette nuit-là, nous sommes allés pêcher le poisson-chat jusqu'à cinq heures du matin.

Au moins, il n'y avait pas de quais dans les environs, juste des bancs de sable et des bateaux amarrés sur la rive. Cette fois-ci, je n'allais rien heurter. Même si je heurtais un banc de sable, je ne pensais pas me blesser, mais je ne voulais pas avoir l'air stupide. Je devrais alors nager jusqu'à la rive dans cette rivière froide, en luttant contre le courant, et je ne voulais pas faire ça. Ce ne serait pas très intelligent. Je devais juste faire un peu attention, car il y avait des groupes de petits bateaux de pêche amarrés le long de la rivière, et je ne voulais heurter aucun d'entre eux non plus.

J'avais tiré une leçon de mon accident précédent : lâcher la corde ne poserait pas de problème. Il s'agissait juste de savoir où et quand. J'ai lâché la corde assez loin du rivage et des petits bateaux de pêche. Je me suis laissé tomber dans la rivière froide. Larry a fait demi-tour avec son bateau. Je pouvais le voir rire.

« Tu as réussi ! Tu as réussi ! »

Oui, j'avais réussi, le premier enfant blanc. Je voulais juste sortir rapidement de la rivière. Les 60 premiers centimètres d'eau étaient assez chauds. En dessous de ma taille et jusqu'à mes pieds, l'eau était glaciale. *Comme diraient les hommes, j'ai eu un rétrécissement.* L'eau froide m'a rappelé les jours passés à nager dans les eaux glacées du lac Tahoe. Je peux vous dire que je n'ai pas nagé longtemps dans ce lac, car j'étais une poule mouillée.

Je me suis rapidement dirigé vers la rive, reconnaissant qu'il fasse chaud dehors. Pendant que je me séchais, j'entendais des enfants nager et s'amuser au loin. Pourquoi pas ? Les étés au nord du cercle arctique sont courts. Les gens devraient s'amuser avant que les températures ne descendent en dessous de zéro. J'étais content de ne pas vivre là-bas en hiver ; Anchorage était déjà assez froid.

Après m'être essuyé et débarrassé du sable, c'était l'heure du goûter. Monter la route escarpée qui menait de la rivière Kobuk à la zone de cuisine n'était pas une mince affaire. Ça m'a demandé beaucoup d'énergie pour gravir cette colline. Quand j'ai atteint le sommet, j'ai vu la première des nombreuses maisons en construction. En passant devant la première maison, j'ai tout de suite pensé à mon estomac.

Je me suis demandé *si Rhoda avait fait* des *cookies aux pépites de chocolat*. Mon beau-père l'avait engagée pour cuisiner pour l'équipe. C'était une Esquimaude Iñupiat petite et corpulente, chaleureuse et amicale, qui semblait sourire et rire chaque fois que je la voyais. C'était une excellente cuisinière. Elle riait et me disait qu'un jour, elle ferait un ragoût de tête de poisson pour le dîner. Elle disait que les joues et les yeux étaient ses morceaux préférés. Finalement, un soir avant le dîner, j'ai jeté un coup d'œil dans une grande marmite fumante sur la cuisinière et j'ai vu des têtes de poisson flotter dans l'eau bouillante. Disons que je n'ai pas mangé ce soir-là. À la place, je me suis gavé de ses délicieux cookies et d'une barre Snickers qui me rappelait la maison. Rhoda me gardait toujours quelques-uns de ses cookies, qu'elle cachait au reste de l'équipe. J'étais le seul à connaître l'endroit. Je gardais son secret.

Plus tard dans la soirée, j'ai appris que les autochtones avaient un immense respect pour les animaux sauvages qu'ils mangeaient et ne gaspillaient aucune partie de leur corps. Il existe un respect profondément ancré pour la faune sauvage qui les nourrit et qui est intégré dans leur culture. Beaucoup de gens dans nos cultures non autochtones ont pris de mauvaises habitudes et nous sommes connus pour être une « société du gaspillage ». J'ai trouvé leur culture et leurs croyances sur l'harmonie avec la nature magnifiques et fascinantes. Qu'est-ce qui pourrait être plus aimant que ça ?

Allongé dans mon lit cette nuit-là, je me demandais ce que le lendemain me réservait. Je ne savais pas encore ce qui m'attendait.

CHAPITRE 4
Techniques de construction

Pour continuer l'histoire, passez au chapitre 5, sauf si vous êtes intéressé par une description des techniques de construction dans l'Arctique.

LA CONSTRUCTION DANS LES GRANDES VILLES, c'est compliqué, même quand tout va bien. Mais bosser dans les villages, c'est encore plus dur. Les frais peuvent monter en flèche si on se trompe dans le calcul des fournitures, des matériaux et du remplacement des outils. Plus on s'éloigne des grandes villes, plus les coûts sont élevés et les risques importants.

Les plans de mon beau-père se sont avérés efficaces à un coût relativement faible, surtout dans le nord du cercle arctique. Il avait conçu des fondations ajustables, plaçant les maisons à environ un mètre au-dessus du sol. La base des fondations était faite de blocs de bois de 1,20 mètre sur 1,20 mètre posés sur la toundra arctique.

La toundra est un biome caractérisé par des températures basses et des saisons de croissance courtes, ce qui empêche les arbres de pousser. Elle agit comme une couverture isolante qui recouvre le sous-sol et le maintient gelé en permanence pendant les étés super chauds. Le sol gelé est aussi appelé pergélisol. C'est pour ça qu'il fallait faire super gaffe à ne pas abîmer la toundra fragile pendant l'installation des dalles de fondation, même si la surface supérieure de la toundra devait être grattée pour poser et niveler les dalles.

Les maisons de deux, trois et quatre chambres ont été conçues pour bien fonctionner dans l'Arctique. Chaque maison avait généralement six à huit dalles, selon sa taille. Un tuyau vertical de deux pouces monté au centre de la dalle soutenait la fondation. Ensuite, un manchon métallique plus court glissait sur le tuyau fileté, permettant d'ajuster les planchers. La taille des tuyaux variait de seize à vingt-quatre pouces, selon le terrain.

Les extrémités des fondations étaient équipées de renforts latéraux en acier réglables fixés à la base et au bas des poutres de fondation. Le truc génial de ce système, c'est que si le pergélisol fondait sous les patins et que la maison bougeait vers le haut ou vers le bas, le propriétaire pouvait la mettre à niveau avec une clé à pipe.

Les maisons étaient délibérément construites suffisamment haut au-dessus du sol pour que le pergélisol sous les plots de fondation ne fonde pas pendant les chaudes journées d'été. Les systèmes de plancher à eux seuls avaient une isolation R-36.

Les maisons étaient aussi en porte-à-faux au-dessus des dalles de fondation pour que celles-ci soient à l'ombre et que le poids de la maison comprime le pergélisol, ce qui aidait à garder le sol gelé.

Même s'il existe des fondations plus efficaces, cette fondation ajustable était la solution pour réduire les coûts.

La qualité de l'artisanat et les idées innovantes mises en œuvre dans les maisons sont devenues la marque de fabrique de mon beau-père. L'isolation et les pare-vapeur dans toutes les maisons étaient essentiels. Des fenêtres à triple vitrage ont été installées et bien adaptées aux conditions extrêmes du nord. Il a utilisé une isolation R-49 dans les plafonds, d'une épaisseur d'environ 15 pouces et demi. Le poids et la qualité du bois étaient super importants, il a donc utilisé des montants de 2 pouces sur 6 et de 2 pouces sur 4 séchés au four, placés à 60 cm d'intervalle sur les murs extérieurs et intérieurs. Le coût des matériaux en bois séchés au four était nettement plus élevé. Mais grâce à la réduction de la teneur en humidité, il a pu économiser des centaines de milliers de dollars en frais de transport par avion et par hélicoptère.

Il a placé les montants à 60 cm d'intervalle pour deux raisons principales. Encore une fois, les coûts de transport et la réduction de l'infiltration d'air froid extérieur à travers chacun des éléments en bois. La technique californienne des angles a été utilisée pour améliorer les propriétés isolantes des angles. Une isolation R-19 a été soigneusement installée dans chaque cellule ouverte.

L'installateur de l'isolant devait s'assurer qu'il n'y avait pas d'espaces vides. Ça a permis d'améliorer les propriétés isolantes de la maison, ce qui a fait économiser des milliers de dollars au propriétaire sur sa facture de chauffage.

Des pare-vapeur ont été posés sur tous les murs extérieurs, les solives de plafond et les planchers de la maison. Ils étaient essentiels pour empêcher l'air de s'infiltrer. Un pare-vapeur, c'est un matériau en plastique qui se présente sous forme de longs rouleaux et qui est agrafé aux montants extérieurs et aux solives de plafond. Le pare-vapeur devait être scellé ; les chevauchements et les trous ont été recouverts de ruban adhésif pour garantir l'étanchéité à l'air des murs extérieurs et du plafond.

À ce moment-là, le seul endroit de la maison où l'air pouvait s'infiltrer était le sol, qu'il fallait donc calfeutrer. Il a compris que le vinyle était la solution. Connu sous le nom de « revêtement de sol résilient », il est solide et scelle le sol, un peu comme le pare-vapeur sur les murs extérieurs et les plafonds. Il s'est assuré que le vinyle était posé avant la construction des murs intérieurs afin de minimiser le nombre de découpes et d'éviter qu'il ne s'enroule sur les bords.

Le vinyle était livré en longs rouleaux et était si lourd qu'un des ouvriers s'est luxé l'épaule en aidant à le transporter. Une fois le vinyle collé, les murs intérieurs ont été soigneusement construits et installés pour éviter que l' e ne raye le revêtement de sol résilient. On pourrait dire que c'étaient des maisons écologiques, mais le terme « construction écologique » n'était pas encore utilisé à l'époque. Ces maisons étaient tellement hermétiques qu'elles nécessitaient un échange d'air avec l'extérieur, sinon les gens qui y vivaient risquaient de s'étouffer et/ou de voir des bactéries se développer. Ce système s'est avéré super efficace pour améliorer la productivité des maisons.

Plusieurs raisons ont motivé l'installation d'une isolation R-49 dans les plafonds. Premièrement, une isolation plus épaisse permettait de réduire les frais de chauffage.

Deuxièmement, l'isolation empêchait la formation de glaçons sur les bords du toit en empêchant la chaleur de l'intérieur de la maison de monter à travers le plafond et de faire fondre la neige sur le toit, ce qui aurait autrement créé du givre. Au fil du temps, le chauffage et le gel constants peuvent causer une usure importante du toit.

Le soleil peut faire fondre la neige et former des glaçons. Pour contrer l'énergie solaire, une ventilation adéquate a été installée dans tout le système de toiture. Le système de ventilation devait être installé correctement, car le grenier et le toit devaient rester gelés tout au long de l'hiver.

Les solives du plafond posaient problème en raison des températures extrêmes à l'extérieur et à l'intérieur de la maison, il fallait donc trouver une autre solution innovante. Le problème venait de la dilatation et de la contraction massives des solives du plafond. Lorsque la température extérieure atteignait -54 degrés Fahrenheit et que l'intérieur de la maison était à une température confortable de 70 degrés Fahrenheit, les solives du plafond se dilataient. Le plafond pouvait parfois se dilater de plus de 3 cm. La solution consistait à installer un plafond à panneaux avant de poser le revêtement de sol en vinyle. Une fois l'installation terminée, ils ont peint le plafond à panneaux sans se soucier des projections de peinture sur les murs intérieurs, car les panneaux muraux intérieurs n'avaient pas encore été installés à ce moment-là.

Peu après la peinture du plafond, les équipes ont posé les panneaux sur les murs extérieurs. Il a utilisé des panneaux pour deux raisons : premièrement, ils étaient solides et durables et pouvaient résister à de nombreuses agressions, et deuxièmement, ils n'avaient pas besoin d'être peints, ce qui éliminait le coût de la peinture.

Pour fixer le mur au sol, il suffisait de planter des clous de 16 penny à travers la plaque inférieure et dans le sous-plancher. Cependant, la fixation de la partie supérieure du plafond était un peu différente. En raison de l'extrême dilatation et contraction du plafond, des clips de déviation spéciaux devaient être appliqués aux murs et fixés au plafond, permettant ainsi au plafond de flotter indépendamment des murs. Des panneaux ont ensuite été posés sur les cloisons à ossature, puis la partie supérieure de la moulure a été clouée au plafond, et non aux murs, ce qui lui permettait de flotter. Sinon, si elle avait été clouée au mur, la moulure se serait cassée pour se déplacer en synchronisation avec le plafond.

Une autre innovation fascinante qu'il a imaginée, c'est la plomberie intérieure. À l'époque, beaucoup de villages n'avaient pas de plomberie intérieure, un luxe que la plupart d'entre nous considèrent comme acquis aujourd'hui. Le plan était simple, mais super efficace. Il a conçu un système spécial de murs intérieurs qui soutenait un réseau de plomberie sanitaire en cuivre, posé sur le sol et parallèle à la cuisine, aux salles de bains et au système de chaudière à mazout. Comme toute la plomberie était à l'intérieur de la maison, les réparations pouvaient être facilement effectuées sans sortir. Le plombier pouvait construire le réseau n'importe où et le glisser entre les murs pour l'assemblage final.

Le mazout était le principal combustible utilisé par les villageois pour chauffer leurs maisons. Mais ils voulaient que les propriétaires aient une autre source de chauffage au cas où la chaudière tomberait en panne, où le mazout ne serait pas livré ou où il y aurait une pénurie de ressources. Il a installé un poêle à bois dans le salon pour que les gens ne gèlent pas pendant les hivers rigoureux. Il était très soucieux de la sécurité, et je pense qu'il a dû apprendre ça grâce à l'aviation.

La chaudière au mazout alimentait le système de chauffage central et fournissait l'eau chaude. Un mélange d'eau et de glycol, ou antigel, circulait dans les tuyaux, assurant une chaleur constante et uniforme dans toute la maison. Je ne lui ai jamais demandé pourquoi il n'utilisait pas de chauffage à air pulsé ; il devait avoir une bonne raison, car le coût des tuyaux en cuivre, des matériaux et du transport était élevé. Peut-être pensait-il que c'était le système de chauffage le plus efficace, ou devait-il se conformer à la réglementation du HUD.

Au lieu d'utiliser du contreplaqué standard, du papier goudronné et des bardeaux d'asphalte, on a mis des toitures en acier dans les maisons. Comme les toits en acier étaient solides et durables, ils pouvaient empêcher les fuites dues à la pluie, à la neige et à la glace, et donc pas besoin de contreplaqué ou de papier goudronné. À la place, on a utilisé des pannes légères de deux pouces sur quatre pour réduire les coûts de transport et assurer la sécurité des charpentiers. Une fois les pannes fixées aux fermes de toit, les équipes pouvaient monter et descendre comme sur un escabeau sans craindre de tomber.

Cependant, la neige et la glace posaient toujours un problème, car marcher sur des panneaux en acier pendant qu'il neige peut être mortel. Un seul faux pas et c'est fini.

La bonne nouvelle pour les charpentiers, c'est qu'ils pouvaient toujours poser chaque panneau individuellement en se tenant debout sur les pannes et le visser complètement sans trop s'inquiéter de tomber. Même une fois le toit posé et fixé, il restait d'autres éléments à installer, comme la faîtière, les chapeaux de pignon et d'autres accessoires, ce qui pouvait être problématique en cas de neige et de glace. Les charpentiers devaient donc être très prudents et trouver un moyen d'éviter de tomber.

La bonne nouvelle pour les propriétaires, c'est que les toits en acier évacuent efficacement la neige. Il ne voulait pas qu'ils risquent leur vie en grimpant sur les toits et en luttant contre les éléments pour enlever la neige. Des idées comme celles-ci peuvent sembler simples, mais à l'époque, c'étaient des idées nouvelles et audacieuses qui ont contribué à promouvoir la révolution de la construction écologique, ou, plus précisément, les logements écoénergétiques.

La construction des maisons ressemblait à une chaîne de montage dans une usine. À la fin du projet, il produisait deux maisons par jour, un exploit impressionnant compte tenu de l'emplacement, au nord du cercle arctique. Les maisons étaient conçues pour résister à des températures extrêmes, supporter de fortes chutes de neige et des vents violents, et nécessiter un minimum d'énergie et d'entretien, ce qui permettait aux propriétaires de réaliser d'importantes économies sur les coûts d'exploitation. Curieusement, les propriétaires ne se sont pas plaints de la qualité ; au contraire, ils ont trouvé que les maisons étaient trop chaudes. Ils devaient ouvrir les fenêtres en plein hiver juste pour se rafraîchir. Voilà une critique ! Je me demande combien d'étoiles il obtiendrait aujourd'hui sur Yelp. Je sais que je lui en donnerais cinq.

Les lecteurs qui veulent en savoir plus peuvent consulter ma présentation PowerPoint, « SJCC Construction Tech VDC », mentionnée dans les notes à la fin de ce livre.[iii]

CHAPITRE 5
Turbulence en air clair

« **T**u vas y arriver », a dit un policier.

« Non, tu dois enlever ce volant. Je ne peux pas respirer.

J'ai un woofer quelque part. J'en ai besoin », ai-je dit d'une voix faible.

De temps en temps, j'avais une réaction allergique qui déclenchait un asthme léger, c'est pourquoi j'ai parlé du woofer. Ne comprenant pas vraiment la gravité de ma situation, je pensais que j'avais une réaction allergique.

Je ne voyais que le ciel nocturne sur ma droite, du coin de l'œil. Des lumières clignotaient depuis la route, mais personne n'essayait de me sortir de là.

J'ai froid, j'ai tellement froid. Papa ! Papa ! *ai-je pensé en appelant mon père biologique, Gordon, décédé quand j'étais jeune. Je suis gelé.*

Je ne pouvais pas tourner la tête, je ne pouvais bouger que les yeux. En regardant autour de moi, je voyais la cabine du camion écrasée tout autour de moi. Je me demandais si je pouvais bouger mes pieds. J'espère que je ne suis pas paralysé.

J'ai remué mes orteils plusieurs fois. Oh, oui, Dieu merci, oui ! Je ne pense pas être paralysé, pas encore, en tout cas.

Pendant que je remuais les pieds, j'entendais le policier derrière moi s'agiter. Qu'est-ce qu'il essayait de faire ? Il n'avait pas dit un mot. Je sentais ses mains sur mon dos. Quelque chose bougeait. Je sentais une pression sur mon dos et j'entendais des bruits de déchirure ainsi que sa respiration haletante alors qu'il continuait à tirer et à pousser.

Qu'est-ce qu'il fait ? Il ne me libère pas.

« Tu respires mieux maintenant ? » m'a-t-il demandé.

Haletant et respirant superficiellement, je suis resté silencieux, concentré sur ma respiration. J'ai vite compris qu'il était en train de découper la mousse du dossier du siège pour soulager la pression du volant qui m'écrasait les poumons. Je le sentais s'enfoncer de plus en plus profondément, retirant la mousse du siège pour me donner un peu plus d'espace.

« Tu peux respirer ? » m'a demandé à nouveau le policier.

Je l'ai remercié d'avoir un peu allégé la pression, mais je lui ai fait remarquer que ce n'était pas suffisant. Je ne sais pas s'il m'a entendu.

Ma main gauche pendait à l'extérieur de la vitre avant et je voyais du sang couler. Je me suis demandé si j'étais mort et si je m'étais réveillé. Je savais que j'étais encore en vie, mais quand j'étais inconscient, je n'avais rien vu : pas de lumière blanche, pas d'obscurité, rien. C'était le vide total. Peut-être que j'étais mort, que j'avais parlé à quelqu'un et qu'on m'avait ramené ici.

Je savais que j'étais gravement blessé, mais je ne savais pas à quel point. Je dois sortir de ce camion, *n'arrêtais-je pas de penser. J'étais toujours à bout de souffle. Je ne pouvais inspirer que moins de la moitié de ma capacité pulmonaire, voire moins. J'avais l'impression d'étouffer. J'essayais de respirer plus profondément, mais la pression intense du volant m'en empêchait. Chaque respiration était comme une petite gorgée d'eau, ce qui demandait une concentration intense. Mes yeux et mes orteils étaient les seules parties de mon corps que je pouvais bouger, alors j'ai continué à remuer mes orteils tout en roulant des yeux pour évaluer ma situation. Je voyais du métal tordu tout autour de moi.*

Pas moyen de s'en sortir. Oh mec, ne me laisse pas mourir ici, pas ici, surtout au milieu de nulle part. Je ne voulais vraiment pas mourir. J'avais encore des trucs à faire, comme me marier et fonder une famille.

Pour une raison que j'ignore, je suis resté étrangement calme. D'une certaine manière, je savais que paniquer aurait été désastreux pour moi et pour les personnes qui essayaient de m'aider. J'étais plus inquiet pour les gens qui essayaient de m'aider. Je ne voulais pas leur causer de stress supplémentaire en criant sans arrêt que j'avais mal. D'ailleurs, je ne ressentais pas vraiment de douleur et je ne pouvais pas dire où elle se situait, à part dans ma poitrine. Même ma main gauche ensanglantée, qui pendait toujours par la fenêtre côté conducteur du camion, ne me faisait pas mal. Pourtant, je savais que j'étais gravement blessé, vraiment très gravement.

J'aurais probablement dû avoir peur, mais ce n'était pas le cas. Je me concentrais juste sur le contrôle de chaque respiration, mon seul espoir de survie. Je n'ai pas paniqué, peut-être à cause du choc ou parce que j'étais coincé comme une sardine et que je ne pouvais pas bouger. Ou peut-être était-ce parce que je n'avais pas de manteau et que je grelottais à cause des températures avoisinant les -5 °C. Je ne sais pas.

Je pense que je n'ai pas de chance. Mes jours sont comptés. Papa, aide-moi ! Je n'arrêtais pas de penser à ça alors que je commençais à m'évanouir à nouveau.

MA VIE A parfois ETE super difficile et ne s'est pas déroulée comme je l'avais prévu. Pour commencer, je ne pensais pas que je passerais la plupart de mes étés à travailler dans la brousse à partir de l'âge de quatorze ans, mais c'est ce qui s'est passé. Les expériences que j'y ai vécues sont inoubliables. Je suis encore marqué par celles qui ont été difficiles et qui m'ont marqué à jamais. D'autres, en revanche, m'ont émerveillé.

J'avais vu plusieurs fois des aurores boréales à Anchorage et dans les environs, mais j'ai été époustouflée quand j'en ai vu à Kiana. Les couleurs étaient si vives et brillantes : vert, bleu, rouge et jaune. Je les ai regardées danser dans le ciel nocturne. J'avais l'impression de pouvoir les toucher, même si elles se trouvaient à environ 100 km d'altitude dans l'atmosphère. *Mon Dieu, elles sont magnifiques.*

Le lendemain matin, j'ai raconté à Rhoda, la cuisinière du camp, ce que j'avais vu et à quel point le ciel était beau pendant le petit-déjeuner. Elle m'a regardé avec un air surpris, puis m'a dit que les autochtones disparaissaient lorsque les aurores boréales brillaient.

« Quand les gens les voient seuls, les lumières les emportent, et beaucoup d'autochtones ont disparu », m'a-t-elle dit. « Ne sors pas seul quand elles apparaissent. » Je voyais bien qu'elle avait vraiment peur pour moi, alors je ne lui ai pas dit que je les avais regardées seul pendant vingt minutes la nuit précédente.

Au fil des ans, mon État d'adoption m'a offert d'autres expériences tout aussi émouvantes. Mon grand-père nous disait tout le temps : « L'Alaska est un endroit grandiose et magnifique. Une terre si vaste et préservée de l'empreinte humaine. Si vous n'aimez pas le temps qu'il fait, attendez cinq minutes. Une terre merveilleuse. Une terre sans pitié. » Je n'ai jamais oublié ces mots. Grand-père était un homme formidable et sage qui a servi pendant la Seconde Guerre mondiale. Il adorait réciter de longs vers de mémoire, en particulier le poème « The Cremation of Sam McGee » de Robert W. Service, écrit en 1907. Curieusement, c'est là que j'ai fait mes études secondaires, dans un lycée qui porte son nom : Robert Service High. Mon grand-père était un lecteur passionné, un artisan et un amateur de plein air. C'était vraiment un homme de la Renaissance. Pour moi, il était le meilleur. Je l'adorais. J'étais heureux d'avoir été à ses côtés quand j'étais petit. *Que Dieu ait son âme.*

Avant mes quatre ans, mes parents biologiques déménageaient souvent pour le boulot, et je restais souvent chez des proches. J'aimais particulièrement rester chez mes arrière-grands-parents. Leur maison était impeccable, remplie de petits trésors que je ne pouvais m'empêcher de toucher, et ils étaient toujours super gentils avec moi.

Le dernier endroit où j'ai vécu avec mes parents biologiques et mon petit frère, qui avait environ deux ans de moins que moi, était une petite maison délabrée avec une moquette usée et de vieux stores. Devant la maison, il y avait un grand arbre avec une balançoire en pneu. Je jouais dessus pendant des heures, attendant avec impatience que mon père rentre à la maison. J'avais hâte de le voir.

Mais on n'y est pas restés longtemps. Finalement, mon frère et moi avons été envoyés chez un parent sympa, où je me sentais en sécurité. Puis un jour, on m'a dit que mon frère resterait avec eux, tandis qu'une autre famille m'adopterait. Même s'ils étaient aussi des parents, je ne savais pas qui ils étaient. Des années plus tard, on m'a dit qu'on s'était déjà rencontrés, mais je n'en avais aucun souvenir. À l'époque, j'étais terrifié. Est-ce que je reverrais mon frère un jour ? L'incertitude me bouleversait. Cette nuit-là, je n'ai pas pu dormir. Je suis resté éveillé à pleurer, en regardant mon frère qui dormait à côté de moi.

« Mon frère, j'espère que tu auras une belle vie », lui ai-je murmuré. « J'essaierai de revenir te chercher. »

À quatre ans, j'ai été adoptée, on m'a donné un nouveau nom et on m'a dit d'appeler mes nouveaux parents « maman » et « papa ». Ils ont pris soin de moi et m'ont offert une vie privilégiée, pour laquelle je leur suis profondément reconnaissante. Mais mon petit frère et mes parents biologiques me manquaient toujours. Mon Dieu, ils me manquaient tellement.

Toujours en marge de ma nouvelle famille, je n'ai jamais réussi à trouver ma place auprès de l'un des membres de la famille ; la communication entre nous était pour le moins difficile. Dès le premier jour et tout au long de ma vie, j'ai dû marcher sur des œufs avec cette personne.

Nos interactions sont restées une source de stress constante jusqu'à ce qu'il n'y ait finalement plus de carreaux à casser.

Au fil des ans, j'ai eu de plus en plus de mal à parler de mes objectifs, de mes rêves et surtout de mes peurs à mes parents adoptifs. Souvent, je me suis retrouvé à bégayer et à avoir du mal à me souvenir des détails quand on parlait de sujets stressants.

On me disait souvent que j'étais trop sensible, et on me comprenait pas vraiment. « C'est la vie », me disait-on, ce qui m'a rendu de plus en plus timide et peu sûr de moi au fil des ans. Comme je pouvais pas parler de ce qui m'arrivait et que je devais cacher des trucs à ma famille et à mes potes, j'avais beaucoup de mal à gérer mes émotions au quotidien. Vers l'âge de six ans, je croyais que si je travaillais plus dur, ça m'ouvrirait la porte à la communication avec ma famille. À l'époque, je ne savais pas que même en y mettant tout mon cœur et toute mon âme, ça resterait un objectif douloureux et inaccessible dans ma vie.

Mon beau-père était un bourreau de travail ; il était courant pour lui de bosser dix à douze heures par jour, sept jours sur sept, et de s'absenter pendant des mois pour aller bosser dans la brousse. Vers l'âge de dix ans, je me comparais à lui et je me trouvais un peu paresseux. Ça m'inquiétait parce que je ne voulais pas que lui ou ses employés me voient comme un bon à rien. Donc, dans ma tête, je devais redoubler d'efforts et essayer de bosser deux fois plus dur que n'importe lequel de ses employés pour ne pas l'embarrasser. Après tout, c'était mon héros.

Mes beaux-parents étaient des gens super, mais le manque de communication a tendance à faire disparaître l'espoir, peu importe les efforts qu'on fait. Heureusement, je me suis fait un pote à Kiana avec qui jouer : un gros berger allemand nommé King. La mère de Larry, un ami de la famille, était la propriétaire du chien et le gardait attaché derrière sa maison, dans une petite ruelle. À l'époque, il était la meilleure chose au monde pour moi. Peut-être même plus que les biscuits ; oui, bien plus. Je pouvais me cacher et jouer avec ce chien pendant des heures. On s'amusait tellement ensemble. C'était vraiment un bon compagnon. Souvent, j'essayais de m'approcher discrètement de lui, mais dès que je jetais un œil au coin de la rue, je voyais King debout, attentif, attendant de jouer avec moi. Comment savait-il que c'était moi qui arrivais ?

« Salut, King ! Comment va mon pote aujourd'hui ? » disais-je d'une voix enjouée.

Il sortait sa longue langue rose et sautait vers moi pour se jeter sur ma poitrine. J'essayais de le repousser, mais il me clouait au sol et me léchait le visage.

« Descends ! Descends, mon garçon ! Descends, King ! Allez, descends », criais-je joyeusement. J'étais un enfant maigre qui pesait environ 85 livres à l'époque, et je suis sûr que King pesait au moins 75 livres. En raison de sa taille et de sa force, il m'était difficile de contrôler une telle bête.

Il semblait rayonner de bonheur, sauf quand les enfants autochtones passaient près de lui. Il baissait alors la tête, dressait les oreilles, lançait un regard noir et retroussait les babines, dévoilant ses dents blanches et acérées. Il se jetait sur les enfants jusqu'à ce que sa laisse en acier de quatre à six mètres soit tendue à fond. Sa laisse était la seule chose qui l'empêchait de bondir sur les enfants. Il continuait à aboyer et à tirer sur la laisse jusqu'à se dresser sur ses pattes arrière, griffant comme s'il voulait les attraper. Wow, je veux dire, ce chien était fou, presque incontrôlable.

« King ! Couché, mon chien ! Couché ! » lui criais-je.

Les enfants étaient pâles lorsqu'ils passaient devant le territoire de King. La mère de Larry m'a dit que certains enfants étaient méchants avec King, lui jetant des pierres et le frappant avec des bâtons. Pas étonnant que King semblait en colère contre eux. J'étais content que King m'ait aimé dès le début. Il ne m'a jamais grogné dessus. Après le départ des enfants, King s'est rapidement calmé et a commencé à jouer avec moi.

« King, je dois aller bosser maintenant. À plus tard », lui disais-je ce matin-là.

En traversant la ruelle, en tournant à gauche sur le chemin de terre vers l'une des nouvelles maisons que je devais aider à construire, j'ai vu que le plombier était occupé à travailler.

« Salut, James, comment ça va ? » lui ai-je demandé.

« Ça va, je travaille sur la plomberie », a répondu James.

« Je peux t'aider ? »

J'étais un gamin qui obéissait aux adultes. Je suivais bien les ordres et j'étais prêt à bosser dur. À cet âge-là, je ne pouvais pas faire grand-chose, vu ma taille et mon poids. Mais j'étais plus que disposé à apprendre et à contourner mes limites. J'étais fasciné par l'idée de raccorder des tuyaux, puis de les remplir d'eau pour détecter les fuites. Le plombier, un vétéran du Vietnam, était un homme barbu, corpulent et à la voix douce. Quand il parlait, il fallait l'écouter attentivement. Il semblait gentil, mais il valait mieux ne pas le contrarier. Je l'aimais bien et il était gentil avec moi, alors par respect, quand James me demandait de faire quelque chose, je le faisais, même si je n'aimais pas certaines des tâches que je faisais pour lui.

« Tu veux poncer les tuyaux pendant un moment ? » m'a-t-il demandé.

« Bien sûr. Combien ? » ai-je demandé.

« On a tous ces villages à faire. Il y a beaucoup de boulot devant nous, et toutes les extrémités des tuyaux doivent être nettoyées pour que je puisse les souder. » « OK, bien sûr, par où je commence ? » ai-je répondu avec enthousiasme.

Il y avait des tuyaux en cuivre de toutes sortes de tailles et d'épaisseurs, allant de trois quarts de pouce à quatre pouces, éparpillés un peu partout. James avait aussi prédécoupé les tuyaux pour le système de chaudière et les avait mis dans des piles séparées.

Je me suis assis à califourchon sur un tabouret, j'ai placé le tuyau en cuivre épais entre mes jambes et j'ai commencé à poncer. Le papier de verre que j'utilisais s'appelait « tissu de plombier », un matériau résistant. Je suis resté assis, voûté sur un seau, à poncer des tuyaux toute la journée. Finalement, j'avais mal aux poignets et mes mains étaient engourdies, mais ça ne me dérangeait pas. Je faisais un boulot important. Je croyais que je faisais une différence ; après tout, la plomberie sur laquelle on travaillait allait être utilisée pendant des années. C'était moi qui ponçais les joints et qui m'assurais qu'ils étaient bien poncés pour que, lorsque James les souderait, ils ne fuient pas.

Pendant que je ponçais, j'entendais James couper des tuyaux, créant ainsi de nombreuses piles de tuyaux supplémentaires à poncer. À la fin de la journée, je voyais que je n'avais même pas fait une brèche. *Oh là là, ça va être beaucoup de travail.* J'étais fier de poncer ces arbres de plomberie, heure après heure, jour après jour, qu'il pleuve ou qu'il fasse beau, ponçant, ponçant sans cesse, tandis que mes doigts et mes poignets étaient crispés et me faisaient constamment mal.

Je voyais James appliquer du flux sur les joints et souder les tuyaux en cuivre. J'étais fier de voir toutes ces pièces s'emboîter. C'était comme un grand puzzle.

L'arbre de plomberie était une boucle sanitaire (canalisation d'égout) qui s'insérait dans le mur de plomberie. On a assemblé les arbres de plomberie en un seul endroit pour toutes les maisons.

De temps en temps, James me laissait couper les tuyaux. Ça me faisait vraiment plaisir. Il m'a montré comment mesurer correctement le tuyau et utiliser le coupe-tube manuel en toute sécurité. Pour utiliser le coupe-tube, je devais tenir une extrémité du tuyau en cuivre avec ma main gauche tout en faisant tourner le coupe-tube avec ma main droite et en tournant le mécanisme de coupe fileté. Il fallait tourner et tordre plusieurs fois avant que le tuyau soit coupé. Évidemment, c'était beaucoup plus facile de couper le tuyau de trois quarts de pouce que celui de quatre pouces. Couper le tuyau de quatre pouces était beaucoup plus compliqué, car le tuyau et le dispositif de coupe étaient tous les deux gros et lourds. Ça m'a demandé beaucoup de force et d'énergie pour couper les morceaux. Quand j'ai enfin coupé le premier morceau, j'ai entendu le cuivre en trop tomber par terre.

« James, ces arbres sont superbes », ai-je dit avec fierté.

« Ouais, s'ils ne fuient pas », a-t-il murmuré.

« Quand vas-tu les installer ? », lui ai-je demandé.

« Je pense que la première maison sera prête demain », a-t-il répondu avec un sourire en coin. Je me suis promis de me joindre à lui, alors je me suis couché tôt ce soir-là.

Il peut être difficile de dormir pendant les mois d'été en Alaska à cause de la lumière du soleil qui pénètre dans les chambres. Cependant, le cercle arctique s'est avéré encore plus difficile. Il faut faire tout son possible pour bloquer la lumière, et les rideaux ne suffisent pas toujours. J'ai vu des gens coller du papier d'aluminium et du papier sur leurs fenêtres. Heureusement, la lumière du soleil ne m'a jamais dérangé, car j'étais toujours fatigué après une journée de travail.

Je partageais ma chambre avec James, et il lui arrivait souvent de crier après quelqu'un dans son sommeil. De nombreuses nuits, il m'a réveillé en criant : « Viens vers moi, viens vers moi, tout va bien. »

« James, ça va ? », lui demandais-je.

« Rendors-toi, ne t'inquiète pas », me répondait-il toujours.

Mais ça m'inquiétait. Je pense qu'il faisait des cauchemars à propos de la guerre du Vietnam. Je ne sais pas, mais c'est ce qu'il semblait.

Le lendemain, je me suis levé tôt parce que je voulais aider James à installer le premier arbre de plomberie, mais il était déjà parti. J'ai enfilé mon pantalon et j'ai avalé mon petit-déjeuner sans même me brosser les dents.

« Doucement, David. Pourquoi tu es si pressé ? » m'a demandé Rhoda.

Je devais aller au magasin et aider d'autres équipes à trouver des outils et des matériaux avant de pouvoir aider James. Ça m'a pris un certain temps pour faire ces fichues courses, alors j'ai couru d'un endroit à l'autre dans tout le village. Plus tard dans la matinée d' , je me suis enfin rendu à la première maison. Elle était facile à trouver car elle était située sur un terrain en forme de V, et je passais devant chaque fois que j'allais à la rivière pour pêcher ou aider à apporter des provisions. J'étais tellement fier de ce que mon beau-père était en train de réaliser. Je n'arrêtais pas de penser à quel point ces magnifiques bâtiments aideraient les gens du coin.

Tout était calme dehors, et je ne voyais pas James. Je me demandais où il était. La plomberie et d'autres matériaux de construction étaient éparpillés sous la maison, à l'abri de la pluie matinale.

Il est peut-être à l'intérieur en train d'installer la plomberie, me suis-je dit, mais je n'entendais aucun bruit provenant de la maison. Il s'est mis à pleuvoir à verse alors que je montais les escaliers, j'espérais donc pouvoir travailler à l'intérieur jusqu'à ce que la pluie cesse. *J'espère que King restera au sec.*

J'ai contourné les matériaux et les outils, en faisant attention de ne pas marcher sur les clous qui dépassaient des planches et d'autres objets divers.

Dans l'ensemble, les équipes de travail ont bien entretenu les lieux, veillant à ce que les chantiers restent propres. Une fois arrivé en haut des escaliers, j'ai trouvé James.

« Salut James, on dirait que t'as installé le premier arbre de plomberie sans moi », lui ai-je dit, la voix pleine d'excitation.

« Ouais, regarde », m'a-t-il répondu. Il avait déjà travaillé sur les autres systèmes de plomberie et était maintenant en train d'installer la plomberie du système de chauffage.

Waouh, il est rapide. Il n'est même pas 9 heures, ai-je pensé en examinant de près l'arbre de plomberie.

Grâce à la conception brillante et bien pensée de mon beau-père, James pouvait glisser l'arbre de plomberie en cuivre entre les cloisons, ce qui le rendait facilement accessible. « Ton père me facilite vraiment la tâche », a commenté James.

C'est vraiment génial !

J'ai continué à l'aider pendant le reste de la journée et j'étais content de le faire, car je ne voulais pas sortir sous la pluie. Après une longue journée de travail, la pluie a finalement cessé et le soleil brillait dans le ciel du soir. J'étais fatigué, mais il faisait beau dehors et je voulais aller pêcher tant que j'avais encore de l'énergie. J'ai décidé d'y aller après le dîner et d'emporter quelques biscuits supplémentaires avec moi. Ma canne à pêche était généralement équipée pour pêcher le corégone et prête à l'emploi. J'ai toujours mangé très vite depuis que je suis tout petit, c'est comme ça que je suis. Après le dîner, j'ai attrapé ma canne à pêche et ma boîte à pêche et j'ai couru jusqu'à la rivière, mais pas avant d'avoir dit bonjour à King.

La vue sur la rivière Kobuk depuis le haut du village était magnifique, et j'avais hâte d'attraper du poisson. Le chemin de terre qui menait du haut de la colline à la rivière était assez raide. Je veux dire, les tricycles et les véhicules pouvaient monter et descendre la route, mais c'était quand même une colline raide, et la monter à pied n'était pas très agréable, surtout si on portait des affaires. Cette colline me coupait le souffle, même si j'étais jeune. C'est sur un banc de sable graveleux perpendiculaire à la rivière que je pêchais le plus souvent. Beaucoup de bateaux des villageois étaient amarrés sur ce banc de sable, y compris l'hydravion de mon beau-père.

Cet endroit était proche de la maison où on habitait. J'y allais souvent plusieurs fois par jour ou par nuit, ce qui me permettait de le retrouver quand il venait en avion pour la journée. Il utilisait Kiana comme camp de base et se rendait quotidiennement dans les autres villages pour vérifier le reste des projets de logement.

Je pêchais souvent le corégone depuis ce banc de sable, mais de temps en temps, j'attrapais aussi l'ombre arctique et l'omble chevalier. L'ombre et la truite étaient mes poissons préférés, surtout l'ombre, parce que ce sont de super petits combattants et qu'ils sont super bons. Attraper chaque espèce de poisson était un défi à sa manière. Cette nuit-là, je cherchais surtout à pêcher le corégone. C'était sympa, ce sont de super combattants et ils sont assez faciles à attraper. J'adorais rester debout tard par une nuit ensoleillée, à regarder la rivière avec ma canne à pêche dans l'eau, à observer les oiseaux voler et à écouter les sons de la rivière. En regardant au loin, j'avais l'impression d'avoir remonté le temps.

Je n'ai pas gardé la plupart des poissons que j'ai attrapés. Mon beau-père connaissait super bien la nature et m'avait appris très tôt à la préserver. Il me disait souvent : « On doit protéger les animaux, mettre l' t les relâcher dans la nature, pour qu'ils soient encore là la prochaine fois qu'on viendra pêcher. Tu attraperas peut-être même le même poisson. » J'ai suivi cette règle jusqu'à aujourd'hui. Les poissons étaient très actifs ce soir-là. J'en ai attrapé et relâché plusieurs sans en blesser un seul.

Quelques jours plus tard, en fin d'après-midi, je jouais dans le dortoir où logeait une partie de l'équipage. Il y avait une vieille chaîne stéréo et de grandes fenêtres, et je m'amusais, vaquant à mes occupations et faisant des choses enfantines. Des mouches se posaient sur une fenêtre, et je m'approchais discrètement d'elles et, avec mon majeur, je les faisais tomber de la fenêtre. Je n'essayais pas de les tuer, mais simplement de les faire tomber. Une fois qu'elles étaient tombées par terre, je me baissais et je soufflais dessus ; soudain, elles se réveillaient et s'envolaient sans être blessées.

J'avais fait ça plusieurs fois quand j'ai entendu une femme appeler à l'aide.

Que se passe-t-il ? me suis-je demandé.

En m'approchant de la fenêtre avant, j'ai vu une femme marcher vers l'avant de la maison. Quelque chose n'allait pas chez elle.

« À l'aide ! À l'aide ! S'il vous plaît ! Aidez-moi ! » criait-elle.

Quoi ? Qu'est-ce que c'est que ça ?

Je sentais mon cœur battre de plus en plus vite. Mes jambes ont commencé à trembler et mon corps s'est raidi.

Que se passe-t-il ?

La femme a continué à marcher lentement vers moi.

Que faire ? Je ne sais pas quoi faire. Oh mon Dieu, aide-moi. Que faire ?

J'ai couru vers la porte d'entrée. Le temps semblait s'être arrêté. Je bougeais au ralenti. Quand j'ai attrapé la poignée, j'ai vu ma main trembler.

Oh mon Dieu ! Je dois ouvrir cette porte.

« Aidez-moi, s'il vous plaît, aidez-moi ! » continuait-elle à crier.

J'ai délibérément fixé le sol pendant que j'ouvrais la porte d'entrée, trop effrayé pour lever les yeux. Toujours en regardant vers le bas, j'ai descendu les marches du porche vers elle, puis j'ai finalement trouvé le courage de lever lentement les yeux vers elle. Elle a murmuré d'une voix faible : « Aidez-moi ! Aidez-moi ! »

J'étais horrifié. Je n'en croyais pas mes yeux ! *Oh mon Dieu ! Non, s'il vous plaît. Oh mon Dieu ! Non, s'il vous plaît.* J'avais du mal à respirer et je pouvais à peine parler. J'avais l'impression que les poils de ma nuque se dressaient.

Non, s'il vous plaît, non ! « Aidez-moi, s'il vous plaît ! J'ai besoin d'aide », s'est-elle exclamée.

C'était une femme petite et mince. Son visage était pâle, et je n'oublierai jamais ses yeux. Elle me fixait de ses yeux morts. On aurait dit qu'elle voyait à travers moi. C'était bizarre et ça m'a fait flipper. À 14 ans, je n'avais jamais vu autant de sang et de carnage. J'ai dû faire un gros effort pour ne pas vomir. C'était horrible, tout simplement horrible, au-delà de l'imaginable.

Elle était couverte de sang. Il y avait du sang partout. Ses cheveux, couverts de sang, étaient collés à son crâne. Du sang coulait dans ses yeux, sa bouche et ses oreilles, sur ses bras, ses mains et ses chaussures. Ses vêtements étaient trempés de sang.

Oh mon Dieu, non ! ai-je crié dans ma tête. *Non, non, non !*

Du sang jaillissait du côté de sa tête en longs jets fins. Jet après jet, le sang giclait jusqu'à deux ou trois pieds de son corps raide, éclaboussant la route de terre. Le sang rebondissait sur la terre fine et poudreuse, soulevant de minuscules nuages de poussière tandis que des gouttelettes de sang retombaient sur le sol, ses pieds et ses jambes.

« Aidez-moi ! Aidez-moi ! » a-t-elle crié.

Je ne savais pas quoi faire.

« Tout va bien se passer », lui ai-je dit. Je pouvais à peine parler, encore moins aller chercher de l'aide.

« Aidez-moi, s'il vous plaît, aidez-moi », continuait-elle à crier d'une voix brisée.

« Oh, d'accord, accroche-toi », lui ai-je répondu.

En essayant d'éviter que son sang continue de gicler du côté droit de sa tête, je me suis finalement approché d'elle malgré la nausée que me causait cette vue.

Oh mon Dieu ! Papa, aide-moi ! Même si mon père biologique était décédé, je lui demandais toujours conseil et protection. J'ai crié en courant vers la première maison où on avait installé l'arbre de plomberie. Du coin de l'œil, j'ai vu les équipes de travail venir vers nous.

« Au secours ! Au secours ! Il y a une dame qui saigne ! Au secours ! » ai-je crié aux ouvriers.

J'avais la tête qui tournait. Voir tout ce sang me donnait envie de vomir. La chose suivante dont je me souviens, c'est que j'étais debout sur la rive, à côté de l'hydravion Cessna 185 de mon beau-père, en train de regarder cette pauvre femme monter à bord. Quelqu'un lui avait bandé la tête, mais ça n'aidait pas beaucoup. Le sang avait complètement imprégné les bandages. Elle ressemblait à une momie ensanglantée. Mon beau-père l'aidait frénétiquement à monter dans l'avion. Je ne sais pas s'il a pu faire les vérifications avant le décollage, car il était tellement pressé d'emmener cette femme à l'hôpital le plus proche, qui se trouvait à Kotzebue. Je suis resté derrière l'avion, tremblant.

En levant les yeux vers la colline, j'ai vu un petit garçon de quatre ou cinq ans debout près de moi, qui pleurait et tremblait.

« Maman, maman », criait-il.

Plus tard dans la journée, j'ai appris que le gamin avait vu sa mère se faire tabasser et poignarder.

« Maman, maman », n'arrêtait-il pas de crier.

J'avais du mal à respirer. Le Cessna 185 blanc et vert était garé sur l'eau, attaché au rivage comme un bateau. J'ai détaché l'avion et l'ai poussé dans l'eau. J'ai entendu la pompe à essence se mettre en marche, puis le démarreur grincer tandis que l'hélice tournait, suivi du rugissement du moteur de 300 chevaux qui prenait vie. Le souffle de l'hélice et les gaz d'échappement m'ont frappé le visage, et le vent frais soufflait autour de moi.

Dès que ça a été possible, mon beau-père a tourné l'avion face au vent et a mis les gaz à fond pour décoller. L'hydravion a tangué d'avant en arrière sur la rivière Kobuk. Le bruit perçant du puissant moteur était presque assourdissant. L'avion a rapidement pris de la vitesse et, avant que je m'en rende compte, il était dans les airs, emmenant cette pauvre femme à l'hôpital.

Alors que je restais là, à regarder l'avion s'éloigner à l'horizon, je me demandais pourquoi tout ça arrivait. Je me suis retourné et j'ai vu le garçon qui appelait sa mère en pleurant, les larmes coulant sur son visage. J'espérais que la femme d' e survivrait, mais ça semblait assez douteux vu tout le sang qu'elle avait perdu. En plus, il faut environ vingt-cinq minutes pour voler jusqu'à Kotzebue.

La rivière Kobuk coulait tranquillement, les oiseaux volaient et la faune sauvage semblait intacte, comme si rien ne s'était passé. Je suppose que la nature a sa façon d'absorber la douleur. Je savais que la terre elle-même ne pouvait pas ressentir, mais les humains le peuvent certainement. Je suppose que c'est ce qui rend la vie si difficile pour chacun d'entre nous.

En marchant vers les falaises de Kiana, j'ai remarqué un rocher de taille moyenne. Je me suis assis dessus et j'ai contemplé la magnifique et paisible rivière Kobuk. Je ne sais pas combien de temps je suis resté assis sur ce rocher. Je suis juste resté là à regarder au loin, me demandant pourquoi.

Dans cette situation stressante, j'ai pensé à mon père, Gordon. Je n'avais entendu que des murmures sur le genre de personne qu'il était, mais c'était mon père, et je garde un souvenir affectueux des moments que j'ai passés avec lui. Je me souviens m'être amusé chaque fois que je le voyais. Il accélérait et roulait plus vite sous les ponts dans sa décapotable rouge tandis que nous riions ensemble. Je me souviens de son rire. Il me manquait tellement ! Après l'adoption, je n'ai plus eu aucun contact avec lui.

Au cours de l'été 1972, alors que j'avais sept ans, mon père est mort. Une personne dont je tairai le nom m'a dit qu'il s'était suicidé parce qu'il ne pouvait pas vivre sans mon frère et moi. Je me suis senti responsable de sa mort. J'ai ressenti une grande tristesse et une grande culpabilité qui m'ont submergé et m'ont fait perdre confiance en un adulte en particulier, qui était censé protéger les enfants.

Papa, j'aimerais que tu sois encore en vie. Tu me manques. J'espère que tu es au paradis et que tout va bien pour toi. Aide-moi, s'il te plaît. J'ai besoin de quelqu'un à qui parler. Je ne veux plus voir de violence.

Je suis resté là un moment, à attendre que mon beau-père revienne. J'espérais que la femme allait bien. Je me souviens que mon corps s'est engourdi et que cet engourdissement était presque insupportable. La chose suivante dont je me souviens, c'est d'avoir caressé King dans la ruelle. J'avais l'impression d'avoir perdu la notion du temps. J'ai essayé de dormir cette nuit-là, mais chaque fois que je fermais les yeux, elle était là. La femme au visage pâle s'approchait de plus en plus de moi, comme si c'était un schéma qui se répétait. Ses yeux étaient d'un blanc terne et ses vêtements étaient trempés de sang qui coulait vers le sol. Du sang jaillissait et suintait de sa tête, recouvrant complètement son visage, ses mains et ses pieds. Un mince jet de sang jaillissait sans arrêt du côté de sa tête et éclaboussait la terre fine et poudreuse. « Aidez-moi, s'il vous plaît, aidez-moi », criait-elle encore et encore, et je pouvais voir le petit garçon qui appelait sa maman. Ces images sans fin semblaient si réelles. J'avais mal au ventre en voyant ces images dans mon esprit. Je voulais qu'elles disparaissent. J'ai essayé de dormir.

Je n'avais personne à qui parler de cet événement. On m'a dit : « C'est la vie », mais j'avais du mal à mettre de côté ce qui s'était passé. Je pense que même les esprits les plus forts auraient du mal à accepter quelque chose d'aussi horrible. Comment un enfant est-il censé gérer le fait d'avoir été témoin d'une telle violence ?

Le lendemain, après une nuit agitée, je suis resté allongé dans mon lit, sans envie de me lever. Je voulais rester dans un endroit qui me semblait relativement sûr. Je voulais y rester le plus longtemps possible avant d'affronter la cruauté du monde réel. Je ne me souviens pas avoir mangé ce jour-là, mais je suis allé travailler sans parler à personne de ce que j'avais vu la veille.

Quelques jours plus tard, après une dure journée de boulot, j'ai entendu une conversation dans laquelle le mari de cette femme l'avait brutalement agressée. Apparemment, elle et son mari avaient bu ce jour-là, ce qui m'a troublé car les villages étaient censés être « secs », ce qui signifiait que l'alcool était interdit. À l'époque, Kotzebue était la seule ville où les gens pouvaient se procurer de l'alcool. On m'a dit que son mari l'avait battue et lui avait donné plusieurs coups à la tête avec un ulu devant le petit garçon.

Un ulu, c'est un couteau tout-en-un courbé qu'on utilise depuis longtemps chez les Amérindiens. Il a un petit manche au milieu de la lame. Le manche est en bois, en os ou en ivoire. D'après ce que j'ai compris, le métal de la lame était découpé et façonné à partir de vieilles scies à main, comme celles que l'on trouve dans les quincailleries. Les ulus sont des outils polyvalents, efficaces et tranchants qui peuvent être utilisés pour dépouiller et nettoyer les animaux, couper les cheveux, faire de l' e et même tailler des blocs de neige et de glace utilisés pour construire des igloos. Je doute que l'inventeur ait conçu l'ulu dans le but de blesser des êtres humains.

À la surprise générale, la femme a effectivement survécu. *Dieu merci.* Personne ne sait vraiment comment elle a survécu à cette horrible épreuve, surtout vu toute la perte de sang. J'ai entendu dire que le fait qu'elle ait bu autant d'alcool lui avait peut-être sauvé la vie. C'est ironique que quelque chose d'aussi destructeur puisse préserver la vie. Elle devait être super bourrée pour supporter toute la douleur causée par ces blessures profondes et pénétrantes. À ma connaissance, elle n'a jamais porté plainte contre son mari. Je l'aurais fait, mais qui suis-je pour juger ?

Je me sentais super mal pour le petit garçon qui avait vu sa mère se faire sauvagement attaquer par son père. Je me demandais comment il allait pouvoir gérer cet horrible événement dans son esprit. *Je suis choquée par ce que j'ai vu, mais bon sang, comment il fait pour gérer ça ? Je n'en ai aucune idée.*

En fait, j'allais avoir beaucoup de mal à accepter ce que j'avais vu.

CHAPITRE 6
Dangers à distance

Dieu merci ! Je vais enfin pouvoir sortir d'ici. Maintenant, s'ils pouvaient juste m'enlever ce volant. Je peux encore bouger mes orteils. C'est bon signe. Je ne suis pas encore paralysé.

Je me demandais à quel point j'étais proche de ne plus pouvoir utiliser mes pieds ou mes jambes. Ma main gauche ensanglantée pendait toujours par la fenêtre avant. Je ne pouvais pas bouger ma main, mais ça ne m'inquiétait pas trop. Je me concentrais surtout sur mes jambes et mes pieds et j'essayais juste de respirer. Alors que je haletais et luttais pour faire entrer de l'air dans mes poumons, j'entendais des sirènes et des gens parler en arrière-plan. Je voyais les lumières rouges et bleues clignotantes des véhicules.

Oh oui ! Ils sont là, c'est vrai. Bientôt, je serai libéré de cette cage d'acier. Je suis coincé comme un animal pris au piège.

Tout était un peu flou. Qu'est-ce qui est arrivé au pare-brise ? Il s'est brisé sous le choc ? Ou ils l'ont découpé pour me libérer ? *Bizarrement, je ne me souvenais pas avoir vu de verre autour de moi. Même si le pare-brise était en verre de sécurité, j'étais sûr qu'il devait y avoir du verre partout. Je ne savais juste pas où.*

J'avais du mal à respirer. Par moments, inspirer et expirer de l'oxygène me semblait prendre une éternité.

Merde, je ne vais pas m'en sortir. Impossible, aucune chance.

J'étais sûr que j'allais étouffer. Enfin, si je ne mourais pas de froid avant.

« On va bientôt vous sortir de là », m'a dit le policier.

« J'ai froid, j'ai très froid. »

LA PLUPART DES PREADOLESCENTS ET DES JEUNES ADOLESCENTS n'ont pas à faire face à la violence qui était monnaie courante dans la brousse. D'un autre côté, la plupart des enfants n'ont pas l'occasion d'être copilotes d'avion. Travailler dans la brousse m'a permis d'acquérir une expérience directe des équipements lourds, des avions, des bateaux, des barges et même des hélicoptères. Wow, qui n'aimerait pas ça ?

La compagnie de mon beau-père a transporté environ 14 millions de livres de matériel depuis l'aéroport international d'Anchorage jusqu'au nord du cercle arctique. On m'a dit que c'était le plus gros pont aérien jamais réalisé en Alaska à l'époque. Je ne sais pas, mais beaucoup ont affirmé que c'était vrai. Il utilisait différents types d'avions, notamment le Short SC.7 Skyvan, le C-119, l'Aviation Traders ATL-98 Carvair, qui ressemblait à un 747 avec des hélices, et plein d'autres types de transport aérien.

Ces avions étaient tellement vieux que les pilotes et les mécaniciens les appelaient en rigolant les « cercueils volants ». Ils ont même ajouté un moteur à réaction sur le C-119, pas pour la sécurité, mais parce que les moteurs radiaux n'avaient pas assez de poussée pour décoller à cause du poids du matériel. Et comme si ça ne suffisait pas, ils ont injecté de l'eau dans les cylindres pour augmenter la poussée de 30 % au décollage. Oui, c'était risqué, tu peux le dire. Une fois les matériaux largués à l'aéroport du village ou arrivés par barge, un hélicoptère UH-34D Seahorse les transportait, en suspendant la charge sous l'appareil et en la transportant vers les sites éloignés.

Quand j'étais gamin, j'aidais à charger des avions avec du contreplaqué, des fondations, des tôles de toiture et plein de matériaux de construction à Anchorage. Pendant que je bossais dans le nord, je prenais l'hélico pour aller dans d'autres villages, comme Selawik, et je bossais avec le pilote pour décharger les mêmes matériaux que j'avais aidé à envoyer depuis Anchorage.

Une fois les matériaux arrivés, le pilote dirigeait l'appareil vers eux et restait en vol stationnaire au-dessus, suspendant une élingue à portée de main du manutentionnaire en dessous. Ce dernier accrochait solidement les matériaux à l'élingue et signalait au pilote que la cargaison était bien fixée. Après avoir confirmé que tout était en ordre, le pilote remontait lentement et prudemment à la verticale pour éviter de heurter d'autres objets et se dirigeait vers le terrain désigné.

Une fois au-dessus du terrain, le pilote a soigneusement déposé la cargaison pour éviter d'endommager le matériel, puis a relâché le crochet, laissant la sangle tomber. Un ouvrier au sol a marché sur la toundra bosselée vers les sangles et les a préparées pour les accrocher à nouveau à l'hélicoptère. Le pilote est ensuite revenu et a plané au-dessus de la personne à portée de main, qui a tendu le bras et a accroché une extrémité de la sangle à l'hélicoptère. Le pilote remontait lentement à la verticale, faisant glisser les élingues sous la cargaison, puis revenait chercher la cargaison suivante. Le processus se répétait toute la journée jusqu'à ce que les barges ou la zone de transit soient vides.

Quelqu'un m'a désigné pour être manutentionnaire sur les lots. C'était excitant et amusant, mais en même temps, ça me faisait réfléchir, car ces gros hélicoptères à pistons utilisés au Vietnam volaient maintenant au-dessus de ma tête. Ils n'étaient pas équipés d'un moteur à réaction fiable. Un moteur à réaction a environ 117 fois moins de chances de tomber en panne qu'un moteur à pistons. Voilà pourquoi. Je n'étais pas un enfant hypersensible qui s'inquiétait inutilement d'être sous un hélicoptère volant juste au-dessus de ma tête, à portée de main.

Même à cet âge, je savais déjà pas mal de choses sur la fiabilité des moteurs à pistons. Avant de quitter la Californie, mon oncle m'avait appris comment fonctionnent les moteurs des petits et grands véhicules, ainsi que comment les réparer et les reconstruire. Je savais donc très bien comment ils fonctionnaient. Je n'arrêtais pas de me dire : « Et si ce vieux moteur à pistons tombait en panne ? » Il faut entendre le bruit qu'il fait quand il démarre. À mes yeux, cet hélicoptère ne semblait pas en état de voler. Comment s'échapper s'il commence à tomber du ciel alors qu'il plane au-dessus de votre tête ? Croyez-moi, ce n'est pas aussi facile que vous le pensez. C'est une machine gigantesque qui plane juste au-dessus de ta tête, alors dans quelle direction courir ? La direction et la vitesse du vent étaient des facteurs à prendre en compte. Es-tu assez rapide pour échapper à la longueur de l'hélicoptère et aux longues pales du rotor ? Ces choses étaient énormes, il n'y avait aucune échappatoire. Oh, n'oublions pas d'essayer de courir sur la toundra bosselée. Je savais que je pouvais finir en bouillie si cet hélicoptère avait un accident au-dessus de ma tête.

Quand il pleuvait, les extrémités des rotors produisaient de l'électricité statique, qui se propageait jusqu'aux crochets métalliques. En accrochant ou décrochant les élingues, je recevais parfois des décharges électriques. C'était désagréable et ça faisait mal la plupart du temps. À bien y réfléchir, je ne voulais pas faire cette tâche quand il pleuvait, et je ne l'ai plus jamais refaite. J'ai retenu la leçon.

En plus d'être manutentionnaire, j'étais chargé de ravitailler l'hélicoptère en carburant. Comme l'hélicoptère ne pouvait soulever qu'un certain poids, on m'allouait cinquante-cinq gallons de carburant, soit environ 330 livres, à chaque fois que le pilote atterrissait. Le poids brut de l'hélicoptère était poussé à ses limites. Le pilote devait atterrir et faire le plein toutes les deux ou trois sorties, et je faisais des allers-retours entre les parkings et l'hélicoptère pour le ravitailler. Même si j'étais crevé, j'étais content que la pompe à essence marche à piles, contrairement aux vieilles pompes à main.

J'ai appris une autre chose sur les hélicoptères. Un hiver, le pilote d'hélicoptère nous a montré qu'il était possible de faire une boule de neige et de la lancer à travers les rotors en rotation, et qu'elle ne heurterait pas les rotors grâce à l'effet aérodynamique. C'était fascinant de voir ce tour. On attrapait les boules de neige lorsqu'elles retombaient entre les rotors.

Quand je bossais à Selawik, je suis allé pêcher sur un bateau à moteur. J'ai rencontré un vieux monsieur super sympa qui était à la retraite. Je sais pas ce qu'il faisait tout là-haut dans le nord, mais il avait une péniche, et je l'ai suivi partout sur le lac Selawik pour pêcher. Notre but était d'attraper un gros grand brochet. À ma grande surprise, son but ultime était d'en manger un parce qu'il voulait savoir quel goût ça avait. Beurk, me suis-je dit, c'est dégoûtant. Plus tard dans la journée, il a fait frire un brochet qu'il avait attrapé, qui ne m'a pas semblé très appétissant. La chair avait l'air pâteuse et avait une teinte jaunâtre. En plus, elle était pleine de petits arêtes. Merci, mais non merci. Je n'allais pas manger ce poisson. Pas question. Peut-être que si j'avais été affamé, je l'aurais fait, mais croyez-moi, je n'avais pas assez faim ce jour-là.

Le vent était complètement tombé et le lac était calme. Cependant, il pleuvait des cordes et les moustiques étaient agressifs, même au milieu du lac pendant l'averse. Il n'y avait aucun moyen d'y échapper. D'une manière ou d'une autre, ils arrivaient à voler même sous une pluie battante. Les moustiques sont particulièrement désagréables pendant la pluie, car chaque fois que tu vaporises un anti-moustique, la pluie le fait couler de ton corps. Tu te retrouves alors sans protection et ils t'attaquent sans pitié. Non seulement ils peuvent voler sous une pluie battante, mais ils te poursuivent aussi autour des petits et grands lacs. Avec ses 50 km de long et ses 10 à 13 km de large, le lac Selawik est le troisième plus grand lac d'Alaska.

J'ai entendu dire que les moustiques tuaient des gens, et je le crois. Ce sont les vampires du nord. Se faire attaquer par ces petits insectes peut pousser une personne à perdre la tête, à courir vers un lac et à se noyer. Peu importe où tu vas, ils te trouvent. Pendant que je pêchais, j'ai lancé ma ligne plusieurs fois, et ils m'ont trouvé et m'ont immédiatement attaqué. Je me dépêchais, je démarrais le moteur et je roulais aussi vite que possible vers un autre endroit du lac, où je lançais deux ou trois fois ma ligne, pour être à nouveau attaqué ; puis je roulais aussi vite que possible vers un autre endroit pour pêcher. Je faisais ça toute la journée. Tu parles d'une persévérance ! Je me demandais comment ces petits salauds pouvaient s'éloigner autant du rivage. N'étaient-ils pas trop fatigués pour sucer ton sang ? La nature est incroyable, et apprendre à survivre dans les régions reculées de l'Alaska a été une leçon précieuse.

Et on était vraiment isolés ! Une grande partie de l'Alaska n'est accessible que par avion, car il n'y a pas de réseau routier. J'allais souvent à la rivière pour écouter le bruit du moteur de mon beau-père. Je connaissais bien son Cessna 185 blanc et vert, car il l'avait acheté quand on avait déménagé en Alaska. En général, les 185 ont tous à peu près le même bruit en vol, mais pour une raison quelconque, son avion avait un son aigu particulier. Personne ne pouvait nous dire pourquoi le bruit de son moteur était si distinctif, mais mon oncle et moi pouvions toujours identifier son avion, même quand il était hors de vue.

Il avait le premier hydravion au nord du cercle polaire arctique parce qu'il en avait besoin pour son boulot. Les 185 peuvent être équipés de roues, de skis ou de flotteurs et sont dotés d'un moteur de 300 chevaux. Au décollage, les extrémités des hélices franchissent le mur du son, créant un rugissement distinctif et perçant qu'il est impossible de confondre.

Quand on a déménagé en Alaska, il a utilisé ce même hydravion 185 pour transporter les matériaux de construction d'une cabane qu'on a construite sur le lac Trapper, à environ trente minutes au nord d'Anchorage. On a chargé plein de matériaux et de fournitures de construction dans l'avion, des montants de 2 pouces sur 6, des clous, de l'isolant, bref, à peu près tout ce qu'il faut pour construire une maison, sauf le contreplaqué et le bateau. Comme c'était gros, il a dû louer un avion plus grand, un Beaver, et attacher ces trucs à l'extérieur des flotteurs.

On décollait du lac Spenard à Anchorage, on volait vers le nord pendant environ trente minutes, puis on atterrissait sur le lac près de l'emplacement de la cabane. On faisait des allers-retours toute la journée, chargeant et déchargeant les matériaux sur la rive. Ensuite, je transportais les matériaux sur une demi-pente de quatre mètres et demi jusqu'au site de la cabane. C'était un moment formidable, car ça m'a permis de passer du temps avec mon beau-père et d'en apprendre davantage sur l'aviation.

Il n'était pas le seul avec qui j'ai volé. Un gars sympa, costaud, avec un visage rond, qui s'appelait Jimmy, bossait comme pilote pour mon beau-père, qui venait d'acheter un Cessna 207 pour transporter ses équipes, ses fournitures et ses matériaux de construction vers les villages. Les avions étaient super importants pour son business ; un investissement cher et risqué à gérer, surtout dans les terrains difficiles de l'Alaska rural.

Jimmy avait piloté des hélicoptères au Vietnam et avait une licence de vol aux instruments, ce qui était difficile à obtenir. Il m'a raconté des histoires sur ses vols autour des grandes pyramides d'Égypte. C'est trop cool ! Mais mon beau-père avait des doutes sur le fait de l'embaucher. Malgré le talent de Jimmy et ses multiples qualifications très recherchées, il craignait que Jimmy ne prenne trop de risques involontaires et ne provoque un accident ou ne surcharge les avions, ce qui pourrait entraîner des coûts d'entretien et de remplacement supplémentaires, sans parler du risque pour les vies humaines. Je pense qu'après une longue discussion, il a reçu l'assurance de Jimmy qu'il ne prendrait aucun risque et ne dépasserait pas les limites de conception de l'avion.

Lors de mon deuxième été de travail dans la brousse, j'étais basé à Kotzebue. Heureusement pour moi, Jimmy décollait de Kotzebue pour livrer des matériaux de construction destinés à un nouveau projet immobilier dans plusieurs villages situés à proximité. Une fois ma longue journée de travail terminée, je me rendais à pied à l'aéroport commercial, où je le retrouvais pour l'aider à charger l'avion. Si j'avais de la chance, il me laissait voler avec lui. La plupart du temps, j'avais de la chance.

Au cours de ce voyage, on avait pour mission de livrer des matériaux et des fournitures pour les fondations. On a chargé des planches de fondation lourdes, traitées sous pression, de trois pouces d'épaisseur, huit pouces de largeur et quatre pieds de longueur. On a apporté des clous de 50 penny et des vis pour toiture. L'avion avait un espace de chargement supplémentaire à l'avant du 207, derrière le capot moteur. L'avion est conçu pour sept sièges, mais on a enlevé les sièges, sauf ceux du pilote et du copilote, pour faire de la place pour les matériaux à l'intérieur de l'avion, comme on l'avait fait pour le 185.

Une fois la partie principale de l'avion chargée, j'ai remarqué que la queue reposait sur le sol et que le pneu avant de direction était suspendu dans les airs. Il y avait à peine assez de place pour qu'on puisse entrer dans l'avion. Je me suis dit qu'*on devait être déséquilibrés, car les 207 ont un train d'atterrissage tricycle à trois roues, deux pour les roues principales et une pour la direction. Je suppose qu'on ne va pas pouvoir diriger l'avion jusqu'à la piste.*

J'ai demandé au pilote si l'avion allait y arriver. Les pilotes sont chargés de s'assurer que le fret et les passagers sont correctement chargés. L'avion ne doit pas dépasser les exigences de poids et d'équilibre recommandées par le constructeur. Le non-respect de ces exigences peut entraîner un comportement erratique de l'avion pendant le vol, ce qui pourrait provoquer un accident.

« Ne t'inquiète pas », m'a-t-il dit. « On doit encore charger le compartiment avant. » *OK, ça me semblait logique.*

On a ajouté beaucoup de poids supplémentaire à l'avant, mais la roue avant ne s'est pas abaissée. Je me suis demandé si on était toujours déséquilibrés et en surcharge. Peut-être qu'une fois qu'on serait tous les deux dans l'avion, le nez s'abaisserait et que la roue du mécanisme de direction toucherait le sol. Après tout, le pilote était un homme corpulent. *Est-ce qu'on serait en surcharge une fois qu'on serait tous les deux à bord*, me suis-je demandé. *Est-ce qu'il volait toujours comme ça ?*

Même après qu'on se soit installés dans nos sièges, le nez de l'avion a légèrement baissé, mais la roue avant n'a pas touché le sol. Je l'ai entendu dire : « OK, Dave, prêt ? Ceintures attachées ? C'est bon ? » Il a tourné la clé pour démarrer le moteur. Le moteur a démarré et j'ai vu les hélices à trois pales tourner dans le sens des aiguilles d'une montre. Alors que le moteur tournait au ralenti, la roue avant de l'avion a finalement touché le tarmac. J'étais à juste titre nerveux, car je pensais que l'avion était déséquilibré et dépassait les limites de poids brut. Cela m'a rappelé une situation similaire qui m'avait bouleversé quelques années auparavant.

Lors d'un de nos voyages pour acheminer des provisions à notre chalet à bord du même Cessna 185, le poids et l'équilibre avaient dépassé les exigences du constructeur. Nous avions trop de poids à l'arrière de l'avion, ce qui a causé des problèmes lors de l'atterrissage. Nous avons rebondi plusieurs fois violemment sur l'eau, et mon beau-père a eu du mal à garder le contrôle de l'avion. Heureusement, il a réussi à poser l'avion sans incident. Si quelqu'un de moins expérimenté avait piloté, l'issue aurait pu être fatale.

J'espère que tout va bien, me suis-je dit.

Jimmy a commencé sa vérification avant le décollage. Les jauges du moteur étaient déjà dans le vert depuis son vol précédent. Il m'a laissé rouler jusqu'à la piste goudronnée ; le soleil était encore au-dessus de l'horizon. Oh, quelle vue magnifique ! Le vol devrait être tranquille, avec un ciel dégagé et des vents calmes. Autorisé à décoller, il a poussé la manette des gaz vers la cloison pare-feu, et le moteur s'est mis en marche tandis que l'avion accélérait jusqu'à environ 110 km/h. Il a doucement tiré sur le manche, et l'avion a décollé.

Le 207 était un avion qui roulait bien et qui était assez silencieux, même pour un moteur à pistons. L'hélice à trois pales réduisait le bruit et les vibrations du moteur. J'aimais bien cet avion parce qu'il avait un moteur turbo, ce qui lui donnait plus de puissance. En plus, il avait des volets électriques et des systèmes de compensation. C'était un super avion.

Depuis notre point de vue aérien, je pouvais voir des rivières, des lacs et la toundra, ainsi que des terres principalement plates. Je me souviens qu'une partie du terrain ressemblait à un marécage avec de petits buissons partout. De temps en temps, on apercevait des élans avec de grands bois qui se promenaient. Bien sûr, mes animaux préférés étaient les cygnes. Les cygnes sont parmi les créatures les plus magnifiques de la terre. J'ai toujours aimé survoler les lacs et voir les cygnes nager. Ces grands oiseaux ajoutent une telle beauté à l'immensité de l'Alaska. Les cygnes sont connus pour s'accoupler pour la vie. On voit généralement deux cygnes ensemble.

Le vol s'est déroulé sans encombre. Je me suis simplement assis et j'ai admiré le paysage, en regardant les terres verdoyantes et les rivières sinueuses. Il semblait que la plupart des millions de lacs de l'État se trouvaient au nord du cercle arctique. Nous avons vu lac après lac. En regardant les lacs et les rivières, je pouvais voir le reflet brillant du soleil se refléter sur l'eau. Quel spectacle ! Parfois, je jure que le paysage ne semblait pas réel ; il ressemblait davantage à une peinture. D'un autre côté, la beauté peut être trompeuse. J'entendais mon grand-père me dire dans ma tête : « Une terre sans pitié ». Il faut être dur pour survivre à l'immensité de la nature dans cet État.

En me tournant vers le côté droit du hublot de l'avion, j'ai pu voir la migration des oiseaux vers le sud. Quel spectacle ! On aurait dit que des milliers d'oiseaux volaient. Eux, ils sont malins. Les humains peuvent apprendre beaucoup d' s des oiseaux et des animaux en général si on prend le temps de les observer attentivement. Ils se dirigent vers la chaleur. *Oh, quelle chance ils ont*, me suis-je dit. *Ils viennent dans le nord pour l'été pour profiter de la belle vie et se dirigent vers le sud pour l'hiver pour profiter d'une autre belle vie.*

Parfois, si on avait de la chance, on voyait de magnifiques grizzlis blonds. D'en haut, on pouvait voir leur fourrure onduler comme de hautes herbes balayées par le vent, et leurs muscles se contracter à chaque pas. Bon sang ! Ils sont énormes. Grands et puissants, ils peuvent courir jusqu'à 79 km/h sur de courtes distances. Ils peuvent facilement marcher ou courir sur la toundra sèche ou marécageuse et nager ; ils sont impressionnants à voir. On dit qu'un ours peut marcher jusqu'à 32 à 64 km par jour à la recherche de nourriture.

Un de nos amis autochtones m'a dit un jour que les ours sont gauchers, donc si un ours te frappe, essaie de rouler avec lui, et tu survivras peut-être. Je ne sais pas s'ils sont gauchers, mais je n'ai jamais voulu me battre avec un ours pour le découvrir.

Le pilote a interrompu mes rêveries sur les ours. « Hé Dave, on arrive au premier village. Prépare-toi, donne-moi dix degrés de volets. »

Ce gentil monsieur me laissait piloter l'avion vers notre destination et me disait de combien d'angles ouvrir les volets pour notre descente. Les volets d'un avion changent la forme aérodynamique des ailes. Ils montent ou descendent selon ce que le pilote veut faire faire à l'avion. On utilisait les volets comme des freins à air pour ralentir l'avion avant l'atterrissage.

« Volets à dix degrés », répétait-il.

En même temps, il a tiré sur la manette des gaz et j'ai senti l'avion ralentir. En regardant droit devant moi, j'ai vu la piste apparaître rapidement. Sur le côté, j'ai remarqué que de nombreuses maisons neuves étaient en construction.

On aurait dit que les travaux avançaient bien.

Cool, me suis-je dit. *Je n'avais jamais vu ce village auparavant.*

« Plus de volets », a ordonné le pilote.

Pendant que je poussais la manette électrique des volets jusqu'au deuxième cran, il a ralenti l'avion et a légèrement réduit la puissance.

« Approche finale », a dit le pilote.

Juste avant l'atterrissage, il a relevé le nez de l'avion pour le faire atterrir. Il y a eu un léger grincement, et les roues principales ont touché la piste en gravier. L'avion n'a pas rebondi. À mon grand soulagement, il a effectué un atterrissage en douceur et en toute sécurité.

Une fois le moteur coupé, on a tout de suite sauté de l'avion et le nez de l'appareil s'est relevé, la roue avant restant suspendue au-dessus du sol. Le pilote a ouvert la porte cargo avant et a sorti quelques boîtes de vis à toiture, puis a déchargé des cales de fondation à l'arrière de l'avion. À mon grand soulagement, la roue avant s'est abaissée et a touché la piste. J'étais super content qu'on ait allégé la charge et que l'avion ait retrouvé son équilibre. Du coup, ma nervosité s'est envolée et j'étais impatient de voler vers le village suivant.

« OK, c'est parti », a dit le pilote.

« Où est-ce qu'on va ? », ai-je demandé.

« À Kivalina. »

« Oh, ce village est au bord de l'océan », ai-je dit.

« Oui. Attends de voir la piste d'atterrissage. Elle est plutôt sympa », a répondu le pilote.

« Prêt à décoller ? »

Après s'être aligné sur la piste en gravier, le pilote a poussé la manette des gaz vers le pare-feu. J'ai vu le compte-tours grimper. Le moteur a rugi bruyamment. On a commencé à rouler vers l'avant, accélérant pour atteindre la vitesse de décollage.

Les pistes en gravier ont tendance à créer plus de résistance sur les roues de l'avion, ce qui peut augmenter la distance nécessaire au décollage. Même si notre piste était en gravier, l'avion était maintenant plus léger et nous avons décollé beaucoup plus rapidement, en utilisant moins de piste qu'à l'aéroport de Kotzebue. J'ai remarqué que le pilote continuait à faire tourner le moteur à pleine puissance beaucoup plus longtemps que mon beau-père. Chaque pilote a son propre style de pilotage. Mon beau-père mettait les gaz à fond, et quelques secondes après le décollage, il réduisait la puissance jusqu'à ce que les aiguilles soient dans le vert. Je lui ai demandé pourquoi il réduisait la puissance comme ça. Sa réponse était courte et claire. Il m'a dit que c'était pour ménager le moteur, qui coûte cher à réparer ou à remplacer. Cependant, certains pilotes préfèrent maintenir la puissance pour prendre de l'altitude le plus rapidement possible avant de réduire la puissance. Il n'y a rien de mal à ça, bien sûr. Il est judicieux de faire monter l'avion le plus haut possible avant de réduire la puissance, mais cela augmente l'usure du moteur.

Voler en Alaska est intrinsèquement dangereux, mais voler au nord du cercle arctique, surtout à cette période, comporte des risques encore plus grands. Les pilotes doivent naviguer au-dessus de vastes étendues de toundra, de lacs, de rivières, de marécages, de forêts denses et de montagnes escarpées, souvent dans des conditions météorologiques extrêmes et loin de toute forme de civilisation. Si l'avion rencontre des problèmes mécaniques, il peut être extrêmement difficile de trouver un endroit sûr pour atterrir. Et si vous survivez à l'accident, vous êtes confronté à une nouvelle série de menaces : déshydratation, blessures, famine, animaux sauvages (y compris des moustiques implacables) et conditions météorologiques impitoyables, pour n'en citer que quelques-unes.

J'ai entendu dire que la compagnie d'assurance avait dit à mon beau-père qu'en raison des nombreuses heures et des nombreux kilomètres qu'il avait parcourus au nord du cercle arctique, statistiquement, il aurait dû être mort. J'étais bouleversée et triste d'apprendre qu'il vivait sur du temps emprunté. J'avais déjà perdu un père, et maintenant j'allais peut-être en perdre un autre. En plus de ça, j'avais récemment vu la femme blessée qu'il avait sauvée en la transportant à Kotzebue. Mon beau-père était mon héros, je l'admirais et l'aimais beaucoup. Je n'ai jamais parlé à personne de ce que j'avais entendu, mais j'ai gardé mon inquiétude pour sa sécurité au fond de moi pendant des décennies.

J'ai su à ce moment-là que je ne serais jamais pilote commercial. Pas question ! Jamais. J'ai étudié et travaillé dur pour obtenir ma licence de pilote privé avant même d'avoir mon permis de conduire. À quinze ans, j'ai volé en solo au printemps avant de partir dans la brousse, mais il était hors de question que je vole pour gagner ma vie.

Je n'étais pas enthousiaste à l'idée de voler par mauvais temps, mais j'adorais voler par temps calme et ensoleillé, ainsi que la nuit. J'ai toujours trouvé apaisant et mystérieux de voir à quel point le monde est beau vu du ciel, et ce voyage n'a pas fait exception. Lorsque nous avons atteint notre altitude de croisière, le pilote a finalement réduit la puissance et l'avion a volé comme dans un rêve.

En approchant du littoral, j'ai pu voir les vastes plages de gravier de l'Arctique. Les vagues s'écrasaient sur les arbres du rivage et des branches étaient éparpillées un . À première vue, atterrir sur la plage n'était pas conseillé, même à cette altitude. Les pilotes atterrissent sur les plages, mais nous étions dans un avion tricycle conçu pour des pistes assez bonnes, contrairement à l'avion de mon beau-père. Même s'il avait des flotteurs sur son 185, il pouvait facilement être converti en avion à train classique en retirant les flotteurs et en installant des roues. Ils ont un train d'atterrissage plus robuste et peuvent mieux supporter les atterrissages brutaux. Si le moteur tombait en panne et qu'on était obligés d'atterrir sur la plage, le train d'atterrissage pourrait s'effondrer sous l'impact, et nos chances de survie seraient considérablement réduites.

« On arrive à Kivalina », a dit le pilote.

Kivalina est un petit village situé sur la côte. Ça doit être un endroit froid où vivre en hiver, mais c'était une jolie ville avec des gens sympas, chaleureux et accueillants qui vivent de la terre pour subvenir à leurs besoins. Une façon noble de vivre. Si tu veux mon avis, tous les autochtones et non-autochtones qui vivent de la terre sont nobles. Réfléchis-y un instant. Ils vivent dans de petits villages isolés, sans routes pour les relier aux autres villages, et le seul moyen de les atteindre est l'avion. On peut s'acheter une motoneige, un bateau ou un traîneau à chiens, mais on reste quand même au milieu de nulle part.

Beaucoup de villages n'ont pas d'épicerie ni de centre médical. Même si certains villages ont des cliniques, ce ne sont pas des hôpitaux. Les gens risquent d'avoir des urgences médicales, et s'ils ne peuvent pas recevoir les soins qu'il faut, ils peuvent mourir.

Ces villages utilisaient des générateurs diesel ou à gaz pour produire de l'électricité. Et s'ils tombaient à court de carburant ? Impossible de sauter dans son camion pour aller en chercher. Et les services d'eau et d'égouts ? À l'époque, beaucoup de villages n'avaient ni eau courante ni plomberie intérieure. J'ai vu des gens transporter des seaux de 19 litres d'eau depuis les berges de la rivière jusqu'à leur maison. En hiver, ils faisaient un trou dans la glace, plongeaient leurs seaux pour les remplir, puis transportaient l'eau jusqu'à leurs maisons. N'oubliez pas que la température peut descendre jusqu'à -50 °C et que l'Arctique reste dans l'obscurité pendant de longues périodes. J'ai moi-même transporté mon lot de seaux d'eau en plein hiver, mais j'y reviendrai plus tard.

On utilisait des téléphones satellites, mais ils n'étaient pas super fiables. Les téléphones portables n'existaient pas encore. Ça devait être dur si quelqu'un se blessait et ne pouvait pas appeler à l'aide. Je ne saurais trop insister sur l'éloignement de ces villages. C'est pour ça que j'ai un immense respect et une grande admiration pour ces gens.

Au bout de quelques minutes, en regardant vers le rivage, j'ai aperçu ce qui ressemblait à un morse mort et décapité.

« Hé, qu'est-ce qui est arrivé à la tête ? » ai-je crié.

Le pilote m'a expliqué que lorsqu'une carcasse de morse s'échoue sur le rivage, c'est généralement parce que quelqu'un a pris sa tête pour vendre ses défenses en ivoire. Les défenses de morse ont une grande valeur et rapportent beaucoup d'argent. Quelle créature gigantesque ! Je n'aimerais pas me retrouver face à face avec un de ces énormes animaux.

« On arrive à Kivalina », a répété le pilote. « Donne-moi dix degrés de volets, s'il te plaît. »

Oh là là ! Mon cœur s'est mis à battre plus vite. J'adorais ça. Faire quelque chose d'aussi simple que d'appuyer sur le bouton pour abaisser les volets de dix degrés me donnait l'impression d'être important. Ça peut paraître idiot, mais je suppose que lorsqu'on est enfant, on accorde beaucoup d'importance aux petites tâches qu'on nous demande d'accomplir.

« Hé, c'est quoi ça ? ai-je demandé. C'est quoi comme piste ?

Il y avait quelque chose de particulier à propos de la surface. Elle ressemblait à une piste normale, mais elle avait une texture bizarre. La piste avait plusieurs petits trous.

« C'est ce que j'essayais de te dire », m'a-t-il répondu. « C'est une piste d'atterrissage en métal. C'est une bonne piste, très bonne même. L'armée a construit de nombreuses pistes d'atterrissage en métal à travers le monde, car ce matériau est suffisamment solide pour permettre l'atterrissage, et il est bon marché, efficace et facile à installer », m'a expliqué le pilote.

Waouh ! me suis-je dit. *Je n'avais jamais vu de piste en métal auparavant, et encore moins atterri sur une. Ça va être cool.*

Le pilote a réduit les gaz.

« Donne-moi les volets à fond », a-t-il dit.

On était à environ 200 pieds au-dessus du sol et on descendait en douceur. Je me suis penché, j'ai poussé la poignée électrique des volets et j'ai souri au pilote pour lui faire savoir que j'avais sorti les volets complètement au moment voulu, une petite tâche, mais essentielle. En regardant autour de moi, je pouvais voir les vagues de l'océan se briser sur le rivage. J'étais excité de voir les rochers et les troncs d'arbres devenir de plus en plus gros.

Une légère secousse et nous avons atterri aussi vite que nous avions décollé. La piste semblait un peu bosselée, mais dans l'ensemble, elle était plane. Il fallait être prudent pour éviter de sortir de la piste ou de rouler sur le côté. Imaginez être pilote et vous retrouver coincé dans la boue ou le sable en essayant de décoller ou d'atterrir. Je suis sûr que cela est déjà arrivé à quelqu'un.

Après avoir coupé le moteur, on a sauté hors de l'avion. Décharger un avion m'a toujours semblé plus facile que le charger, même si les poutres étaient tout aussi lourdes. On a laissé le matériel sur le côté de la piste, et je n'ai vu personne aux alentours. J'ai commencé à transpirer pendant le déchargement de l'avion. Une fois qu'on a eu fini, le pilote est allé dans le village pendant quelques minutes et je me suis assis du côté du pilote, près des roues principales. Tout à coup, j'ai eu froid. Bon sang ! L'hiver arrive ! Les saisons changeaient si vite. J'entends mon grand-père dire : « Si tu n'aimes pas le temps qu'il fait, attends cinq minutes. » Oh là là ! Il avait tellement raison ! Les minutes ont passé, et j'ai vu le pilote se diriger vers l'avion, alors je me suis levé, j'ai ouvert la porte, je me suis installé dans le siège du copilote et j'ai rapidement attaché la ceinture de sécurité autour de ma taille.

Pendant que le pilote s'installait, j'ai vu du coin de l'œil un magnifique renard roux courir dans la toundra au bout de la piste. Ces petites bêtes sont trop mignonnes ! C'est l'un de mes animaux préférés, un vrai cadeau de Dieu. C'est super excitant de voir ces animaux dans leur habitat naturel, intact et sauvage.

Crank ! Crank, le moteur a rugi, et le pilote et moi avons regardé les jauges passer au vert. Une fois que tout était vert, le pilote a manœuvré l'avion et l'a aligné pour le décollage. J'adore surveiller toutes les jauges.

« Volets à dix degrés. T'es prêt ? » m'a demandé le pilote.

J'ai actionné les volets et le moteur a rugi à nouveau. Cette fois-ci, le décollage a été beaucoup plus rapide. Le fait d'avoir retiré la cargaison de l'avion et brûlé plusieurs litres de carburant a permis à l'avion d'être beaucoup plus performant. En quelques secondes, nous étions dans les airs.

« Volets relevés ! » a dit le pilote.

Je l'ai vu réduire la puissance plus rapidement. C'était un bon pilote qui savait ce qu'il faisait. Kotzebue, nous voilà !

En survolant le littoral, j'ai vu les mêmes morses allongés sur la plage. J'ai ressenti de la tristesse en observant à nouveau la migration des oiseaux. *Ils avaient tellement de chance.* J'aurais aimé pouvoir voyager avec eux. Ça aurait été la liberté ultime. Je me demandais à quoi ressemblait leur vie. Bien sûr, je n'aurais pas voulu être à la place des canards ou des oies abattus par des chasseurs d'oiseaux.

À quelques minutes de Kotzebue, on a rencontré un fort vent latéral et le pilote a fait craber l'avion dans le vent.

Le crabbing est une manœuvre que les pilotes font quand le vent relatif fait dévier l'avion de sa trajectoire. En tournant l'avion face au vent, celui-ci vole de côté tout en se dirigeant vers sa destination.

« Volets à dix degrés, s'il vous plaît », a dit le pilote.

Oh, oui ! On y est, on est arrivés à Kotzebue. En approchant, j'ai pu voir la piste juste devant nous.

« Volets à dix degrés », ai-je dit.

En quelques minutes, on a atterri. Cette fois, le pilote s'est penché et a relevé la poignée des volets. Alors qu'on s'approchait lentement de l'amarrage, j'ai pu voir les autres avions bouger même s'ils étaient attachés. Les solides cordes en nylon tressé tenaient bon, mais je voyais qu'elles s'étiraient. Même si les avions étaient attachés, on aurait dit qu'ils essayaient de voler. Pourquoi ? C'était bizarre et je ne comprenais pas.

On s'est finalement arrêtés à l'aire d'amarrage et le pilote a coupé le moteur. Il a rapidement sauté de l'avion et a commencé à attacher l'aile de son côté. Je me suis empressé d'attacher l'aile de mon côté. Il n'a pas eu besoin de m'apprendre comment attacher l'aile de l'avion, car j'avais déjà une grande expérience dans ce domaine. Après avoir attaché mon côté, j'ai contourné l'avion pour me diriger vers la queue. Le pilote m'avait devancé et était en train d'attacher l'arrière de l'avion.

« Hé, pourquoi les avions ont-ils l'air de voler lorsqu'ils sont attachés au sol ?

« Chaque fois que le vent souffle sur le bord d'attaque d'une aile, selon la vitesse à laquelle l'air se déplace, cela peut créer une portance », m'a-t-il expliqué. « Par exemple, un avion peut décoller à 65 km/h. Si le vent souffle à 65 km/h sur le bord d'attaque d'une aile, cela crée une portance sur l'aile. »

« C'est tout ? » ai-je demandé.

« Oui, c'est tout », a répondu le pilote. « Ça semble si simple, tu ne trouves pas ? À Anchorage, j'ai vu de grosses tempêtes de vent, des arbres déracinés, des toits arrachés et des avions retournés, même lorsqu'ils étaient attachés. » Maintenant, je comprenais pourquoi.

CHAPITRE 7
Coups de feu

L'officier a pris une couverture et m'a recouvert. Je ne pouvais toujours pas bouger. Entendre le métal se déchirer et voir la cabine se détacher du camion m'a soulagé. Je savais qu'ils allaient bientôt retirer le volant de ma poitrine.

Du coin de l'œil gauche, j'ai vu un homme avec un casque de pompier marcher vers moi. J'allais enfin être libéré de cet amas de tôle tordue !

« OK, on va vous sortir de là », m'a dit le pompier.

« Vous devez retirer ce volant », ai-je répondu. « Je ne peux pas respirer. »

Avec mon œil gauche, je pouvais le voir s'affairer sur la porte. À quoi ça servait ? Vu les circonstances, c'était une question bizarre, surtout que j'avais super mal, que j'étais gelé et fatigué. J'étais coincé dans ce camion depuis plus d'une heure. C'est super long d'être coincé au même endroit à se battre pour sa vie.

KOTZEBUE EST à 42 km au nord du cercle polaire arctique et à 880 km au nord-ouest d'Anchorage, sur une langue de gravier étroite d'environ 5 km de long et un peu plus d'un kilomètre de large. Il n'y a pas d'arbres, juste quelques petits buissons. Le climat est rude et impitoyable, avec des températures en dessous de zéro pendant plus des deux tiers de l'année. Les précipitations annuelles sont faibles, avec une moyenne d'environ 23 cm, tandis que les chutes de neige atteignent environ 100 cm. Pendant une courte période, de début juillet à début octobre, le détroit de Kotzebue est libre de glace. Même en été, la température moyenne dépasse rarement les 15 °C, car des vents froids soufflent constamment depuis la mer des Tchouktches. Le soleil se couche à peine en mai, juin et juillet, ce qui rend le sommeil difficile. À l'inverse, le 21 décembre, le soleil se lève à peine, n'offrant qu'une heure et quarante et une minutes de lumière du jour.

Je me suis souvent demandé comment les Esquimaux Iñupiat avaient réussi à s'adapter à un environnement aussi rude. Ils vivent ici depuis environ six siècles. Les explorateurs russes ont été les premiers étrangers à arriver et à faire du commerce d'huile de phoque, de peaux et de fourrures. Plus tard, les baleiniers et les chercheurs d'or ont suivi. Au fil du temps, Kotzebue est devenu un centre important, reliant le transport maritime, le transport fluvial intérieur et l'accès aérien pour toute la région du nord-ouest de l'Arctique. Les marchandises, les services et le carburant transitaient par Kotzebue vers les petits villages environnants et les parcs nationaux voisins comme la vallée de Kobuk, la réserve de Noatak et le pont terrestre de Béring. Vu son emplacement stratégique, c'était logique que mon beau-père base ses projets ici, ce qui lui permettait d'atteindre les villages voisins comme Kiana, où j'avais bossé l'été précédent.

Le ciel était couvert et une pluie froide tombait par intermittence tandis que mon cousin Sam et moi travaillions au fond d'une grande tranchée, les pieds enfoncés dans une eau glacée et boueuse, pour installer des canalisations d'égouts et d'eau. Sam avait une vingtaine d'années, il était grand, mince et sérieux, un homme que je respectais. On portait des cuissardes pour empêcher l'eau glacée de s'infiltrer. Alors qu'on pataugeait, je ne pouvais m'empêcher de me demander pourquoi on devait travailler dans des endroits aussi dangereux et reculés. La familiarité et la sécurité de mon foyer me manquaient. J'avais quinze ans, mais la violence et la peur qui nous entouraient avaient déjà laissé de profondes cicatrices. Je n'ai jamais partagé les pires moments, même avec mes amis proches.

La plupart de mes camarades de classe n'étaient jamais allés dans la brousse. Ils ne pouvaient pas comprendre ce que j'avais vu ou enduré. À chaque fois que je rentrais, le fossé entre nous se creusait. Je restais silencieuse, refoulant ma détresse. À l'approche de l'été, l'angoisse me saisissait, sachant que j'allais repartir. Je ne savais pas si je pourrais survivre à une nouvelle saison. Je craignais pour ma vie chaque fois que nous partions sur le terrain.

La tranchée dans laquelle Sam et moi nous trouvions nous surplombait. Une échelle était le seul moyen d'en sortir. La pelleteuse avait creusé le sol gelé. Les pelles étaient inutiles contre le pergélisol. J'étais impressionné par l'habileté de l'opérateur, qui manœuvrait la machine avec précision. Même si je savais que le creusement de tranchées était un travail dangereux, j'aimais regarder le godet se balancer, creuser et descendre avec grâce. Selon l'Occupational Safety and Health Administration, les travaux d'excavation ont un taux de mortalité environ 112 % plus élevé que les travaux de construction généraux.[iv]

La fonte du pergélisol ajoutait au danger. La lumière du soleil transformait le sol ferme en boue. On utilisait constamment des pompes de puisard pour empêcher les trous de se remplir d'eau. À plusieurs reprises, des effondrements nous ont obligés à sortir précipitamment de la tranchée. On a effectivement eu plusieurs effondrements qui nous ont obligés à sortir rapidement du trou. Un seul mètre cube de boue pouvait peser plus lourd qu'une voiture. Si elle s'effondrait sur quelqu'un, cette personne pouvait être écrasée. Le froid ne faisait qu'empirer les choses. L'hypothermie était une menace constante.

On a utilisé de l'uréthane pour sceller les joints des tuyaux et éviter qu'ils gèlent. J'avais déjà vu ce produit pulvérisé sur des maisons comme isolant, mais pour ces joints, on a mélangé les produits chimiques à la main dans un seau. La mousse s'est rapidement dilatée et durcie. Sam s'est assuré que chaque gramme était appliqué correctement, sans gaspillage ni raccourcis.

Une fois l'isolant durci, on a remblayé la tranchée, en recouvrant soigneusement les tuyaux de terre. On a fait la première partie à la main pour éviter d'endommager l' , avant que la pelleteuse ne prenne le relais. J'aimais bien le remblayage. Ça voulait dire que le boulot était presque fini, et l'effort physique me distrayait de mes pensées sombres.

Cet après-midi-là, on est allés dans une maison voisine pour réparer une canalisation d'égout que Sam avait installée auparavant. Il m'a prévenu, à moitié en plaisantant, à propos de la vieille dame qui vivait là. « Elle pourrait nous tirer dessus », m'a-t-il dit. J'ai ri nerveusement. J'espérais que ce n'était qu'une blague.

On est arrivés et on s'est mis au boulot. Le fossé était peu profond et sec, un vrai soulagement après la tranchée qu'on venait de quitter. J'ai troqué mes cuissardes contre des bottes et j'ai pris des outils dans le camion. Ce boulot semblait faisable et pourrait être terminé avant la fin de la journée.

Ma belle-mère travaillait comme cuisinière à Kotzebue, et elle était excellente. Elle faisait des heures éreintantes, se levait tôt et travaillait tard, sept jours sur sept. Sa cuisine remontait le moral de l'équipe. Elle rendait la vie supportable dans cet endroit isolé.

Kotzebue avait un bar et, étonnamment, un Dairy Queen, ce qu'on ne s'attendait pas à trouver aussi loin au nord. L'alcool posait ses propres problèmes. La consommation d'alcool était très répandue, cc qui cntraînait davantage de chaos.

« Hé, Dave, on va installer des tuyaux », m'a dit Sam.

« OK », ai-je répondu. Ça faisait du bien de se concentrer sur une tâche simple. Je restais près de Sam, ce qui me rassurait. Je faisais des allers-retours depuis le camion pour aller chercher des outils, en utilisant surtout ma fidèle pelle à bout rond. C'était le meilleur choix pour un sol dur.

Malgré le froid et les douleurs dans mes mains et mes pieds, je trouvais ce travail étrangement satisfaisant. Piocher me tenait occupé. C'était l'un des rares moyens que j'avais pour faire taire mon esprit. Mais je commençais à remarquer mes plaintes constantes. Peut-être avais-je toujours été comme ça. Peut-être que les conditions étaient juste extrêmes.

Puis quelque chose a littéralement craqué. Un grand bruit de craquement. Au début, je n'y ai pas fait attention. C'était peut-être l'équipement. Je creusais à nouveau quand j'ai remarqué des hommes qui criaient et couraient. Puis Sam a crié : « Dave, baisse-toi ! »

Je l'ai regardé, perplexe. D'autres craquements. Sam a crié à nouveau, plus fort cette fois, et a sprinté vers moi. Il m'a plaqué dans le fossé, atterrissant lourdement sur moi. D'autres craquements, mais cette fois, je les ai reconnus. Des coups de feu. Des balles sifflaient au-dessus de nos têtes avec un bruit aigu. J'avais déjà entendu des coups de feu, mais jamais de balles siffler au-dessus de ma tête, jusqu'à présent.

Sam m'a couvert de son corps, me protégeant. Je ne pouvais plus respirer ; son poids m'écrasait dans la boue. Les coups de feu continuaient. Puis, le silence. Il s'est enfin écarté et je me suis assis, tremblant. Mon esprit tournait en boucle. Des images du visage ensanglanté d'une femme et d'un enfant en pleurs me sont revenues en mémoire. Des flashbacks auxquels je ne pouvais échapper. Sam m'avait sauvé, mais le traumatisme s'était gravé dans ma mémoire.

Je me sens mal parce que je n'ai jamais dit à ma famille et à la sienne à quel point il avait été courageux, prêt à risquer sa vie pour sauver la mienne. Et je ne me souviens pas si je l'ai remercié comme il se doit avant qu'il ne décède. Que Dieu ait son âme.

Cet incident m'a vraiment marqué. Je n'arrivais pas à me sortir de la tête l'image de cette femme qui saignait ou de cette vieille dame un peu dingue qui nous tirait dessus. Ces flashbacks me suivaient partout : à l'école, à la maison, même pendant mon temps libre.

En classe, j'étais soudainement submergé par l'émotion. Je courais aux toilettes et je pleurais dans une cabine. Je me suis tourné vers la télévision et les films pour échapper à ces visions.

Les souvenirs étaient vifs, tridimensionnels et implacables. Je n'avais personne à qui parler. Je me suis isolée et je suis devenue complexée. Ma dyslexie n'a fait qu'empirer les choses. Je l'appelais « la malédiction ». Elle ajoutait encore plus de stress à ma vie et rendait tout plus difficile.

Je suis encore étonné de ne jamais avoir touché à la drogue ou à l'alcool. Peut-être que j'avais juste trop peur. J'avais vu ce que ça pouvait faire aux gens et je ne voulais pas de cette vie. J'avais déjà assez de problèmes comme ça.

Je parlais à mon père biologique dans ma tête. Pourquoi les choses sont-elles si difficiles ? J'avais l'impression qu'on lui avait volé sa vie. J'aurais donné ma vie pour le ramener.

Dès mon plus jeune âge, on m'a dit qu'il fallait donner pour recevoir. J'ai donné, mais ce que je voulais vraiment, c'était la tranquillité d'esprit ; je ne l'ai jamais obtenue. Tous les enfants méritent de vivre sans peur.

Quand le moment est enfin venu de rentrer à la maison, j'ai ressenti un sentiment de soulagement. Le lycée, bien qu'isolé, me semblait sûr. Mes demi-sœurs m'ont manqué une fois qu'elles sont parties. Lors de ma dernière nuit à Kotzebue, je me suis retournée dans mon sac de couchage, incapable de trouver le sommeil.

BOOM ! Un coup de feu a retenti. J'ai couru vers la fenêtre. Un homme était affalé sur les marches du porche voisin. Un petit garçon se tenait à côté de lui. Je me suis détournée et j'ai pleuré. Pourquoi est-ce ma réalité ?

J'avais l'estomac noué. J'avais l'impression de mourir à l'intérieur. Même les joies ici-bas avaient un côté sombre. Je n'arrivais pas à croire qu'une ado comme moi puisse avoir un ulcère. Mais c'était peut-être ça, le traumatisme.

Même si j'avais été élevé dans la religion catholique, je n'allais que rarement à l'église, à l'époque comme aujourd'hui, mais je priais sans cesse, seul, implorant pour ma famille, mon père, ma mère, mon frère et moi-même. Je voulais juste la paix. Tout ce que j'ai obtenu, c'est le silence d'en haut.

CHAPITRE 8
Pouvoirs de persuasion

En jetant un coup d'œil du coin de l'œil gauche, j'ai vu le pompier ouvrir la porte et essayer de couper les charnières. Alors qu'il coupait la charnière supérieure de la porte côté conducteur, j'entendais le bruit du moteur à essence de la scie et voyais des étincelles jaillir de la charnière métallique.

Oh ! Cool ! Ils peuvent enfin me sortir de là.

Il travaillait rapidement, essayant de couper cette porte tandis que des lumières multicolores clignotaient autour de nous. C'est incroyable ce qu'on peut voir avec la vision périphérique. Tous mes sens semblaient se mettre en action au moment où j'en avais le plus besoin.

Inspirer et expirer était encore une bataille que je sentais perdue d'avance. Même si je ne me sentais pas m'évanouir, lutter pour respirer semblait plus difficile. Je pouvais le voir couper la première charnière. Hourra ! Lorsque l'homme s'est éloigné de la porte, celle-ci a commencé à tomber vers le sol. La charnière du bas était toujours attachée au camion ; la porte faisait un effet de levier sur l'avant du camion. C'était le genre d'effet de levier dont je n'avais pas besoin. Alors que la porte commençait à s' r sa descente vers le sol, le volant m'a poussé avec une force intense, s'enfonçant plus profondément dans ma poitrine. J'avais l'impression que mes côtes et mes poumons allaient exploser. Respirer est devenu encore plus difficile.

« Je ne peux pas respirer. Enlève-la. Enlève-la », ai-je crié. « Je ne peux pas survivre. Aucune chance. »

L'HIVER ETAIT ARRIVE, tout comme ma dernière année de lycée. À 17 ans, j'étais toujours frustré et terrifié, continuant à faire face à des visions obsédantes qui me hantaient sans relâche, auxquelles s'ajoutaient d'autres problèmes personnels profondément enracinés que je ne parvenais pas à résoudre. L'hiver s'annonçait très long, mais j'étais impatient d'obtenir mon diplôme cet été-là.

Les hivers sont froids, même à Anchorage, mais pas autant que dans les zones rurales de l'Alaska. La neige tombait et il faisait nuit dehors. Le week-end approchait et, comme d'habitude, mes potes et moi voulions aller à la salle de jeux vidéo. À l'époque, les jeux vidéo à la maison n'étaient pas aussi bons que ceux de la salle. C'était un divertissement sain et sympa, et j'avais des potes géniaux.

Hé, je ne dis pas que j'étais innocent. Crois-moi, j'ai fait ma part de bêtises, tu sais, des trucs de gamin. Certains garçons font des ravages à l'école. J'ai causé du chagrin à mes parents avec mes actions enfantines et irresponsables. Je suis profondément désolé pour les choses que j'ai faites et qui ont causé du souci. Je n'ai aucune excuse et j'assume l'entière responsabilité des problèmes que je leur ai causés.

La cloche de l'école a sonné, marquant le début du week-end. Les élèves ont marché péniblement dans la neige pour rejoindre les bus scolaires. *Ah ! Une place assise, super ! J'avais hâte d'aller à la salle de jeux ce soir.*

Assis sur le siège froid du bus, vers le milieu, j'ai eu un flashback super intense. La femme qui s'était fait découper avec l'ulu et qui avait du sang qui lui sortait de la tête, la vieille femme qui nous avait tiré dessus et la personne qui avait été touchée à côté étaient tous regroupés devant l'allée, à côté du chauffeur de bus. C'était comme s'ils étaient aussi réels que toi et moi. Pas une image fantomatique, mais de la chair et du sang. Je pouvais clairement entendre les gémissements et les cris à l'aide de la femme, voir le sang jaillir de sa tête, sentir le poids de mon cousin qui sautait sur moi et voir le gars affalé. Je suis resté assis là, horrifié, à regarder les élèves monter dans le bus, passer entre eux et rire joyeusement. Je ne sais pas combien de temps cette hallucination a duré, mais elle est restée encore un peu après que le chauffeur de bus ait démarré. C'était la première fois que j'étais en colère parce que j'en avais marre de voir ces images, sachant qu'elles étaient dans ma tête et qu'elles n'étaient pas réelles. Et ça m'énervait de ne pouvoir parler à personne pour demander de l'aide.

Finalement, ma colère s'est calmée quand le bus s'est arrêté à notre arrêt. La dure réalité de marcher dans le noir et le froid m'a vite ramené à la raison. Même s'il faisait noir, je pouvais encore voir les belles montagnes enneigées, ce qui m'a aidé à me calmer. Ces montagnes semblaient avoir une vie propre. Des sommets proéminents et brillants se projetant vers le ciel infini. J'adorais regarder ces montagnes. Elles semblaient intemporelles. Elles étaient là depuis des milliers, voire des millions d'années. Si elles pouvaient parler, que diraient-elles ? J'aimerais que les montagnes et les arbres puissent parler. J'aimerais entendre ce qu'ils ont à dire. J'aime à penser qu'ils nous diraient : « Détendez-vous, la vie est belle. Oubliez les mauvaises choses, profitez de ce que vous avez maintenant. » Regarder les montagnes m'a apporté un peu de paix intérieure et un peu d'espoir. *Un jour, je gravira ces montagnes pour voir ce qu'il y a là-haut. Je sais que je ne trouverai rien, mais les gravir me procurera une grande satisfaction.*

Ce soir-là, je suis sorti avec ma copine. C'était une fille géniale, gentille et généreuse. Même si je ne la voyais pas souvent pendant l'année, on s'entendait bien. J'aimais bien être avec elle, je la trouvais réconfortante. Ses parents étaient super sympas avec moi. C'était une famille cool et qui bossait dur. J'ai toujours eu et j'ai encore beaucoup de respect pour eux.

Son frère et moi avions l'habitude de nous taquiner quand on était plus jeunes, comme le font certains garçons. Je pense que c'était dû à la compétition, car on était tous les deux dans la même classe de gym. On cherchait constamment à savoir qui pouvait gagner le saut en hauteur. On a fini par enterrer la hache de guerre et on est devenus amis. C'était un type formidable.

Une semaine après notre sortie, elle est décédée. C'était la dernière fois que je l'ai vue. Ça m'a brisé le cœur. J'étais dévasté, son beau sourire contagieux, son rire et sa générosité me manquaient. Je me sentais tellement mal pour elle et sa famille adorable. C'était une personne merveilleuse qui nous a été enlevée trop tôt. Que *Dieu bénisse son âme*, qu'elle repose en paix. Pour une raison que j'ignore, j'ai pu en parler à ma belle-mère, qui s'est montrée très gentille et compatissante, ce qui m'a un peu soulagé dans mon deuil. Je pense que c'était parce qu'elle l'aimait bien.

Beaucoup de gens ont des amis qu'ils ne voient pas souvent. Il peut s'écouler des mois, voire des années, avant de les revoir, mais quand on se retrouve ou qu'on leur parle à distance, c'est comme si on ne s'était pas manqué un seul jour. On reprend juste là où on s'était arrêté. Quel sentiment chaleureux et merveilleux. C'est là qu'on sait qu'on a été touché par quelque chose de plus grand que soi. J'ai eu la chance d'avoir des amis comme ça, comme des âmes sœurs, que je chéris encore aujourd'hui. Je crois qu'elle et moi avions ce lien spécial.

Même avec ce genre de relation avec mes amis, je gardais pour moi mes inquiétudes concernant mon avenir. J'avais déjà compris que travailler dans la brousse n'était pas fait pour moi. Je ne voulais tout simplement pas être entouré de toute cette folie. J'en avais assez et j'essayais encore de m'en remettre. *Que faire, que faire ?* La question me tourmentait sans cesse, comme un disque rayé.

Les mois ont passé, l'hiver était fini, l'école touchait à sa fin, laissant place à l'été, une période incroyablement belle et très douloureuse. J'ai finalement eu une petite discussion avec mon beau-père à propos de mon avenir. Je ne l'oublierai jamais. C'était une journée ensoleillée. Debout dans son salon, en regardant l'horizon, j'ai vu Sleeping Lady, le mont McKinley et d'autres chaînes de montagnes de l' , qui se dressaient dans toute leur splendeur. Les grandes chaînes de montagnes enneigées m'ont toujours coupé le souffle.

« Tu sais, quelqu'un qui sait creuser des trous aura toujours un boulot », m'a-t-il dit d'une voix calme mais ferme. « Contrairement à quelqu'un qui étudie pour creuser des trous, qui n'aura peut-être jamais de boulot. Je pense que tu travailleras dans la brousse avec une pelle. Maintenant, tu sais que tu auras un boulot. »

« Et l'armée ? ai-je demandé. J'aimerais m'engager.

« Oui, l'armée, c'est comme un ensemble d'engrenages. Si l'un de ces engrenages se casse, tout s'arrête. »

« Et si je devenais mécanicien diesel ou plombier ? » ai-je demandé doucement.

« Les mécaniciens diesel utilisent des outils lourds et volumineux. Non, je pense que tu devrais utiliser une pelle. »

Je ne comprenais pas pourquoi il était si catégorique au sujet de ma carrière. Il devait penser que je pouvais exercer d'autres métiers, car j'avais mon brevet de pilote depuis plus de deux ans. Je ne comprenais pas pourquoi il avait fait la même chose à mon oncle, brillant et talentueux, l'empêchant de réaliser son rêve de devenir électricien, l'une des raisons pour lesquelles il était venu en Alaska. Je me sentais tellement mal pour lui. Cela me fait encore mal aujourd'hui.

Je ne savais pas s'il savait ou comprenait ce que j'avais vécu dans la brousse. Chaque fois que j'essayais d'aborder le sujet, il m'arrêtait net et me rappelait comment il avait traîné des cadavres hors des lacs et des rivières pour les ramener sur le rivage dans certains villages. « C'est la vie », disait-il.

Désespérée et épuisée, hantée par les mêmes images anciennes et nouvelles dans ma tête, j'ai essayé de contacter d'autres membres de ma famille vivant hors de l'État, y compris ma mère biologique bien-aimée, qui est malheureusement décédée en 2024.

Il s'est avéré qu'elle était devenue une pêcheuse très prospère avec son propre bateau de pêche commerciale, une psychologue pour enfants, une enseignante, une pilote et la première femme inspectrice de jets pour United Airlines.

Pendant qu'elle prenait des cours de pilotage, elle est tombée amoureuse de son merveilleux instructeur de vol. C'était un homme droit et l'une des personnes les plus gentilles qui soient, on se sentait bien et en sécurité à ses côtés. Elle était magnifique et elle me manque énormément. *Que Dieu ait son âme.*

Alors que je discutais de trucs légers avec un membre de ma famille, j'ai été super surpris quand il m'a dit qu'il avait entendu dire que j'étais un enfant sensible. Tout ça sans que j'aie jamais parlé à personne de ce que j'avais vécu. Pas un mot. Je sais pertinemment qu'aucun membre de ma famille n'était au courant de ce que je vivais. La seule personne qui savait, c'était mon frère, mais il l'a appris environ dix ans après les faits. Aucun d'entre eux n'avait la moindre idée de ce que j'avais fait et de ce qui s'était passé. Je me suis immédiatement tu et j'ai réfléchi. *Oui, eh bien, aucun d'entre vous ne laisserait jamais ses enfants aller là-bas. Je suppose que c'est normal que je me fasse tirer dessus et que je sois témoin d'horribles violences et tout ça, mais pas vos enfants. Ce serait une scène de crime si votre enfant se cognait l'orteil à Disneyland.* J'ai ruminé ma colère tout en gardant le silence. On peut dire sans risque de se tromper que j'étais un peu bouleversé.

Je n'étais qu'un enfant. Il devait le savoir, bon sang, il avait transporté cette femme mutilée à Kotzebue. Ne m'avait-il pas vu ? Je l'avais aidé à détacher son hydravion 185 et à le pousser hors du rivage pendant qu'il démarrait. Ne se rendait-il pas compte à quel point une telle chose pouvait avoir un effet néfaste sur un enfant ? Rien que d'être assis ici à écrire à ce sujet me met en colère. Je savais qu'il n'y avait aucun espoir de discuter, alors j'ai abandonné en quatrième. J'avais honte de lui parler des images constantes et des difficultés que je vivais, qui faisaient des ravages dans ma vie. Comme je n'arrivais pas à mettre ces événements horribles de côté, je montrais des faiblesses et un comportement enfantin qui ajoutaient des malentendus et des tensions avec les membres de ma famille proche, ce qui me faisait parfois honte.

Je n'étais pas immunisé contre son pouvoir de persuasion hypnotique. Il était tellement convaincant que lorsque vous quittiez sa présence, vous vous demandiez : « *Mais qu'est-ce qui vient de se passer ? À quoi me suis-je engagé ?* » Je l'admirais et le respectais, mais il était difficile, voire impossible, de lui dire non. Que pouvais-je faire ? Bon sang, c'était l'un des plus grands entrepreneurs autochtones de l'État. Où pouvais-je aller ?

Depuis que je l'avais rencontré, il avait été gentil et aimable avec moi, et je n'avais jamais senti qu'il avait la moindre méchanceté en lui. Même si on parlait à peine, j'ai toujours senti qu'il était compréhensif quant aux circonstances qui m'avaient amené à devenir son fils adoptif. Il était doté d'une grande intelligence ; comme son père, mon grand-père, c'était un lecteur passionné qui avait plein de connaissances et de compétences. En vieillissant, je l'ai vu affiner ses talents en affaires et en persuasion pour atteindre ses objectifs. Je suis presque sûr qu'il était un génie, tout comme son frère.

En quittant la maison, encore sous le choc, j'ai regardé les magnifiques chaînes de montagnes. Le ciel clair s'est assombri, les montagnes ont commencé à s'estomper. La colère m'a envahi. *Comment était-ce possible ? Pourquoi devais-je partir ?* Comment les choses pouvaient-elles être si belles et si mauvaises à la fois ? J'aurais dû fêter mon diplôme, mais qu'y avait-il à fêter ? La seule chose à laquelle je pouvais penser, c'était qu'il essayait de me donner une leçon pour certaines des bêtises que j'avais faites. Je n'avais vraiment aucune idée de ses motivations. Je ne pouvais penser qu'à l'avenir, et je ne savais pas combien de temps il me restait à vivre, connaissant les risques inhérents au travail dans la brousse. À dix-huit ans, j'avais l'impression qu'on m'avait privé de ma liberté de choix et que mon avenir était perdu à jamais.

On m'a toujours dit que j'avais de la chance. « Tu n'as pas à payer les transports, la nourriture ou le logement. Tu fais beaucoup d'heures supplémentaires et tu n'as nulle part où dépenser ton argent. » Oui, on peut gagner beaucoup d'argent, mais regarde comment les employeurs d'autres secteurs rémunèrent leurs employés. Est-ce que ça vaut le coup pour un employé lambda qui vit en ville de laisser ses proches, ses amis et sa maison pendant des mois sans pouvoir rentrer chez lui pour les vacances ? Le logement, les vêtements, la voiture, l'assurance et d'autres frais continuent de courir. Le travailleur moyen doit payer ces frais courants qu'il ne peut pas utiliser pendant qu'il travaille dur sur le terrain. Ensuite, quand tu reviens en ville, tu dois encore dépenser l'argent que tu as durement gagné pour vivre, car tu es maintenant au chômage et tu n'as plus de revenus. Alors, qu'est-ce qu'il te reste ? Il n'y a pas d'avantages médicaux ou de retraite, juste le chômage.

Beaucoup de travailleurs avaient tendance à se retrouver rapidement à court d'argent, alors beaucoup essayaient de trouver un autre boulot. En général, les boulots sont terminés au milieu de l'hiver. Comme le savent les travailleurs du secteur de l' , il peut être difficile de trouver du boulot pendant cette période, car les entrepreneurs ne commencent généralement à embaucher qu'à la fin du printemps ou en été, après la fonte des neiges et du sol gelé. La blague récurrente de beaucoup de mes collègues était que, si on répartissait notre salaire sur toute l'année, il n'était pas beaucoup plus élevé que celui d'un employé de McDonald's.

En revanche, selon leur poste, les fonctionnaires basés en ville qui bossaient dans la brousse passaient généralement de courtes périodes sur le terrain. Beaucoup d'entre eux travaillaient pendant quelques jours ou quelques semaines, mais jamais plus d'un mois à la fois. À leur retour, ils conservaient leur emploi et continuaient à percevoir leur salaire tout au long de l'année, y compris leurs prestations médicales et leur pension. De nombreux employés du secteur pétrolier du versant nord travaillant à Prudhoe Bay travaillaient deux semaines d'affilée, puis avaient deux semaines de congé, pendant lesquelles ils continuaient à percevoir leur salaire.

Si la comparaison des différentes rémunérations de la main-d'œuvre ne diminue en rien le métier, le travail acharné, les risques et les sacrifices de chacun sur le terrain, elle met en évidence la manière dont les employeurs des différents secteurs rémunèrent leurs travailleurs.

Après ma discussion avec mon beau-père, j'ai compris que ma vie allait changer. Les choses allaient être difficiles et je devais m'endurcir rapidement.

Je ne savais pas encore à quel point ma vie allait devenir difficile. Rien dans mon passé ou mon présent ne pouvait me préparer à la série d'événements qui allaient me suivre pour le reste de ma vie.

CHAPITRE 9
Pitkas Point

Une expression d'horreur s'est affichée sur son visage lorsqu'il a réalisé que la portière côté conducteur avait glissé vers le bas et que le volant m'écrasait encore plus. Il s'est précipité vers moi, même s'il n'était qu'à deux ou trois pas, a attrapé le bas de la portière et l'a repoussée vers le haut pour soulager la pression du volant.

Ouf ! Quel soulagement ! Oh, mec !

Sentir ce volant avancer de quelques centimètres a été un choc. Alors que j'essayais encore de respirer, un autre pompier est arrivé, a attrapé la scie à métaux et a coupé la charnière inférieure. Puis, boum ! La porte s'est ouverte. La liberté était à portée de main. Je me demandais comment ils allaient me sortir du camion, car mes jambes, mes pieds et ma poitrine étaient toujours coincés.

J'ai vite eu la réponse. Un homme s'est approché de la porte ouverte avec un équipement bizarre. J'ai reconnu cet outil, dont mon oncle, pompier volontaire, m'avait parlé. J'avais toujours voulu voir le Jaws of Life en action, élargissant des ouvertures étroites, mais je ne voulais surtout pas voir ce super outil m'extraire d'un véhicule.

J'entendais le rugissement du petit moteur provenant des mâchoires de sauvetage. L'homme a pris l'outil et en a placé l'extrémité dans la partie inférieure du côté conducteur. Puis, les deux longs bras métalliques ont commencé à s'écarter.

Oh, ça y est. Je vais être libre.

Alors qu'il écartait la partie inférieure pour créer un trou plus grand, mes pieds et mes jambes ont commencé à être écrasés. La théorie de Newton était correcte : pour chaque action, il y a une réaction égale et opposée. Cette théorie se vérifiait maintenant de la manière la plus douloureuse qui soit.

Il a continué à élargir le trou, et mes jambes ont commencé à me faire de plus en plus mal. Dieu merci, la pression sur ma poitrine n'a pas augmenté.

« Hé, hé, tu fais fausse route ! » ai-je crié.

L'homme s'est arrêté immédiatement, a rapidement retiré les mâchoires de désincarcération et les a déplacées vers une autre zone. Puis, l'ouverture s'est lentement élargie jusqu'à ce que je puisse bouger mes jambes. Oh ! Quelle sensation ! J'étais presque libre. Je pouvais à peine respirer car le volant me coinçait toujours, mais je pouvais bouger mes jambes et je savais que je n'allais pas mourir dans ce camion. Si je devais mourir, au moins je serais sorti de cette carcasse métallique.

Après avoir obtenu mon diplome d'etudes secondaires, ma vie a connu des changements rapides. Je pouvais passer du temps avec les amis que j'avais toujours appréciés, donc la vie était belle. J'ai fait de mon mieux pour oublier la brousse. Je voulais garder ça au fond de mon esprit tout en gérant les flashbacks.

Ah, les chaudes journées ensoleillées de l'été en Alaska, comme elles sont merveilleuses ! Cet été s'annonçait splendide pour tout le monde. Je venais de signer un contrat d'apprenti charpentier chez Brian, le sous-traitant de mon beau-père, que je connaissais depuis ma première visite à Kiana. C'était un jeune homme d'une vingtaine d'années, , qui était soit un millionnaire auto-didacte, soit sur le point de le devenir.

Il bossait pour mon père, directement et indirectement, depuis l'âge de quinze ans. À cet âge, il avait quitté le lycée et vivait de manière indépendante. Je crois qu'il a fini par obtenir son GED. Brian était un homme beau, petit, trapu, avec des muscles solides et des cheveux roux bouclés. Il était brillant et ne manquait pas de copines.

Il dégageait une aura positive, il riait et souriait tout le temps, et les gens voulaient être avec lui partout où il allait. Je l'ai toujours aimé et respecté. C'était l'un des hommes les plus travailleurs et les plus motivés que j'aie jamais rencontrés. Même s'il était un bourreau de travail, il savait aussi s'amuser, un peu comme mon beau-père. Il rivalisait avec mon beau-père en matière d'heures de travail. Malgré son succès, je voulais toujours devenir mécanicien diesel ou plombier. Bon, je suppose qu'apprendre à construire des maisons, c'était pas mal non plus.

Brian m'a dit qu'on allait construire une nouvelle extension à l'école de Pitkas Point, mais qu'on allait d'abord monter la charpente de sa nouvelle maison, située à environ quarante minutes de route au nord d'Anchorage. J'ai vu les hauts et les bas de son entreprise au fil des ans et j'ai été impressionné par sa capacité à rebondir et à aller de l'avant. Sa capacité à éviter la ruine fi-nancière alors que la plupart auraient abandonné était remarquable. Il disait toujours qu'il préférait avoir un boulot difficile plutôt que pas de boulot du tout. Et je pense que c'est cette philosophie qui lui a permis de ne jamais abandonner.

L'histoire de ses réussites dans sa vie perso et pro à un si jeune âge est vrai-ment incroyable. Tout ce qu'il touchait se transformait en or ; il respirait le succès. Personne, vraiment personne, ne pouvait lui dire quoi faire. Jamais. Et maintenant, j'allais l'aider à construire sa maison sur un terrain avec une piste d'atterrissage privée pour qu'il puisse garer son avion préféré chez lui.

Lui et son charpentier en chef et ami, Tim, que je connaissais aussi depuis mes jours à Kiana et Kotzebue, se criaient souvent dessus pendant qu' aient sa maison. Ils avaient à peu près le même âge, et on aurait dit que c'était comme ça qu'ils se parlaient d'habitude, entre eux et avec l'équipe. À ce moment-là, Brian me criait dessus, mais Tim ne m'a jamais crié dessus, ni sur les autres membres de l'équipe. Ils poussaient tous les deux le boulot de plus en plus fort pour atteindre leurs objectifs.

En y repensant, je crois qu'ils ne se rendaient pas compte qu'ils criaient. Ce que je sais, c'est que les projets sur lesquels ils bossaient dans la brousse étaient parfois super stressants. En tant que jeune patron, il avait une énorme responsabilité : respecter les contrats, payer les salaires et garder les équipes de travail contents. Même si ça me dérangeait, je ne leur en ai jamais voulu de se crier dessus. C'était comme ça à l'époque.

En revanche, mon beau-père. Je ne l'ai jamais entendu crier ou s'énerver, peu importe le stress qu'il subissait. Je travaillais pour lui depuis l'âge de huit ans. J'étais même l'ascenseur pour ses grandes inaugurations. Il ne m'avait jamais crié dessus au boulot ou à la maison, alors c'était un peu bizarre pour moi de me faire engueuler quand je bossais pour quelqu'un d'autre. Même si c'était épuisant de se faire crier dessus, crois-moi, c'était beaucoup plus facile à gérer que d'être exposé à des actes de violence horribles tous les jours de la semaine.

Peu après avoir construit sa maison, il m'a emmené à l'aéroport de St. Mary's-Pitkas Point dans son avion privé. Il m'a dit qu'on allait séjourner au Roadhouse, près de l'aéroport local. St. Mary's compte environ 600 habitants et se trouve à quelque 700 km à l'ouest d'Anchorage, sur la rivière Andreafski. La rivière Andreafski coule vers le sud jusqu'au fleuve Yukon. Pitkas Point, qui compte environ 185 habitants, est à environ cinq miles en amont de l'endroit où l'Andreafski se jette dans le fleuve Yukon, et à environ trois miles de l'aéroport.

Lorsque nous avons pris l'avion pour St. Mary's dans son Pacer à train classique, c'était la première fois que je volais avec lui dans ce type d'avion. Il adorait cet avion, et pour cause. Il disait que c'était comme faire voler un cerf-volant, et c'est vraiment ce que l'on ressentait dans les airs. Le terrain était plat sur des kilomètres à l'approche de notre destination. Il était très différent de celui d'Anchorage. Il ressemblait un peu à l'Arctique, mais pas tout à fait. Il semblait marécageux, avec de petits lacs un peu partout. Finalement, après des heures de vol, j'ai vu le grand fleuve Yukon pour la première fois. Waouh ! Il était si large, il était immense. *Il devait y avoir beaucoup de poissons dedans. Mais pas de poissons-chats. On les trouve généralement dans l'Arctique.*

Après avoir atterri à l'aéroport, on est allés à notre campement. Le campement Roadhouse était propre, chaud et assez confortable. En plus, on pouvait manger à tout moment, car il y avait aussi un mini-restaurant. Il y avait aussi des douches, une buanderie et des draps propres.

On devait bosser à Pitkas Point pendant deux ou trois semaines avant de rentrer à la maison pour le 4 juillet. Je crois qu'il avait un rendez-vous. J'étais à la fois excité et nerveux à l'idée de commencer mon nouveau boulot et je ne voulais pas décevoir mon nouveau patron ou mon beau-père. J'avais désormais l'âge légal, donc je sentais que je devais commencer à me comporter comme un adulte et me racheter auprès de mes parents pour mes actes honteux pendant mes années de lycée.

Notre première tâche à Pitkas Point consistait à poser les fondations. Même si j'avais déjà travaillé sur plein de types de fondations différents, après quelques minutes de discussion, on a compris que celles-ci étaient bien différentes et plus compliquées que celles qu'on avait utilisées dans le nord.

Tu vois, il y a plein de poches de pergélisol partout en Alaska. Notre boulot, c'était de creuser des trous dans le sol gelé, d'environ cinq à six mètres de profondeur, pour pouvoir y mettre de longs et gros pieux en acier qui dépassaient d'environ un mètre du sol. Une fois les pieux en place, on a comblé les trous avec de la boue fondue, puis on a refroidi les pieux jusqu'à ce qu'ils gèlent, ce qui, en théorie, devait refroidir la boue qui restait généralement gelée toute l'année. Si le sol ne fond pas, le bâtiment ne devrait pas s'affaisser. C'est un système efficace, mais il est tout simplement coûteux.

Dès qu'on est arrivés sur le chantier, c'était comme si sa mémoire musculaire de crier s'était mise en marche à plein régime toute la journée. C'était : « Va chercher ceci, va chercher cela, fais ceci, fais cela ! » Je courais chaque fois qu'il avait besoin que je fasse quelque chose ; je ne marchais jamais. Il m'a poussé à fond. Je n'arrêtais pas de penser à la chance que j'avais d'être en bonne forme physique. Bon sang ! J'étais épuisé, et on n'avait même pas encore déjeuné. Je me suis contenté de me taire et de faire ce qu'on me disait.

Toutes ces cris et cette course ne peuvent pas durer trop longtemps. Peut-être que si je travaille dur et que je lui montre que je ne suis pas un fainéant, il se calmera un peu. Brian savait que j'étais un travailleur acharné, donc je ne comprenais pas pourquoi il trouvait nécessaire de me pousser autant. Je suppose que c'était comme ça dans une équipe de charpentiers.

Pour le déjeuner, je mangeais généralement deux sandwichs. C'est incroyable comme tout a bon goût quand on a faim. Ce n'étaient probablement que des sandwichs au thon ou au beurre de cacahuète, mais on aurait dit qu'ils avaient été préparés par le meilleur des chefs.

Quelques jours plus tard, deux foreurs, des pieux et une foreuse sont arrivés. Ce soir-là, le foreur le plus âgé nous a expliqué à quel point il pouvait être difficile de forer dans le pergélisol. Il nous a conseillé de ne pas nous énerver si on n'atteignait pas notre objectif de quatre trous par jour. Le chef était un homme plus âgé, drôle et plein de vie, qui me rappelait mon grand-père. Ces gars, à la fois sauvages et sympas, avaient travaillé pour des compagnies pétrolières en forant des trous dans l'Arctique. Je suis sûr qu'ils avaient vu beaucoup de choses au cours de leur carrière.

Le lendemain matin, les deux foreurs ont installé leur foreuse, un camion équipé d'un moteur et de tarières. Ces tarières mesuraient 1,20 mètre de long et environ 40 centimètres de large. Le foreur le plus âgé se tenait près du repère du premier poteau, guidant le camion vers celui-ci. Une fois le camion aligné, ils étaient prêts à installer la première tarière. C'était super excitant pour moi.

Le jeune foreur est allé du côté du camion et a sorti la première des nombreuses tarières d'un mètre vingt de long. Il l'a mise dans le crochet et l'a accrochée. Ensuite, le vieux monsieur est remonté sur le camion et a pris les commandes des leviers de la foreuse. Il pouvait régler la vitesse de rotation et déplacer la tarière vers le haut, vers le bas, d'un côté à l'autre ou d'avant en arrière. Il a soigneusement manœuvré la tarière vers le sol, en effectuant de légers ajustements jusqu'à ce qu'il atteigne la marque précédemment repérée. La tarière s'est enfoncée dans le sol. Ensuite, le jeune foreur a sorti son niveau et a ajusté la tarière jusqu'à ce qu'elle soit d'aplomb. La rotation a commencé et la tarière a tourné vers le bas. Toutes les quelques minutes, on devait enlever l'excès de terre et de boue du trou, en faisant attention de ne pas coincer la pelle dans la tarière rotative de l'. Le foreur vérifiait de temps en temps si la tarière était bien à la verticale. Après avoir mis la tarière suivante sur la foreuse, il a vérifié à nouveau et a constaté qu'elle était légèrement de travers.

« Elle va où elle veut, a-t-il dit. On ne peut rien y faire. »

Ces tarières coupaient le sol comme du beurre. Je n'arrêtais pas de me dire : « *C'est facile, pas de problème. On va bientôt avoir fini.* » On a installé la troisième tarière et on était maintenant à environ deux mètres cinquante de profondeur. Soudain, sans prévenir, le forage s'est presque arrêté net. La tarière tournait, mais rien ne se passait. Elle continuait juste à tourner.

Le sol était devenu difficile. On était tombés sur du pergélisol. Ça a mis fin à mon espoir de rentrer en ville plus tôt.

Finalement, on a recommencé à avancer un peu, et j'ai compris ce que le vieux foreur voulait dire quand il parlait de « boules de boue ». En tournant, la tarière remontait des boules de boue gelées d'environ six centimètres de diamètre ; elles ressemblaient à des boules de chocolat. C'était cool et ça m'a donné envie de beignets.

Une fois qu'on a atteint la profondeur qu'on voulait, on a retiré les tarières une par une jusqu'à ce qu'elles soient hors du trou profond qu'on venait de creuser. Le premier pieu était maintenant prêt à être installé. L'opérateur a déplacé la foreuse vers les pieux lourds. On a accroché une sangle à sa foreuse et on l'a enroulée autour du long et lourd pieu. Il l'a soulevé dans les airs et l'a enfoncé directement au milieu du trou. On devait s'assurer que les tuyaux étaient bien à niveau avant de les remblayer avec la boue fondue, ce qui nécessitait l'utilisation d'un stinger pour faire vibrer la boue autour des tuyaux, comme on le fait pour le béton.

Les vibrations éliminent les poches d'air et répartissent la boue dans l'espace entre le tuyau et la paroi du trou ; *un de fait, plus que quelques-uns à faire.*

Au fil de la journée, le temps est passé de chaud et ensoleillé à froid, venteux et pluvieux. On restait et travaillait dix à douze heures par jour, peu importe le temps. À l'époque, les entreprises non syndiquées n'avaient pas de pauses, du moins, je n'en ai jamais eu. On travaillait, c'est tout. Ça ne me dérangeait pas trop à l'époque, mais je me demandais sans cesse si ça allait être comme ça pour le reste de ma carrière.

On a fini notre boulot à temps et on est rentrés à Anchorage juste à temps pour la fête du 4 juillet. Chez moi. De retour à la maison. Un endroit où je pouvais me reposer un peu et où je n'avais pas à me faire engueuler toute la journée. Ce serait un soulagement. Bon sang, j'étais crevé après avoir bossé à fond. J'avais l'impression de m'entraîner pour un marathon. J'étais épuisé de la tête aux pieds. Chaque centimètre de mon corps avait besoin de repos.

Après quelques jours de congé en ville, j'ai pu réfléchir au boulot qu'on avait fait. Oh ! Quelle sensation agréable ! On avait accompli tellement de choses en si peu de temps. J'étais fier et enthousiaste. Je me souviens être monté à l'étage et avoir vu Brian debout près de la grande fenêtre. Dehors, le ciel était d'un bleu intense et la chaîne de montagnes était magnifique. Le mont McKinley était bien visible. Je ne me lassais jamais de regarder les montagnes. Il m'a tendu la main, m'a serré la main, m'a remis mon premier chèque de paie et m'a dit : « Maintenant, tu sais pourquoi on fait ça. » Je l'ai regardé dans les yeux et je l'ai remercié.

Quand j'ai ouvert l'enveloppe, j'ai vu un gros chiffre. Mon cœur battait à fond. *Waouh ! C'est beaucoup d'argent.* J'étais soit chanceux, soit malchanceux, selon le point de vue. Pitkas Point était un emploi public bien rémunéré, régi par la loi Davis-Bacon. Il existe des emplois Davis-Bacon bien rémunérés, moyennement rémunérés et peu rémunérés. Nous appelions les emplois peu rémunérés « mini-bacon ». Malheureusement, le salaire mini-bacon était si bas qu'il était difficile d'en vivre.

Peu de temps après, le 4 juillet est arrivé, l'un de mes moments préférés de l'année. Mes potes et moi avons trouvé de bonnes places, et il faisait chaud et beau. Je me suis éclaté avec mes potes, à faire exploser des feux d'artifice et à écouter de la musique. J'ai essayé d'oublier mes problèmes pendant un bref instant. J'ai pensé à ma douce petite amie, qui ne pouvait pas être là. *Bon vent, mon ange.* Ce n'est pas pour rien qu'on appelle cet État « le pays du soleil de minuit », car même pendant le feu d'artifice à Anchorage, il faisait encore un peu clair dehors.

Après le 4 juillet, il était temps de retourner à Pitkas Point. Après quelques nuits blanches à essayer de trouver comment gérer tous ces cris, j'ai décidé de tenir bon, car le Roadhouse était propre et la nourriture était bonne. Pour la première fois, j'ai cru que je ne serais pas confronté à la violence et je me suis senti relativement en sécurité. On a finalement pris l'avion et on est partis pour Pitkas Point. À notre arrivée, les choses étaient un peu différentes. Il y avait quelques hommes de plus sur le chantier, dont certains que je connaissais depuis Kiana et Kotzebue, et d'autres que je n'avais jamais rencontrés. Le Roadhouse était à environ quinze minutes en voiture du chantier de Pitkas Point et à mi-chemin de St. Mary's. Une route de gravier poussiéreuse reliait les deux villages.

On a eu la chance qu'il fasse chaud. Il faisait super beau dehors, exactement ce qu'il me fallait pour garder le moral. J'avais même ma propre chambre au Roadhouse, ce qui me convenait parfaitement, d'autant plus que j'avais apporté un lecteur de cassettes et quelques cassettes un peu ridicules. Des trucs de lycée. C'était un petit bout de chez moi, quelque chose à quoi m'accrocher. J'espérais ne pas perdre la tête là-bas.

Même si je savais qu'on faisait plein de trucs sympas pour la société, je ne voyais pas d'avenir pour moi. *C'était quoi, cette vie ? Être loin de sa famille et de ses potes pour bosser ? Pourquoi ne pas bosser là où on veut vivre ?* Ces questions me tourmentaient. Pourquoi je me plaignais ? Au fond de moi, je connaissais la réponse : l'identité personnelle. J'étais jeune et je voulais être moi-même et créer des trucs dans la vie.

Parfois, la vie peut être un peu ennuyeuse dans la brousse. Si tu n'as pas accès à un bateau, à un avion ou à des activités de plein air, il n'y a rien à faire. Alors, comment passer le temps en attendant que le matériel arrive ? Bonne question. Bien sûr, c'est facile de rester assis là et de trouver des idées créatives, mais quand on n'a pas accès au matériel, ça peut rendre fou d'attendre de pouvoir se mettre au travail. Parfois, on attendait pendant des jours. On ne peut pas simplement sauter dans un avion pour rentrer chez nous et revenir immédiatement, car il se peut qu'il n'y ait pas de vols commerciaux disponibles. C'est à nous de payer le voyage aller-retour, et on ne serait pas payés pour ces jours de congé, ce qui, à la fin de l'année, faisait une différence significative dans notre salaire réel.

Quelques jours plus tard, la péniche est arrivée avec le matériel sur le grand fleuve Yukon. On a d'abord commencé à installer les poutres de fondation sur les pieux gelés. C'était cool de bosser avec les autres gars ; ils étaient sympas avec moi et je les aimais bien. Aucun d'entre eux ne m'a crié dessus, pas même Tim. Je sais que Brian les aimait bien aussi. Mais j'étais épuisé de l'entendre crier toute la journée. J'étais aussi fatigué physiquement par la course et le boulot ; j'avais l'impression de m'entraîner pour un marathon. Chaque matin, je devais me motiver mentalement, comme si je prenais de grandes inspirations avant de plonger sous l'eau. Je savais que j'allais souffrir beaucoup ce jour-là, tant mentalement que physiquement, donc je devais essayer de me préparer. Même le seul jour de repos de la semaine, on luttait contre l'ennui et l'isolement.

Après avoir monté le système de plancher, j'ai aidé à construire mon premier mur épais, qui faisait environ six mètres de haut. Ce mur, en particulier, était super lourd. Il était construit avec des planches de 2 pouces sur 10, qui comprenaient des blocs et un revêtement en contreplaqué d'un demi-pouce. Alors qu'il était entièrement assemblé sur la terrasse, je me demandais comment il était possible de soulever quelque chose d'aussi massif. Brian et Tim se criaient dessus, essayant de résoudre ce problème. Je commençais à rire. C'était comme regarder un duo comique.

Des années plus tard, alors que je discutais avec Tim et un petit groupe de personnes, pour une raison inconnue, j'ai mentionné la femme pâle avec du sang qui jaillissait de sa tête à Kiana et que j'avais obtenu son aide. Tim m'a regardé avec rage, et son visage est devenu rouge comme une betterave. Ses yeux m'ont transpercé alors qu'il m'a répondu d'une voix forte et amère, disant que c'était lui qui avait aidé cette dame. Je lui ai demandé : « De quoi tu parles ? J'ai couru partout pour chercher de l'aide. » Il m'a répondu avec colère : « C'est moi qui l'ai sauvée. » Ça m'a donné des frissons dans le dos, car je n'avais aucun souvenir de l'avoir vu pendant cet incident. Je me suis sentie mal pour lui, car il était évident que j'avais sans le savoir déclenché un événement qui l'avait traumatisé.

Une chose bizarre m'est venue à l'esprit. Comme je n'avais jamais parlé à personne de ce que j'avais vu, je me suis senti un peu soulagé, comme si un poids de dix kilos m'avait été enlevé des épaules. Le flashback de la dame semblait moins vif, mais les autres images restaient aussi intenses, voire plus. Je n'arrêtais pas de penser à Tim et je me demandais s'il faisait partie des personnes qui avaient aidé à panser sa tête ensanglantée, ce qui avait peut-être éclaboussé son corps de sang et imprégné ses vêtements. En effet, lorsque je l'ai vue monter dans l'avion de mon beau-père, les chiffons enroulés autour de sa tête étaient trempés de sang.

Ils ont envisagé de soulever le mur à la main ou à l'aide de vérins manuels. Dans tous les cas, on devait préparer le mur pour le soulever. Le problème, c'est que le système de plancher dépassait de deux mètres des pieux et que, en plus, les poutres du plancher n'étaient pas solidement fixées aux pieux. Comme le mur était super lourd, ils craignaient que le fait de le redresser ne soulève le système de plancher arrière des pilotis, le faisant glisser vers le sol et renvoyer le mur vers nous, s'écrasant sur le sol et nous écrasant comme des insectes sous des tonnes de matériaux. Donc, ouais, j'étais un peu nerveux.

Ils voulaient essayer de soulever le mur à la main ce jour-là, alors Brian a rassemblé une dizaine d'hommes de la ville pour aider notre équipe. Comme le mur était déjà prêt, tout le monde s'est aligné le long du haut du mur pour le soulever. « OK, tout le monde, soulevez ! Soulevez ! » s'est exclamé Brian.

On s'est tous penchés et on a commencé à soulever. Tous les muscles de mon corps étaient tendus, et je pouvais entendre les autres gars grogner alors qu'ils s'efforçaient de soulever le mur jusqu'à hauteur des genoux. Brian a crié : « Reposez-le. » Quel mur lourd, bon sang ! Une tentative ratée.

On savait maintenant que les crics à mur étaient le seul moyen de soulever le mur. La préparation des crics à mur n'a pris qu'une vingtaine de minutes. Une fois cela fait, on est retournés au camp et on a attendu quelques jours l'arrivée des crics de sol et des échelles supplémentaires.

Une fois arrivés, on était prêts à soulever le mur. Un cric à pompe fonctionne de la même manière qu'un cric de voiture, sauf qu'il soulève un double deux par quatre. Je pense qu'on avait environ quatre ou cinq crics pour toute la longueur du haut du mur. Les gens se sont portés volontaires ou ont été choisis pour actionner les leviers manuels. Moi, j'ai été choisi. Je ne me suis pas porté volontaire parce que je n'avais jamais vu ni fait un truc comme ça avant et que je ne savais pas à quoi m'attendre. Chaque personne qui actionnait les crics avait un escabeau et une échelle télescopique à proximité.

L'astuce pour soulever le mur était que les opérateurs devaient être synchronisés pendant le levage. Brian nous a dirigés vers le sommet. Debout sur le sol, on a soulevé le mur jusqu'à ce qu'on ne puisse plus atteindre le levier. Ensuite, on s'est mis debout sur des escabeaux et on a continué à pomper le mur, qui était maintenant directement au-dessus de nos têtes, jusqu'à ce qu'on ne puisse plus atteindre le levier. *Oh, super !* me suis-je dit. *Maintenant, j'ai deux choses à craindre. Que le mur retombe et nous écrase, et d'avoir le courage de grimper à six mètres de hauteur pour finir de soulever le mur.*

Une fois que nous avons appuyé les échelles allongées contre la plaque supérieure du mur, celles-ci ont pu glisser sur la plaque pendant que nous continuions à grimper et à pousser le mur vers le haut. *Oh là là,* me suis-je dit. *Ce truc est en train de monter très haut.* Grimper à cette échelle était excitant, mais aussi effrayant. J'avoue que cela m'a rendu plus nerveux que je ne l'aurais pensé.

On avait encore un long chemin à faire avant de pouvoir finir le mur. On a tous commencé à pomper en même temps. Alors qu'on approchait du sommet, sans prévenir, le mur a fait un bond en avant de quelques mètres. Ça m'a vraiment surpris. Mon corps tremblait, alors que j'étais à environ cinq mètres du sol. Je voulais continuer, mais je ne pouvais pas m'arrêter de trembler. Voyant mon manque d'expérience et mon anxiété grandissante, mon patron m'a dit de descendre de l'échelle et d'aider à soutenir le mur une fois qu'il serait complètement monté.

Cool, me suis-je dit.

Même s'il avait crié presque toute la journée, ça m'a fait plaisir de voir qu'il avait compris que j'essayais et que je voulais finir le boulot, et qu'il se souciait de ma sécurité et de celle des autres. Il a donc pris le relais, est monté à l'échelle et a fini le boulot.

Finalement, le mur était debout et soutenu, et le sol ne s'était pas effondré sous nos pieds. Tout s'était bien passé, sans problème, sans incident. Je me suis reculé et j'ai regardé cet énorme mur que nous avions construit. L'équipe était tellement sympa, d' . Personne ne m'a critiqué pour être descendu. Je pense qu'ils étaient tous contents que personne n'ait été blessé. La journée s'est écoulée et on a continué à bosser jusqu'au soir, puis on est allés au Roadhouse pour un bon repas et se reposer.

Je n'arrêtais pas de penser à ce mur et à l'exploit qu'il représentait. C'était vraiment impressionnant à voir, et si on avait travaillé en ville, un mur comme celui-là aurait généralement été érigé à l'aide d'une grue pour faciliter le travail et assurer la sécurité des équipes. Ce jour-là, on était très fiers. J'avais l'impression qu'on avait fait quelque chose de vraiment génial.

Les semaines ont passé, et on a finalement atteint le toit. Après avoir bossé jour après jour avec seulement de courtes pauses déjeuner, on approchait enfin de la fin du chantier. Mon corps était endolori, courbaturé et épuisé par ces longues journées difficiles. J'avais hâte de retourner à Anchorage. Mes amis et ma maison me manquaient, et j'étais prêt pour un repos bien mérité.

Même si j'acquérais une bonne expérience, je voulais faire une petite pause. J'avais entendu dire qu'un gros chantier allait démarrer, et je ne savais pas si mon beau-père avait décroché le contrat. J'étais toujours fier quand mon beau-père décrochait un nouveau chantier. Les efforts et l'énergie qu'il investissait dans le processus d'appel d'offres demandaient beaucoup de boulot. Obtenir un financement, trouver des garanties et déterminer le moyen le plus efficace de transporter le matériel sur le chantier demandaient beaucoup d'imagination et de prévoyance. La logistique, c'est-à-dire l'emplacement des matériaux et du logement de l'équipe, était probablement la partie la plus difficile du boulot. Bon sang, j'espérais qu'il décrocherait ce contrat rapidement, pour qu'on n'ait pas à bosser en hiver. Au moins, pour l'instant, le temps était agréable : chaud et ensoleillé pendant la journée, mais clair et froid la nuit.

Le boulot avec Brian m'avait beaucoup appris, et j'ai continué à apprendre en installant un toit métallique sans vis. Brian était accroché au toit avec un harnais de sécurité pendant que j'étais au sol. Lui et le charpentier en chef vissaient des clips métalliques sur le toit en pente raide tout en me criant des instructions sur la façon d'assembler ces toits métalliques. Le plus important était de s'assurer que les tôles métalliques étaient bien perpendiculaires à la charpente du toit.

Mon boulot consistait à faire glisser avec précaution les longues tôles métalliques suffisamment près du bâtiment pour fixer une paire d'étaux à mâchoires en C sur l'extrémité métallique supérieure, puis à attacher les cordes suspendues au toit. Pendant qu'ils tiraient le métal vers le haut, je les aidais à guider la tôle métallique jusqu'à ce que je ne puisse plus l'atteindre. Il avait tellement de connaissances et d'expérience en matière de toitures que j'avais le tournis devant la rapidité avec laquelle ils posaient ce métal. Ils ont terminé la pose des tôles principales en moins d'une journée. Il leur a fallu environ une demi-journée pour finir les finitions. C'était magnifique.

Quelques jours plus tard, Brian est parti et a quitté Pitkas Point. La plupart des gars, dont deux plombiers, sont restés et ont continué à bosser. J'aimais bien le plombier en chef. Je l'avais rencontré à Anchorage, et c'était le colocataire de Brian. Il me faisait tout le temps sourire et rire. Je veux dire, son surnom était Yukon Horn. C'est drôle, non ? L'autre plombier était aussi un personnage, un homme sauvage barbu qui ressemblait à un motard et qui adorait l'alcool et la drogue. Je n'oublierai jamais la première fois que je l'ai rencontré. Sans dire bonjour, il a demandé à des inconnus avec un visage impassible : « Vous avez de l'alcool, de la drogue ? » C'était tout. On savait à quoi s'en tenir avec lui. Chaque fois que mon oncle et moi le voyions, on rigolait parce qu'il posait toujours la même question.

Brian avait amené son camion sur le chantier, un camion Chevrolet blanc avec quatre gros pneus ballons et un arceau de sécurité. C'était un beau camion, et il prenait beaucoup de plaisir à le conduire.

Cependant, ses gros pneus le rendaient difficile à manœuvrer, car il avait tendance à déraper sur le gravier meuble. Malheureusement, j'allais découvrir à mes dépens à quel point il était difficile à conduire.

CHAPITRE 10
Décisions

J'ai finalement réussi à bouger un peu dans la cabine. J'ai peut-être avancé de cinq ou six centimètres, et même si le volant ne me bloquait plus la poitrine, j'avais toujours du mal à respirer. Je me battais pour ma vie.

Un homme s'est approché de moi. Il m'a attrapé par les épaules, m'a sorti de ce tas de métal tordu et m'a tout de suite mis sur un brancard. Oh oui ! J'étais allongé à plat. J'avais super mal, mais quel soulagement de sortir de ce camion après deux heures et demie, voire plus.

La température était toujours proche de zéro. J'ai vu quelqu'un me mettre une couverture et je me suis senti un peu plus en sécurité, même si je n'étais toujours pas sûr de survivre à cette épreuve.

Boom, boom, clank, clank, je suis monté dans l'ambulance.

« Tout va bien se passer ! » a crié quelqu'un. « Ça va nous prendre un peu de temps pour arriver à l'hôpital, peut-être une demi-heure environ, mais d'abord, on doit t'emmener au centre de traumatologie le plus proche.

« Roulez doucement, les routes sont verglacées », ai-je dit. Les portes arrière se sont refermées et l'ambulance a entamé son long trajet vers le centre de traumatologie.

QUELQUES JOURS après le départ de Brian, j'ai voulu sortir un moment, m'éloigner du Roadhouse, pour regarder la lune et le ciel et voir St. Mary's. J'ai pris les clés du camion, je suis monté dedans et je suis parti. Je ne pensais pas m'absenter très longtemps, peut-être juste une demi-heure. Je ne me rendais pas compte à quel point j'étais fatigué.

La route vers St. Mary's était assez droite. Je ne me souviens pas avoir pris beaucoup de virages. Il faisait sombre et froid, avec une température d'environ -2 °C. J'admirais la lune et les étoiles. Elles étaient dans toute leur splendeur. *Bon sang ! Elles étaient si claires et brillantes dans la brousse, sans les lumières de la ville pour gâcher la vue.* En jetant un coup d'œil dans le rétroviseur, j'ai vu de la poussière s'envoler grâce aux gros pneus ballons.

En roulant sur la route de gravier, j'ai pensé à mon boulot et à mes potes tout en essayant de me détendre après cette journée. Puis j'ai réalisé que j'étais crevé.

J'avais mal aux mains et les jambes en feu après avoir couru toute la journée.

Et maintenant ? me suis-je demandé. *Quelle est la prochaine mission ?*

J'ai remarqué la toundra de chaque côté de moi. Mes bras étaient fatigués et ma tête s'est lentement inclinée vers le bas, puis vers le haut. Le rugissement du moteur s'est estompé. Je n'avais aucune idée de la vitesse à laquelle je roulais, mais je n'ai pas regardé le compteur de vitesse, car je pensais rouler à une vitesse raisonnable. Après tout, je ne voulais pas abîmer le camion de Brian. Je voulais juste me détendre après cette journée.

Peu de temps après, j'ai regardé le compteur de vitesse et j'ai remarqué que je roulais trop vite : 110 km/h. Tout semblait se passer au ralenti. J'avais dû m'endormir au volant. En regardant droit devant moi, je voyais la route, mais elle défilait au ralenti. J'avais l'impression que le camion glissait vers la droite.

Oh, me suis-je dit, *je vais finir dans le fossé.*

Mes réactions étaient lentes. C'était comme si le temps s'était arrêté. Je n'étais ni bouleversé ni effrayé.

Hé, je ferais mieux de revenir sur la route, me suis-je dit.

Le simple fait de prononcer ces mots dans ma tête m'a semblé durer une éternité. Alors que je commençais à tourner le volant vers la gauche, j'ai senti l'arrière du véhicule perdre son adhérence sur l'accotement en gravier.

Wow, je glisse, ai-je pensé.

Soudain, le camion a fait des embardées d'un côté puis de l'autre, et j'ai complètement perdu le contrôle. J'avais l'impression que des minutes s'écoulaient pendant que j'essayais de corriger la trajectoire, même si tout se passait en quelques fractions de seconde.

Le camion a commencé à tourner dans le sens des aiguilles d'une montre tandis que mon corps appuyait fortement sur la portière côté conducteur. Mon corps s'est élevé de plus en plus alors que j'étais assis à l'intérieur du camion.

En regardant droit devant moi à travers le pare-brise avant, les phares allumés, j'ai vu le camion commencer à se renverser. Je me souviens avoir vu les balais d'essuie-glace droit et gauche dépasser.

Je vais avoir un accident, me suis-je dit.

Je continuais à me sentir étrangement calme. Je n'avais ni peur ni inquiétude. Je n'ai pas vu ma vie défiler devant mes yeux ni rien de ce genre, mais je me suis demandé quelles étaient mes chances de faire un tonneau avec un pick-up au milieu de nulle part.

Aucune chance.

Sans raison particulière, je ne portais pas ma ceinture de sécurité. Je ne comprenais pas pourquoi, car nous portions tous notre ceinture en hiver à cause de la neige et du verglas. J'étais aussi pilote qualifié, et le port de la ceinture de sécurité était obligatoire. Même si j'avais pris des risques et semblé un peu sauvage quand j'étais gamin et jeune adulte, j'avais été élevé dans un souci de sécurité.

Le pick-up continuait de rouler et de rouler.

Je me suis dit que j'allais mourir. Une pensée claire m'a lentement traversé l'esprit.

J'entendais encore le rugissement du moteur et le crissement des pneus sur la route de gravier. Je sentais la pression sur mon corps alors que le camion roulait. Je voyais la toundra de chaque côté de moi, même lorsque le camion se soulevait et tournait. J'étais à l'envers. Les balais d'essuie-glace sont apparus, puis la route. Elle semblait proche, trop proche. J'avais l'impression que le gravier était juste devant mon visage. J'avais l'impression de pouvoir compter les cailloux. C'est dire à quel point tout semblait lent.

Toujours tourné vers l'avant, j'ai vu l'avant du camion s'écraser sur la route. La cabine a touché le sol en un clin d'œil. J'ai entendu le métal se déformer tout près de moi. Puis j'ai réalisé que j'étais hors du camion qui roulait, mon corps frottant contre le gravier. Je ne me souviens pas avoir été éjecté.

Glissant sur le dos, me déchirant la peau, j'ai vu les phares du camion clignoter alors qu'il tournait sur lui-même. Le craquement du métal s'est estompé au loin. Puis, tout à coup, un bruit sourd. Je me suis complètement arrêté.

Allongé sur le dos, j'ai ouvert les yeux. Je pouvais voir mon souffle dans la nuit froide. Oh, la douleur. J'ai cligné des yeux lentement, encore et encore.

Est-ce que je suis vivant ou mort ? Je me posais la question. Je n'étais jamais mort avant, donc je ne savais pas trop à quoi m'attendre. Est-ce qu'on ressent encore la douleur, physique ou émotionnelle, après la mort ? Est-ce que nos pensées sont complètes ou juste des bribes ? Est-ce qu'on garde ces pensées avec nous d'une manière ou d'une autre, jusqu'à ce qu'on soit enterré ? Et si j'étais mort, pourquoi je n'avais pas vu la lumière ? Les gens parlent souvent du tunnel quand ils racontent leurs expériences de mort imminente.

J'étais confus. Toujours allongé sur le dos, clignant des yeux, j'entendais le moteur du camion vrombir au loin. Sur le côté, j'ai vu une lumière vive. J'ai supposé que c'étaient les phares du camion que je venais de renverser.

Il faisait froid, un froid glacial. Je n'avais aucune idée du temps que j'avais passé allongé là, quelques secondes, quelques minutes, peut-être quelques heures. Mon dos me lançait à cause de la toundra bosselée et gelée sous moi. Je n'avais pas tourné la tête ni bougé les bras, qui étaient tendus au-dessus de moi comme si j'étais sous la menace d'une arme.

Je continuais à respirer, à inspirer et à expirer, en essayant de rester calme. Et maintenant ? Que faire et comment ? D'abord, je devais savoir si mes pieds et mes jambes fonctionnaient encore.

Je ne pouvais pas bouger. J'ai essayé, mais rien ne fonctionnait, ni mes pieds, ni mes orteils, ni mes mains, ni mes bras, ni mes doigts, ni ma tête. Rien. Seules mes paupières clignaient.

Est-ce que je suis paralysé ? me suis-je demandé. *Oh, mon Dieu. Que dois-je faire ?*

« Aidez-moi », ai-je dit calmement. *Je dois voir si mes pieds fonctionnent. Je dois savoir.*

Je suis resté allongé là, submergé par la douleur. Je ne bougeais pas. Je semblais paralysé, sinon physiquement, du moins mentalement.

Mon Dieu, qu'est-ce qui s'est passé ? Papa, aide-moi, s'il te plaît ! Que dois-je faire ?

Bizarrement, je n'avais toujours pas peur. J'ai appelé à l'aide parce que ça me semblait être la chose à faire, mais il n'y avait personne. Je devais décider si j'essayais de bouger ou si je restais allongé dans la toundra. Mon corps ne voulait pas coopérer. Je devais trouver la force d'une manière ou d'une autre.

Je me suis concentré sur mes orteils. J'ai tourné les yeux vers mes pieds et, comme par miracle, j'ai senti un léger mouvement. Ma poitrine se soulevait, mon cœur battait à tout rompre. Mais mes orteils se sont immobilisés et mes yeux se sont reportés vers le ciel nocturne. Ce petit effort m'avait épuisé. J'avais besoin de me reposer avant de réessayer.

Le moteur du camion vrombissait toujours. J'ai vu des lumières vives sur le côté, que j'ai supposées être des phares. Il faisait un froid glacial. Je ne savais pas depuis combien de temps j'étais allongé là. Quelques secondes ? Quelques minutes ? Quelques heures ? Une douleur irradiait dans mon dos. Je n'avais pas bougé la tête ni les bras, qui étaient tendus au-dessus de moi comme si j'étais sous la menace d'une arme. Je respirais lentement, essayant de rester calme.

Et maintenant ? Que faire, et comment ?

D'abord, je devais savoir si mes jambes fonctionnaient encore.

Je sentais mon cœur battre plus vite. Ma poitrine se soulevait et s'abaissait. J'arrivais à peine à bouger mes pieds. De haut en bas, juste quelques fois. Puis je me suis reposé à nouveau. Mes membres ne répondaient toujours pas, la douleur était atroce.

Suis-je vivant ou mort ? Je me suis posé la question à nouveau. *Si je suis mort, ça fait vraiment mal.*

Les minutes passaient. Je me suis concentré pour essayer de bouger mes jambes. Mes orteils ont bougé, puis mes pieds ont tourné. Ma respiration s'est accélérée. Mes jambes ne répondaient pas, mais je savais que je n'étais pas paralysé. Je ne pouvais toujours pas bouger mes bras ni mes mains ; ils restaient tendus au-dessus de moi. Mais si je pouvais bouger mes orteils, il y avait de l'espoir.

Épuisé à nouveau, je me suis reposé.

Oh, mon Dieu, qu'est-ce que je suis censé faire ? ai-je pensé. *Je dois sortir d'ici.*

Puis, un mouvement. Mes mains ont commencé à bouger. Une douleur lancinante m'a parcouru. Ma main droite est tombée sur ma poitrine, puis ma gauche sur mon ventre. Je n'avais pas l'intention de les bouger ; elles ont juste bougé. Mon cœur battait à tout rompre. J'étais épuisé. Mais maintenant, je pouvais tourner lentement la tête d'un côté à l'autre.

Je dois sortir d'ici.

Il était temps d'essayer de me lever. J'ai fermé les yeux un instant, puis je les ai ouverts et j'ai lentement ramené mes genoux vers ma poitrine. Ça m'a semblé amusant. Je les ai laissés retomber au sol.

J'ai pensé aux personnes atteintes de lésions médullaires, en bonne santé un instant, paralysées l'instant d'après, parce que quelqu'un les avait déplacées trop tôt. Ça aurait pu être moi.

Et maintenant ? Que devais-je faire ?

Mes pensées vagabondaient. C'est bizarre comme l'esprit dérive dans des moments comme celui-là. J'ai vu les étoiles au-dessus de moi, nettes dans le ciel froid. J'ai levé ma main gauche et je l'ai regardée. Du sang coulait de ma main.

Dans quel état suis-je ? me suis-je demandé. *Merde,* je dois être mort ou gravement blessé.

Je vais essayer encore une fois, me suis-je dit. *Je dois sortir d'ici.*

Le moteur vrombissait toujours. J'avais peur que le camion explose. J'ai refermé les yeux, le cœur battant à tout rompre. Puis, avec effort, j'ai relevé mes genoux vers ma poitrine. Mes mains ont glissé de ma poitrine vers le sol. J'ai grogné, gémi et lutté d'. Je me suis tourné sur le côté, j'ai appuyé mes mains sur la toundra gelée et je me suis mis debout.

Les phares du camion brillaient au loin. Mon estomac me brûlait de douleur.

C'est grave. Dois-je couper le moteur ?

Malgré tout, j'ai essayé d'évaluer ma situation. Ma chaussette et ma chaussure droites avaient disparu. J'étais pieds nus. Mon pantalon était déchiré, ma chemise en lambeaux, du sang coulait de ma tête jusqu'à mes orteils.

Suis-je vivant ou mort ? Je me posais encore la question. *Si je suis mort, quel gâchis. Quelle catastrophe sanglante. Est-ce ainsi que je me présenterais au paradis ou en enfer ? Je ne suis pas vraiment habillé pour rencontrer mon Créateur. Mais si je suis vivant, je suis dans de beaux draps.*

Je me suis retourné et j'ai regardé la route de gravier. Elle semblait tellement loin.

Comment j'allais faire pour atteindre la route, sans parler du Roadhouse ? Je devais rentrer. J'avais besoin d'aide.

Étonnamment, je suis resté calme. Chaque respiration embuait l'air devant moi. Il y avait du sang partout. J'ai fait un pas — une douleur a traversé la plante de mon pied droit. J'ai ralenti, puis j'ai fait un autre pas. La toundra gelée et broussailleuse craquait sous mes pieds comme une éponge glacée. Des brindilles et des feuilles me piquaient les pieds nus. J'ai boité vers la route de terre. Mon pied me brûlait.

Finalement, j'ai atteint le bord. Je me suis arrêté là, pour reprendre mon souffle. Le sang coulait toujours à flots. Je me suis tourné d'un côté, puis de l'autre.

Dans quelle direction se trouvait le campement ? J'ai hésité. *OK. Si je marche vers le camion, ça doit être le chemin que j'ai pris. Je peux couper le moteur et faire demi-tour.*

Toujours debout dans la toundra, je n'étais pas sûr d'en avoir la force. Je me sentais faible. Si je n'étais pas encore mort, j'en étais proche. Mais je devais essayer. J'ai pris une profonde inspiration et j'ai posé le pied sur le gravier. Mon pied m'a fait un mal de chien.

J'ai boité vers le camion, en ménageant mon pied nu. Du sang coulait de ma tête et de mes mains. J'ai levé les yeux. Les étoiles brillaient. Même à ce moment-là, je voyais la beauté alors que je titubais vers l'épave.

Des souvenirs de mon passé me sont revenus en tête. La vie dans le bush. La femme qui saignait, dont le mari avait coupé la tête. La vieille femme qui tirait avec un fusil, mon cousin qui me protégeait de son corps.

J'ai essayé de chasser ces images, mais elles ne s'en allaient pas. Elles me hantaient alors que je luttais pour survivre.

S'il te plaît, mon Dieu, arrête-les ! ai-je crié en silence. *Arrête ces images. Aide-moi. S'il te plaît, aide-moi.*

J'étais en état de choc. Ça devait être ça. Pourtant, j'ai avancé lentement, droit devant moi, vers le camion. Mon corps me faisait mal, surtout au niveau de l'estomac.

On dit que ta vie défile devant tes yeux quand tu es sur le point de mourir. Ça ne m'est pas arrivé. Tout ce que je voyais, c'étaient ces putains d'images.

J'ai essayé de les chasser. J'ai pensé à mon père, Gordon. Il me manquait tellement. Étais-je sur le point de le voir ? Je me suis battu comme un diable pour rester en vie et j'ai supplié son aide. Je ne voulais pas mourir ici, tout seul.

Papa, ne me laisse pas mourir ici. Aide-moi, s'il te plaît.

Finalement, j'ai atteint le camion. Il était à l'endroit et tournait toujours. Les phares étaient si brillants qu'ils m'ont fait plisser les yeux et détourner le regard. Le camion ressemblait à une canette d'aluminium écrasée, mais le moteur semblait fonctionner normalement. Je ne voulais pas m'approcher trop près. Peut-être que le réservoir d'essence fuyait. Je ne voulais pas rester dans les parages pour le découvrir.

J'ai touché la portière côté conducteur et elle était froide. J'ai essayé de retirer ma main, mais je ne pouvais pas bouger. Un instant plus tard, j'ai passé la tête par la vitre brisée de la cabine enfoncée et j'ai cherché la clé. C'était difficile, mais j'ai finalement réussi à la tourner. Le moteur s'est arrêté.

Les phares sont restés allumés. Je les ai regardés fixement, me demandant si je devais les éteindre. Pourquoi est-ce que je pensais aux phares, bon sang ?

Comment avais-je bien pu survivre à cet accident ? Ou avais-je survécu ?

En y réfléchissant bien, la réponse était évidente : laisser les phares allumés était plus logique. J'avais besoin d'aide. Je saignais de partout, alors pourquoi est-ce que je pensais aux phares ?

Bon, tant pis, je vais les laisser allumés.

Oui, c'est ça. Je vais les laisser allumés pour que si quelqu'un passe, il me voie et s'arrête peut-être.

En me poussant hors de la fenêtre, je me suis demandé si je m'étais coupé avec du verre ou du métal. Je ne sentais rien. C'était peut-être une bonne chose. Je m'inquiéterais de ça plus tard. Pour l'instant, je devais trouver de l'aide. Le temps pressait.

Je me suis arrêté. J'ai levé les yeux. Les étoiles étaient magnifiques et la lune illuminait la nuit noire.

OK. Par où aller ? À droite ou à gauche ?

Si je prenais la mauvaise direction vers St. Mary's, je risquais de mourir.

Merde. Qu'est-ce que je vais faire ?

Même si j'essayais d'aller au Roadhouse, rien ne garantissait que j'y arriverais. Et si je restais ici, peut-être que quelqu'un me trouverait. J'ai pris ma décision. J'ai commencé à marcher vers le Roadhouse.

Allez, Dave. Tu peux y arriver.

CHAPITRE 11
Lancer de pièce

J'entendais les sirènes de l'ambulance alors qu'on s'éloignait de cette épave. J'étais attaché à un brancard, relié à des appareils médicaux. J'avais mal aux côtes. J'avais mal partout. Je ne pouvais rien faire pour soulager ma douleur. Je n'ai pas pensé une seule fois à demander des analgésiques. Je ne sais pas pourquoi. Peut-être que j'étais en état de choc.

J'ai eu beaucoup de chance et, en même temps, pas de chance. Je voyais et entendais les ambulanciers, mais je ne savais pas trop ce qu'ils faisaient. La seule chose dont j'étais sûr, c'est que j'avais froid, vraiment froid.

La route était bosselée et je rebondissais dans tous les sens. Sachant que la route était encore verglacée, je me sentais un peu nerveux. Je ne voulais pas avoir un autre accident. Je sentais que nous glissions un peu. J'avais toute confiance dans le conducteur et les ambulanciers, mais c'étaient les autres voitures qui m'inquiétaient.

« On t'emmène à l'hôpital Royal Inland de Kamloops », m'a crié un des ambulanciers par-dessus le bruit de la route et des sirènes. « Mais d'abord, on doit t'emmener dans un centre de traumatologie. »

Il avait l'air sympa. Je savais qu'ils essayaient tous de m'aider. J'ai demandé à l'ambulancier de s'approcher de moi.

« Tu peux ralentir ? ai-je demandé. S'il te plaît, ralentis. Je ne veux pas avoir un autre accident. S'il te plaît, ralentis. »

Il m'a regardé bizarrement. Je ne me souviens pas de sa réponse. Il a sûrement essayé de me rassurer en me disant que tout irait bien et qu'on était presque arrivés au centre de traumatologie. Pas assez vite à mon goût.

Le trajet a été long et cahoteux. J'avais super mal aux côtes à chaque respiration. Ma main gauche était bandée et plâtrée. Ça ne m'inquiétait pas trop, même si je ne pouvais pas la bouger, mais j'avais mal quand je bougeais le cou. La douleur descendait jusqu'à mes jambes et mes pieds. Mais au moins, je pouvais encore bouger les pieds.

« Hé, tu peux ralentir, s'il te plaît ? » ai-je demandé une nouvelle fois.

L'ambulancier m'a juste regardé.

« Non, sérieusement, tu peux ralentir ? Je ne veux pas avoir un autre accident. Les routes sont verglacées, s'il te plaît ! »

Personne n'a réagi. J'ai roulé mon corps sur le côté, j'ai poussé ma tête vers le conducteur et j'ai crié poliment.

« Hé, tu peux ralentir, s'il te plaît ? »

Je n'oublierai jamais l'expression sur le visage du conducteur. « On doit t'emmener au centre de traumatologie », m'a répondu le conducteur avec respect.

« Oh, s'il te plaît, ralentis. J'ai peur », ai-je dit. « Je préfère mourir ici plutôt que dans un autre accident de voiture, s'il te plaît ! »

À mon grand soulagement, le chauffeur a ralenti. J'étais tellement reconnaissante. Les routes étaient mauvaises et je voulais juste être en sécurité.

Je sentais l'ambulance ralentir, prendre des virages serrés, puis s'arrêter brusquement. La porte arrière de l'ambulance s'est ouverte et les ambulanciers m'ont dit qu'on était arrivés.

EN ME DIRIGEANT VERS LE RELAIS ROUTIER, je me suis retourné pour regarder le camion. Je pouvais voir les phares du camion Chevrolet blanc froissé pointer vers moi au loin. Puis j'ai réalisé que je m'étais peut-être trompé de chemin. Si je marchais dans la direction opposée aux phares, je retournerais vers le relais routier. *Oui, c'est ça ! J'ai la réponse.* Je roulais en direction de St. Mary's, et la logique voulait que je fasse demi-tour et passe devant le camion pour retourner au relais routier.

J'ai touché l'arrière et le sommet de ma tête ; il y avait du sang partout. Je me suis forcé à marcher vers le Roadhouse. J'avais vraiment mal aux pieds. Putain, les petits cailloux me piquaient la plante des pieds à chaque pas. Cette route n'était pas vraiment l'endroit idéal pour marcher pieds nus ; que je porte des chaussures ou non, je n'étais pas en état de marcher où que ce soit.

Un pied devant l'autre. Mes bras et mes mains pendaient. La nuit devenait plus froide. J'avais l'impression que j'allais geler, étant à moitié nu puisque la plupart de mes vêtements avaient été déchirés, exposant plusieurs parties de mon corps aux éléments.

Peut-être que si je courais, ça me réchaufferait et j'aurais une chance de survivre.

« OK, vas-y », me suis-je entendu dire. Dieu seul sait. J'ai commencé à courir, de plus en plus vite. J'ai couru pendant ce qui m'a semblé être plusieurs minutes, et j'avais de plus en plus de mal à reprendre mon souffle. Mes jambes commençaient à faiblir et mon pied me lançait. J'avais l'impression que mon ventre était en feu. La douleur était insupportable, mais j'ai continué. Je ne savais pas quoi faire. Je ne savais pas jusqu'où j'étais allé ni combien de temps il me faudrait pour trouver de l'aide au Roadhouse. Il semblait que j'avais encore du chemin à faire.

Dois-je continuer à courir ou ralentir et marcher ? Si je continue à courir, quel effet cela aura-t-il sur mes organes internes ? me suis-je demandé. Les ai-je endommagés dans cet accident ? Oh, mon Dieu, la douleur est intense.

J'ai soudainement ralenti pour marcher. Peut-être que j'étais juste à bout de souffle. Je voulais me retourner pour voir les phares du camion, m'assurer que j'allais dans la bonne direction et voir jusqu'où j'étais allé. Je respirais très fort et la vapeur de mon souffle m'enveloppait la tête comme si j'étais dans un nuage.

« Oh, mon Dieu, aide-moi ! » ai-je crié. « S'il te plaît, mon Dieu. Suis-je mort ou vivant ? Si je suis vivant, alors ne me laisse pas mourir ici. Pas ici, dans la brousse, s'il te plaît, pas ici. Pas dans cet endroit. Laisse-moi mourir à Anchorage. » *Je savais que j'avais* encore *des kilomètres à parcourir, mais je ne savais pas combien de temps ça prendrait.*

Fatigué, ma tête commençait à tomber. Quelques minutes seulement s'étaient écoulées depuis que le camion s'était renversé, mais pour moi, ça semblait des heures.

Je n'ai vu personne sur la route. Est-ce que tout le monde dort ? Il ne semble pas trop tard dans la soirée, il est peut-être environ 21 heures.

Ma tête continuait de s'affaisser. En levant les yeux, j'ai remarqué une lumière qui bougeait de haut en bas au loin. *Ça devait être une voiture ! Elle devait venir dans ma direction. Dieu merci, je marchais dans la bonne direction.* Garder les yeux fixés sur la lumière me fatiguait encore plus ; j'avais tellement de mal à garder la tête haute.

Les minutes passent, et la voiture n'est même pas proche. Oh non, la voiture va dans la mauvaise direction pour St. Mary's. Super. Je savais que j'étais fichu si je m'asseyais. Tout ce que je pouvais faire, c'était continuer à marcher, ou plutôt à boitiller. Je n'arrivais pas à lever les yeux, même quand j'ai entendu un moteur devenir plus bruyant. De la poussière s'est envolée derrière un véhicule qui s'est arrêté en crissant près de moi. Le conducteur de la voiture a sauté dehors en criant : « Ça va ? »

Je ne me souviens pas lui avoir répondu. J'étais crevé et j'avais du mal à me concentrer. Il s'est précipité vers moi, m'a attrapé par la taille et les épaules, et m'a aidé à monter sur la banquette arrière de la voiture. Il a claqué la portière, a couru autour de la voiture, a sauté dedans et a pris la direction du Roadhouse. La douleur était atroce, mais le chauffage de la voiture m'aidait à me réchauffer petit à petit.

Après ce qui m'a semblé être une éternité, j'ai reconnu les lumières sur le côté droit de la route. Le bon vieux Roadhouse est apparu. J'avais réussi ! Au moins, j'étais arrivé au Roadhouse. Je me suis affalé sur une chaise dans le couloir. Tout à coup, mes collègues me regardaient fixement. Je devais être dans un état pitoyable. Un policier derrière moi a commencé à me poser toutes sortes de questions.

« Avez-vous bu ce soir ? » m'a-t-il demandé.

« Non, je me suis juste endormi », ai-je répondu d'une voix fragile.

J'entendais les ouvriers chuchoter entre eux. De quoi parlaient-ils ? Je voyais le plombier motard avec sa moustache et sa barbe bizarres parler à Yukon. Derrière moi, deux jeunes femmes qui venaient d'entrer dans le bâtiment me fixaient du regard.

« Quelqu'un va devoir l'emmener à Bethel. Il faut que l'un d'entre nous l'emmène à l'hôpital », a dit un des ouvriers.

Quand j'ai regardé au bout du couloir, j'ai vu et entendu les ouvriers discuter pour savoir qui devait m'emmener à l'hôpital de Bethel, situé à environ 160 km au sud-est.

« Eh bien, je ne vais pas l'emmener », a crié l'un des travailleurs.

Je n'en croyais pas mes oreilles. Ça devait être mon imagination. Yukon s'est approché de moi, s'est penché et m'a chuchoté à l'oreille.

« David, ce n'est pas toi. C'est parce qu'on est tous restés coincés à Bethel pendant plusieurs mois et que personne ne veut y retourner », m'a-t-il expliqué.

Je n'arrivais pas à croire ce que j'entendais. Même si j'étais peut-être en train de mourir, personne ne voulait m'emmener à l'hôpital de Bethel. *Était-*

ce possible ? Après en avoir discuté, là, sur place, j'ai su avec certitude que j'étais en vie, sans aucun doute, mais pour combien de temps encore ? La folie qui m'entourait résonnait dans ma tête. C'était normal. Super.

« Je ne veux pas l'emmener », a dit un autre collègue.

« Hé ! J'ai une idée », a dit un autre collègue. « Tirons à pile ou face. Le perdant devra emmener David à Bethel. »

Oh mon Dieu ! Pourquoi ne pas simplement me sortir et me jeter dans la benne à ordures ? La réalité de la vie dans le bush était dure et cruelle. Apparemment, Yukon a perdu le tirage au sort. Quelle malchance pour lui.

Le temps a filé, et tout à coup, je me suis retrouvé assis à l'arrière d'un Cessna 206. Quelqu'un m'avait enveloppé dans des couvertures. Yukon était assis en face de moi et continuait à me regarder pendant que les deux pilotes roulaient pour décoller. Le moteur a rugi, et j'ai senti l'avion vibrer alors qu'on roulait sur la piste. Tout à coup, on était dans les airs. Yukon m'a souri et m'a assuré que tout irait bien. Trente à quarante minutes plus tard, j'ai enfin pu voir les lumières de Bethel, qui ressemblait à une grande ville comparée à St. Mary's. À l'époque, Bethel comptait environ 3 600 habitants. Elle avait quelques routes goudronnées et même un hôpital. Les lumières blanches, rouges et vertes de la ville sont devenues plus vives dans le cockpit. Quel spectacle ! L'avion a commencé à rebondir à cause des turbulences qu'on rencontrait. On rebondissait de haut en bas, d'un côté à l'autre, et ça faisait mal. Plus on se rapprochait de Bethel, plus ma douleur s'intensifiait. Je tremblais de tout mon corps et mes dents claquaient comme si j'étais gelé.

« Yukon, je crois que je vais mourir. »

« Non, David, tu ne vas pas mourir. On est presque arrivés. Encore quelques minutes, et on va atterrir », m'a dit Yukon avec un sourire chaleureux. Il semblait toujours sourire, même quand il était triste.

« Impossible, je ne vais pas m'en sortir. Impossible », ai-je crié.

On a continué à être secoués. La douleur devenait de plus en plus intense et l'engourdissement disparaissait rapidement. Finalement, j'ai entendu le caoutchouc des roues toucher la piste goudronnée de l'aéroport de Bethel.

Le pilote a roulé jusqu'à un point d'amarrage où un taxi nous attendait. On m'a installé à l'arrière du taxi, à côté de deux hommes ivres, tandis que Yukon s'est assis à l'avant. Le chauffeur de taxi semblait un peu nerveux, mais on a finalement pris la route vers l'hôpital de Bethel. *Bon sang, c'est quoi cette route ?* Le gel à Bethel était terrible. On rebondissait dans tous les sens en suivant les contours de la route. Quelle aventure ! La route était suffisamment cahoteuse pour secouer une personne en bonne santé, alors imaginez une personne blessée comme moi.

« Aïe », ai-je crié. « Ralentis ! »

« Oh oui, j'espère qu'il va s'en sortir », a marmonné le chauffeur de taxi, inquiet. « Oui, roulons plus lentement. »

Le siège semblait dur comme de la pierre. Yukon se retournait de temps en temps pour voir si tout allait bien, tandis que les deux ivrognes devenaient de plus en plus agités, parlant fort, voire criant parfois. Ils articulaient mal, je ne comprenais donc pas ce qu'ils disaient, mais qu'est-ce que ça pouvait me faire ? J'essayais de survivre. J'aurais aimé qu'ils se taisent tous les deux.

J'ai vraiment pas besoin de ça, me suis-je dit. *C'est pas possible.*

Les deux hommes titubaient d'avant en arrière, et l'un d'eux n'arrêtait pas de me bousculer. *C'est quoi ce bordel ? D'abord, la route cahoteuse, et maintenant cette connerie.* Me faire bousculer par deux inconnus ivres. Encore une de ces conneries typiques auxquelles on doit faire face dans la brousse.

« Bon sang ! Arrêtez ! Arrêtez de me bousculer, bande d'imbéciles. Qu'est-ce qui ne va pas chez vous ? » J'étais énervé, mais comme je n'avais pas l'énergie de me défendre, je n'avais d'autre choix que de supporter la situation.

Ils ont continué à se balancer d'avant en arrière en babillant. Ils semblaient plutôt contents de leur comportement. « Une terre sans pitié. » Je suppose que ça inclut aussi les gens. *Tais-toi, grand-père.*

Le long trajet sur la route gelée a finalement pris fin lorsque nous sommes arrivés à l'hôpital de Bethel. Bien sûr, les deux hommes ivres continuaient à parler très fort, à rire et à me bousculer, mais au moins le véhicule s'était complètement arrêté.

Dieu merci. Je vais peut-être pouvoir me soulager. J'espère que l'hôpital a de la morphine. Je me fichais du type de médicaments que je prendrais. Maintenant, j'en voulais beaucoup. Bon sang, j'aurais pris n'importe quoi juste pour échapper à ces salauds d'ivrognes.

Un fauteuil roulant est arrivé à l'arrière du taxi. Le chauffeur avait toujours l'air super stressé, engueulant les deux gars bourrés pendant que je restais coincé dans la voiture. *Oh, mon Dieu, sors-moi de là.* La porte s'est ouverte et j'ai senti l'air glacial de Bethel me frapper la peau. J'ai commencé à trembler encore plus ; la douleur devenait de plus en plus difficile à supporter. En y repensant maintenant, je me rends compte que je devais être en train de sortir lentement de mon état de choc. Chaque partie de mon corps était en proie à une douleur atroce, et j'étais couvert de sang séché, récent et ancien. Quand j'ai enfin été installé dans le fauteuil roulant et poussé à travers les portes de l'hôpital, j'ai ressenti un sentiment de soulagement. Dieu merci, j'avais enfin réussi.

L'hôpital de Bethel semblait être un établissement de soins de taille respectable. Il était probablement équipé pour faire face à la plupart des situations. De plus, l'aéroport de Bethel était équipé pour accueillir des avions à réaction. Maintenant, au moins, je pouvais prendre un avion et rentrer chez moi assez rapidement. *Bientôt !* C'est ce que je pensais. J'ai franchi les portes de l'hôpital et je les ai entendues se refermer derrière moi. On m'a conduit à l'accueil, où une infirmière en uniforme blanc m'a accueilli.

Bon, me suis-je dit, *au moins elle est mignonne.*

Pour faire face, j'ai développé un sens de l'humour bizarre, même dans les situations les plus brutales et les plus sombres. C'était ça ou pleurer. L'infirmière a contourné le bureau et a pris mon pouls et ma tension artérielle. Elle m'a regardé tout en continuant à prendre mes signes vitaux.

« Tu as l'impression que tu vas mourir ? » m'a-t-elle demandé.

« Je ne sais pas, mais je crois que oui. »

Un moment s'est écoulé, puis elle m'a lancé un regard bizarre. *Pourquoi elle me regarde comme ça ? Qu'est-ce qui se passe ? Je suis si mal en point que ça ?*

Elle m'a regardé à nouveau et m'a dit : « David, j'ai une mauvaise nouvelle pour vous. » *Merde !* me suis-je dit. *Je vais mourir ici, à Bethel.*

« David, a dit l'infirmière, on ne peut pas vous admettre dans cet hôpital. » « Quoi ? J'ai une assurance », ai-je dit d'une voix forte.

« Je ne peux pas vous admettre parce que je ne crois pas que vous allez mourir », a-t-elle répondu.

« De quoi tu parles ? Regarde-moi. Je suis dans un état pitoyable. »

« Oui, je sais, mais votre tension artérielle et votre pouls semblent stables pour l'instant. Vous devrez vous asseoir là-bas et attendre que le médecin de la clinique vienne vous aider. »

Quoi ? Qu'est-ce qui se passe ? Un médecin de la clinique ? C'est quoi ce bordel ? lui ai-je crié en retour.

« Hé, écoute. Ne me crie pas dessus. C'est un hôpital autochtone, et à moins d'être sûrs que tu vas mourir, on ne peut pas te prendre », m'a-t-elle expliqué.

« Mais de quoi tu parles ? Chaque minute qui passe me rapproche de la mort. Tu veux dire que tu ne vas pas m'aider ? »

« Hé, ne vous plaignez pas à moi. Écrivez à votre député », m'a-t-elle répondu calmement. « Maintenant, asseyez-vous là-bas et attendez le médecin de la clinique. » Elle est vite devenue désagréable.

D'abord, le tirage au sort. Et maintenant ça ? Je ne peux pas obtenir d'aide. Qu'est-il advenu des droits fondamentaux de l'homme ? Même dans mon état, je ne peux pas obtenir d'aide dans cet hôpital. Je suppose que je n'ai pas assez de sang dans les veines.

Je suis resté assis longtemps sur cette chaise en plastique inconfortable, à attendre le médecin. Ça a dû durer au moins deux heures. Crois-moi, mon esprit ne me jouait pas des tours : il y avait une horloge bien visible devant moi. Bon sang, personne ne m'avait nettoyé. Je saignais toujours, et le sang imprégnait les bandages autour de ma tête et de mon épaule. En séchant, une partie du sang s'est écaillée sur la moquette.

Finalement, j'ai vu un homme au visage aimable marcher vers moi. C'était le médecin de la clinique. Ils m'ont emmené dans une autre partie du même hôpital, où le médecin a essayé de me soigner du mieux qu'il pouvait avec les outils limités dont il disposait. Il m'a fait quelques points de suture sur la tête et m'a bandé la tête comme une momie. Je ne me souviens pas de ce qu'il a fait d'autre pour moi. Je suis sûr qu'il m'a un peu nettoyé, en enlevant du mieux qu'il pouvait le sang séché sur mon visage, mes mains et mes jambes. Il m'a donné des analgésiques, puis m'a envoyé dans une chambre d'hôtel, où j'ai dû attendre le premier vol au départ de Bethel. Les médicaments étaient loin de soulager la douleur. Le message de l'équipage était clair et net : c'était moi qui avais perdu le tirage au sort.

CHAPITRE 12

Sueur froide

« **I**ci », m'a dit le technicien en radiologie.

Je portais une blouse d'hôpital unisexe, sans chaussures ni chaussettes. Le sol était froid. J'ai dû rester debout pendant qu'ils prenaient des photos de ma poitrine.

Tout en restant debout, j'ai utilisé ma main droite pour garder la tête haute. J'en ai parlé au personnel. Ils m'ont dit de ne pas m'inquiéter et qu'ils allaient faire des radiographies de mon cou juste après avoir fini de prendre les photos de ma poitrine.

« Où suis-je ? » ai-je demandé à la personne qui m'aidait. « Suis-je à l'hôpital ?

« Non, c'est à Kamloops », m'a-t-il répondu. « On va t'y emmener dès qu'on aura fini. »

Je lui ai dit que j'avais froid. Il m'a apporté une autre couverture et je me suis endormi. Quand je me suis réveillé, j'étais allongé dans un lit, le bras et la main gauches plâtrés et surélevés au-dessus de mon ventre. En bougeant les yeux, j'ai vu *d'autres personnes allongées dans ce qui semblait être des lits d'hôpital devant moi. Même si j', j'avais du mal à respirer, je souffrais toujours beaucoup et je me sentais extrêmement fatigué. Quand j'ai tourné les yeux vers la droite, j'ai vu une infirmière à côté de moi. Elle m'a regardé et m'a dit que tout irait bien.*

« Qu'est-ce qui est arrivé à ma main ? » ai-je demandé.

« Ils ont dû faire une chirurgie reconstructive », m'a-t-elle répondu.

Après avoir compris que j'étais à Kamloops, au Canada, au Royal Inland Hospital, j'ai dit à l'infirmière que je ne pouvais pas bouger la tête. « Je n'y arrive pas », ai-je dit.

Elle m'a dit que le médecin allait bientôt venir me parler de mes blessures.

LE MATIN EST ENFIN ARRIVE. Yukon m'a aidé à me lever de ma chaise. On a ensuite attendu dans le hall qu'un taxi vienne nous chercher pour nous conduire à l'aéroport de Bethel. La douleur de la nuit précédente était toujours intense, et le sang et les bandages imbibés me rendaient encore plus mal à l'aise. Fatigué et souffrant, mes pensées étaient dispersées.

L'air froid m'a frappé comme une tonne de briques lorsque nous sommes sortis de l'hôtel pour nous diriger vers le taxi. *Oh, bon sang, il fait un froid glacial. Il fait tout simplement trop froid pour moi.* Je me suis dirigé vers le taxi et tout ce que je voyais, c'était de la neige et de la glace.

« Tout ira bien », m'a dit Yukon avec son sourire habituel.

Je ne pense pas que ça va aller, me suis-je dit, *surtout si je dois monter dans ce taxi et faire un long trajet pénible jusqu'à l'aéroport.*

La route était suffisamment accidentée pour tuer une personne en bonne santé. Yukon a ouvert la porte arrière et, à mon grand soulagement, j'ai pu disposer de toute la banquette arrière pour moi tout seul. Le chauffeur n'était pas pressé, donc le trajet n'a pas été trop pénible, et il n'y avait pas d'ivrognes pour me malmener. Yukon a eu la gentillesse de rester avec moi et de m'accompagner jusqu'à l'avion qui me ramènerait chez moi. J'ai toujours eu beaucoup de respect pour Yukon, et je lui serai toujours reconnaissant pour ce qu'il a fait pour moi.

J'ai finalement embarqué dans l'avion. J'ai eu du mal à m'installer dans mon siège et à attacher ma ceinture. J'étais content d'avoir des analgésiques, même si j'aurais préféré de la morphine ou un autre médicament plus puissant. À ce moment-là, j'aurais adoré être assommé, ça aurait été génial.

Les moteurs à turbine ont atteint leur vitesse de croisière et étaient prêts pour le décollage. Je pouvais sentir les vibrations de l'avion alors qu'il quittait la piste. J'étais en route pour la maison.

La douleur était incroyable, mais peut-être que maintenant j'aurais la chance d'avoir de la morphine ou un autre médicament pour soulager la douleur. Épuisé par toute cette épreuve, je n'arrivais pas à dormir dans l'avion pour une raison quelconque.

Je n'arrêtais pas de me demander *pourquoi ma vie était si bouleversée.* J'ai passé en revue ma vie, mes réussites et mes échecs. À ce moment-là, je n'avais que dix-huit ans et je me sentais déjà vieux et usé.

Je sais que la brousse est magnifique et qu'elle représente un mode de vie pour beaucoup, mais c'est une vie difficile. Et je ne pensais pas être assez fort pour en supporter davantage. J'ai un immense respect pour tous ceux qui vivent dans ces conditions. Mais si j'avais le choix, je préférerais de loin les petites choses, les soins médicaux d'urgence et le confort de base à une vie hors réseau. C'est peut-être juste moi, mais je pense que n'importe qui serait énervé si on lui refusait des soins médicaux, peu importe la raison.

Est-ce que je vais toujours galérer dans un endroit où je ne veux pas être et où je n'ai jamais eu l'intention de vivre ? Est-ce que ça va toujours être comme ça ? Si j'ai la chance d'avoir des enfants, est-ce que je vais rater la majeure partie de leur vie à cause du boulot ? Est-ce qu'ils seront exposés à ce genre de vie ? Je savais que je devais changer quelque chose, mais je ne savais pas comment à l'époque. Sans compter que j'étais blessé, ce qui me ralentissait.

J'avais du mal à réfléchir.

J'étais tellement épuisé. Je dois essayer de dormir. Des médicaments, j'ai besoin de plus de médicaments.

Les roues de l'avion ont crissé en touchant l'asphalte de l'aéroport international d'Anchorage. En descendant de l'avion, j'ai commencé à perdre foi en l'humanité. C'était incompréhensible de devoir supporter une telle humiliation et un comportement aussi honteux. Même si je savais que la plupart des gens étaient bons, être témoin de la cruauté dont les êtres humains sont capables est déjà assez dur en soi, alors imagine quand on est blessé. J'étais furieux de toute cette histoire. Je n'ai rien dit à mon beau-père jusqu'à ce qu'on monte dans sa voiture.

« Tu aurais pu te faire tuer », m'a dit mon beau-père quand il m'a vu.

Épuisé, j'ai répondu : « On s'en fiche, ça change quoi ? »

Je ne lui ai jamais raconté ce qui m'était arrivé, car je savais qu'il ne voulait pas l'entendre. Il avait déjà ses propres problèmes à gérer, et mes blessures ne faisaient qu'ajouter un fardeau supplémentaire.

Ce n'est que plus tard que j'ai appris par le chauffeur de taxi qui m'avait pris en charge que je marchais dans la mauvaise direction, loin du Roadhouse. Super, me suis-je dit. Comment ai-je survécu à ça ? Quelqu'un là-haut devait me jouer un mauvais tour.

J'ai finalement pu voir un médecin. Les radiographies de mon bas du dos ont révélé une légère fracture. Comme la blessure d'un joueur de football, m'a-t-il dit, c'était juste une petite fissure quelque part dans le bas du dos. « Vous allez guérir et vous remettre de cette blessure. »

Mon épaule droite était incrustée de gravier après avoir glissé sur la route non goudronnée. La chair était presque réduite à l'os, laissant une entaille circulaire de 12 cm. Le médecin ne pouvait rien faire pour moi, à moins que je ne sois intéressé par une greffe de peau, c'est-à-dire qu'on prélève de la peau de mes fesses pour la greffer sur ma plaie ouverte, ce qui, m'a-t-il prévenu, serait beaucoup plus douloureux que ce que je ressentais actuellement.

« Pas question », ai-je répondu.

La seule chose qu'ils pouvaient faire, c'était me bander. Deux fois par jour, je devais retirer la gaze imbibée de sang, nettoyer la plaie, puis mettre une nouvelle gaze.

En plus, je m'étais fait une grosse entorse à la cheville droite. « T'aurais mieux fait de te la casser. C'est beaucoup plus facile à soigner », m'a dit le docteur. « On va te mettre une attelle et tu vas devoir utiliser des béquilles pendant un moment. »

La guérison a été super pénible, car chaque fois qu'ils retiraient la gaze et vaporisaient de l'eau oxygénée, je sautillais dans la maison à cause de la douleur. Ce n'était vraiment pas marrant.

À cette époque, mon beau-père travaillait sur plusieurs logements sociaux dans la région d'Iliamna. Je n'ai pas fait le rapprochement quand il m'a parlé des villages d'Iliamna. C'était la région où on allait pêcher et chasser quand on a déménagé en Alaska. À l'époque, je ne savais pas qu'il y avait des villages autochtones dans cette région.

Mon beau-père traversait une période difficile et a décidé de construire au début de l'hiver. Construire en hiver, c'est super risqué, surtout dans des villages isolés.

À ce moment-là, j'entendais plein d'histoires sur le mauvais temps et le moral en berne. Il avait besoin d'aide, alors un peu plus d'une semaine après mon accident, j'ai commencé à bosser à l'aéroport international d'Anchorage. Boitant avec une cheville foulée et un gros trou dans l'épaule, je préparais le matos pour les travaux, en comptant le bois et les autres matériaux de construction nécessaires pour ces projets.

Super, me disais-je. *C'est quoi ce bordel ? Je n'ai même pas encore commencé ma convalescence et je dois déjà travailler, mais j'aimais cet homme ; je voulais désespérément l'aider.*

Un soir, alors que j'étais allongé dans mon lit, j'ai entendu mon beau-père dire que quelqu'un était décédé et qu'il devait transporter le corps d'Anchorage à Kotzebue. Un des pilotes lui a dit que lorsqu'on transporte un corps dans un avion à haute altitude, on peut l'entendre gémir et grogner parce que les poumons se dilatent et se contractent lorsque l'avion change d'altitude.

Un jour, au boulot, mon oncle est venu me voir et m'a dit qu'on devait faire quelque chose. Il ne m'a pas dit quoi. En sortant du hangar, j'ai vu le bimoteur 402 de mon beau-père sur le tarmac. On s'est dirigés vers l'avion.

« Qu'est-ce qui se passe ? » ai-je demandé.

Il m'a dit qu'on devait charger un avion. Il n'y avait pas de cartons autour de l'avion et rien n'était visible, alors je lui ai reposé la question. Qu'est-ce qu'on charge ? Il m'a regardé et m'a dit qu'on devait attendre un corbillard parce qu'on allait aider à charger un cercueil dans l'avion.

« Mais qu'est-ce que c'est que ça ? » me suis-je exclamé. « Je ne veux pas être mêlé à ça. »

L'instant d'après, un corbillard s'est arrêté et s'est garé près de la porte de l'avion. Deux hommes en costume sont sortis du corbillard, ont ouvert la porte arrière et ont commencé à faire glisser un cercueil à l'extérieur. Mon oncle et moi étions terrifiés. Nous nous sommes placés d'un côté du cercueil, les deux autres hommes se sont placés de l'autre côté, et nous avons porté le cercueil jusqu'à l'avion.

Mon oncle m'a regardé avec un visage impassible pour me calmer. « Relax, c'est la chose la plus propre que tu aies touchée de toute la journée », m'a-t-il dit.

Je suis presque sûr qu'il était aussi nerveux que moi et qu'il essayait de dédramatiser une situation stressante. Lorsque nous avons soulevé le cercueil pour le glisser entre les doubles portes, la tâche est devenue plus stressante car il ne rentrait pas à l'intérieur. Nous avons essayé plusieurs fois, mais il ne rentrait pas. Il n'y avait qu'une seule façon de le faire rentrer. Le croque-mort nous a nerveusement demandé d'incliner le cercueil sur le côté.

En le faisant pivoter, on pouvait sentir et entendre le corps rebondir à l'intérieur de la boîte pendant qu'on poussait et tirait pour le faire entrer dans l'avion. Il a fallu un certain temps pour faire passer le cercueil entre les portes et le mettre dans l'avion. Une fois qu'on a enfin réussi à le mettre dans l'avion et à le positionner, on a dû le faire pivoter pour qu'il soit à l'endroit. Oh mon Dieu, je me suis senti tellement mal quand le corps s'est renversé. Tout ça a été traumatisant pour tout le monde, y compris les deux croque-morts. J'ai vu le chef croque-mort se mettre à transpirer à grosses gouttes. Il a sorti son mouchoir blanc pour s'essuyer le front avant de rouvrir le cercueil pour redresser le corps et retoucher le maquillage. Tout ça m'a bouleversé. Ça a donné un nouveau sens à l'expression « cercueil volant ».

Vu ce que j'avais vécu, je me suis dit que ça aurait pu être moi qui gisais dans ce cercueil, secoué dans tous les sens. Bon sang, c'est de la folie. J'avais l'impression de perdre la tête. Puis j'ai pensé qu'une fois arrivés à destination, ils allaient devoir sortir le cercueil de la même manière qu'on l'avait mis. Bon sang, ils vont devoir redresser le corps et refaire le maquillage. Pour autant que je sache, le corps est arrivé à destination, mais j'avais besoin de passer à autre chose et d'oublier tout ce que j'avais vécu. Je suis retourné au boulot, en essayant de garder tout ça enfoui au fond de moi et de ne pas laisser ça détruire ma vie.

Le temps passait très lentement, mais ça n'a pas dû prendre plus de deux semaines avant que mon beau-père vienne me voir.

« J'ai trouvé Dirty Harry, m'a-t-il dit. J'ai besoin que tu m'accompagnes pour le chasser. »

Dirty Harry, c'était le surnom d'un gros ours brun qu'il voulait chasser depuis des années. Pour lui, c'était le roi des ours, et il le voulait.

« De quoi tu parles ? ai-je demandé. Même si je travaille, je suis à peine capable de fonctionner.

« On doit l'attraper », a-t-il insisté avant de quitter ma chambre.

Qu'est-ce que je vais faire ? C'est une blague ? On attend de moi que je parte à la chasse tout de suite ? C'est dingue.

J'étais sous le choc et super déprimé. *Quelle vie est-ce que j'ai ?*

Je n'arrêtais pas de me poser cette question. J'avais l'impression que tout l'univers détestait mon existence.

CHAPITRE 13
Col du lac Clark

Dès que j'ai lentement ouvert les yeux, j'ai vu une personne en blouse blanche debout à ma gauche.

« Bonjour, je suis votre médecin », m'a-t-il dit.

Comme je ne pouvais toujours pas tourner la tête, j'ai dû tourner les yeux vers le bas et vers ma main gauche.

« Qu'est-ce qui est arrivé à ma main ?

« Vous vous êtes cassé la main, j'ai dû recoller les os et mettre des broches », m'a-t-il répondu.

Je lui ai dit que j'avais du mal à respirer.

« Oui, et ça va durer un moment parce que tu t'es cassé des côtes. »

« Combien de côtes ai-je cassées ? »

Il m'a dit qu'il y en avait tellement qu'ils n'avaient pas pris la peine de les compter. Oh mon Dieu. C'est pas bon signe !

Il m'a aussi dit que j'avais les deux mollets écrasés et le foie lacéré. Je lui ai dit que je ne pouvais pas bien bouger la tête.

« J'ai besoin de mes deux mains pour bouger ma tête d'avant en arrière », lui ai-je expliqué.

« Eh bien, c'est parce que tu as eu un accident de voiture très violent », m'a-t-il répondu, sans sembler s'en inquiéter.

Je lui ai rappelé que j'avais été dans l'autre hôpital, et il m'a répondu : « Oui, c'était le centre de traumatologie où vous avez d'abord été envoyé, et ils ont fait des radiographies de votre cou, et tout allait bien. »

Mais qu'est-ce qui se passe ? me suis-je demandé après le départ du médecin.

Je me demandais sans cesse si je m'en remettrais complètement et, si oui, comment je gagnerais ma vie. Sous le stress et toujours en proie à la douleur, j'ai finalement demandé plus de morphine. En fermant les yeux, j'ai aperçu une route sombre devant moi et une énorme remorque qui glissait sur le côté vers moi.

MON BEAU-PERE AVAIT PREVU de nous emmener en avion à la cabane de chasse près du lac Iliamna dans le même hydravion blanc et vert qu'il utilisait au nord du cercle arctique. Peu de temps après m'avoir dit qu'on allait chasser, il avait déjà chargé l'avion et attendait que le temps s'améliore. Il avait retiré les flotteurs et transformé l'avion en un appareil à train classique, ce qui lui permettait de décoller et d'atterrir sur des terrains accidentés.

Je me souviens que mon beau-père m'avait expliqué qu'il avait installé des pneus plus gros sur le 185 pour pouvoir atterrir sur du sable et d'autres surfaces, et qu'il avait relevé l'hélice pour qu'elle soit plus haute par rapport au sol. À cause du terrain accidenté, c'est super important que l'hélice soit plus haute, car elle peut parfois toucher le sol pendant le décollage ou l'atterrissage, ce qui pourrait abîmer les pales. Être secouru en pleine nature peut prendre beaucoup de temps, voire être impossible, à cause de problèmes mécaniques ou d'autres incidents, ce qui peut faire la différence entre la vie et la mort. Les équipes de recherche et de sauvetage devraient voler dans les mêmes conditions météo et passer par les mêmes cols que toi, et elles pourraient devoir retarder les recherches de plusieurs heures ou jours jusqu'à ce que le temps s'améliore.

Notre destination serait longue et risquée à cette période de l'année à cause des conditions météo imprévisibles. On devait traverser le col montagneux et accidenté de Lake Clark, l'un des plus dangereux à cette période de l'année. Il est situé à 284 miles au sud-ouest d'Anchorage, sur la péninsule d'Alaska, et constitue la porte d'entrée du parc national et de la réserve de Katmai. Cette région est l'un des meilleurs endroits en Alaska pour observer les grizzlis dans leur habitat naturel. Et c'est là que se trouvait la maison de Dirty Harry.

Le jour où on devait prendre l'avion pour notre destination, il faisait froid, le ciel était nuageux et pluvieux, avec des rafales de vent violentes, ce qui me rendait très nerveux.

Super, me voilà, essayant de me remettre de mon accident avec une plaie ouverte, et on vole au début de l'hiver à travers un col de montagne dangereux qui va probablement connaître des turbulences modérées à sévères. Maintenant, je vais être secoué dans un avion.

En plus de ça, on savait toujours pas si le col serait ouvert quand on arriverait à l'entrée, parce que le temps pouvait empirer et le fermer. Les cols peuvent être difficiles à traverser en avion, car ils peuvent se fermer rapidement pendant le vol. Les nuages peuvent soudainement te cacher la vue sur les montagnes et toute la vallée, désorientant les pilotes et les amenant parfois à s'écraser dans les montagnes. Non seulement tu dois te méfier des nuages, mais il peut aussi y avoir des voiles blancs, c'est-à-dire que la neige est si dense que tu ne vois plus rien devant toi, ce qui a le même effet que la couverture nuageuse. La neige ou le grésil peuvent facilement se fixer sur le dessus des ailes, des hélices et d'autres surfaces, formant de la glace qui réduit la portance et fait décrocher l'avion. En gros, l'avion tombe du ciel. L'accumulation de glace sur les hélices en rotation peut provoquer des vibrations du moteur et réduire sa puissance. Heureusement pour nous, l'avion de mon beau-père avait un système de dégivrage sur le bord d'attaque des ailes et de l'hélice, mais ça ne garantissait pas qu'on s'en sorte.

Un autre élément dangereux est le vent fort, en particulier les courants ascendants et descendants qui s'échappent des montagnes. Lors de l'approche de l'aéroport pour atterrir, des pilotes se sont écrasés sur la piste à cause de courants descendants extrêmes provenant des montagnes environnantes.

Ouais, il y avait donc plein de raisons d'être nerveux à propos de ce vol.

En Alaska, les accidents d'avion mortels dépassent la moyenne nationale. Les pilotes doivent constamment évaluer la météo et le terrain, surveiller les autres avions dans la zone et contrôler leur vol, leur carburant, la température du moteur, la pression d'huile, le régime moteur et les zones d'atterrissage d'urgence. Ils doivent aussi penser à la sécurité des personnes à bord et avoir un plan de sortie au cas où le temps se gâterait.

Les pilotes doivent mettre leur ego de côté avant de monter à bord d'un avion. Comme mon instructeur de vol me le disait souvent : « En cas de doute, ne le fais pas. » Il avait collé cette note sur toutes les consoles de ses avions.

Pendant le vol, j'ai essayé de me changer les idées en repensant à quand on passait au-dessus du col Lake Clark quand j'étais plus jeune pour aller pêcher et chasser dans la région d'Iliamna. Je me suis souvenu des bons moments passés à attraper du saumon, de la truite, du dolly varden et de l'ombre.

Avant de partir à la pêche ou à la chasse, on préparait généralement l'avion la veille en chargeant le matériel et en vérifiant le moteur. J'avais le privilège de faire le plein de l'avion à l'aide d'une pompe manuelle. Le 185 pouvait contenir environ 80 gallons, soit 480 livres, de carburant. Je devais actionner le levier 25 fois pour chaque 5 gallons. Un cycle consistait à tirer la poignée vers le bas puis à la repousser vers le haut. Il fallait environ 425 cycles pour faire le plein de l'avion. Une salle de sport ? Quelle salle de sport ? J'avais mon propre centre de remise en forme privé en plein air. Parfois, je lavais et cirais l'avion, y compris le dessous ; je m'allongeais sur le dos et nettoyais la suie noire et granuleuse provenant du moteur. Il fallait du temps et beaucoup d'huile de coude pour nettoyer la saleté. J'utilisais un produit chimique spécial qui pouvait dissoudre la suie incrustée. Je ne me souviens plus du nom du produit, mais j'aimais bien l'utiliser parce qu'il sentait le chewing-gum. Ensuite, je cirais tout le dessous de l'avion. En plus de nettoyer l'avion, j'aidais à faire plein de trucs de maintenance et de prévol, comme vérifier s'il y avait de l'eau dans le carburant, inspecter l'huile et vider l'eau des flotteurs. Les flotteurs étaient en super état, donc il y avait peu d'eau à gérer. C'était un super avion.

Le lendemain matin, on se levait à 3 heures et on décollait à 5 heures en regardant le soleil se lever sur les montagnes Chugach, ce qui était assez incroyable. On habitait au pied de ces montagnes, à Anchorage. Par temps clair, on avait une vue à 360 degrés sur les chaînes de montagnes environnantes. Depuis le sud-ouest, on pouvait voir le début du col qu'on allait traverser. On pouvait même regarder vers le nord et voir les chaînes de montagnes menant au mont McKinley, qui a été rebaptisé mont Denali, puis qui est redevenu mont McKinley.

Situé à environ 386 km au nord d'Anchorage, c'est le plus haut sommet d'Amérique du Nord, avec une altitude de 6 194 mètres au-dessus du niveau de la mer. On habitait sur une colline à environ 213 mètres au-dessus de la ville, ce qui était sympa car ça nous permettait de voir les conditions météorologiques depuis un point de vue surélevé.

À mon avis, le col Lake Clark est l'un des plus beaux endroits d'Alaska et peut-être la zone de pêche et de chasse la plus productive de l'État. L'entrée du col se trouve à environ 193 km au sud-ouest d'Anchorage, et le col lui-même s'étend sur environ 113 km.

Le terrain accidenté comprend des montagnes telles que le mont Redoubt, le mont Iliamna et le mont Spurr, chacune culminant à plus de 3 000 mètres. De nombreuses montagnes sont enneigées tout l'été, y compris de nombreux glaciers. Certains glaciers ont une teinte bleu profond, tandis que d'autres ont une couleur sale et crasseuse causée par les débris rocheux qui descendent le glacier en stries.

Quand le soleil brille et qu'il n'y a pas un nuage dans le ciel, l'Alaska est l'un des endroits les plus incroyables que tu aies jamais vus sur terre. Tu n'en crois pas tes yeux quand tu survoles les sommets et les vallées, que tu vois comment le soleil illumine tout et que les couleurs éclatantes apparaissent. C'est paradisiaque et ça te fait te sentir si bien d'être en vie et enthousiasmé par ce que la journée te réserve.

Mon beau-père aimait voler haut dans le col Lake Clark. La splendeur de la nature et toute sa beauté, les montagnes escarpées couvertes de neige, les vallées, les cascades, l' e et les rivières, tout ça est à couper le souffle. Tu vois la création et la nature à leur meilleur.

Vers la fin du col, le premier des grands lacs que nous survolons est le lac Clark, long de 65 km, niché dans la vallée entre les montagnes. Il se trouve à environ 50 km au nord du lac Iliamna et à environ 160 km au sud-ouest d'Anchorage.

Une fois qu'on a dépassé le lac Clark et franchi le col, le lac suivant qu'on survole est le lac Iliamna, le plus grand lac d'Alaska et le septième plus grand des États-Unis. Il fait environ 2 500 km², mesure 124 km de long, 35 km de large et a une profondeur de 300 mètres. Je l'ai vu comme un repère, car je savais qu'on allait bientôt pêcher dans les rivières. Le lac Iliamna produit les plus importantes prises de saumon rouge, plus que n'importe quel autre lac au monde.

Une fois arrivés à l'une des grandes rivières, on a pu admirer un spectacle encore plus impressionnant de la création divine. Alors que le soleil brillait à travers les hublots de l'avion, volant à environ 300 à 500 pieds au-dessus de la rivière, on pouvait voir des rangées et des rangées de gros saumons couchés des deux côtés de la rivière. Voir des millions de saumons remonter les rivières pour frayer est un spectacle incroyable.

On a tourné en rond, à la recherche d'un endroit où atterrir sur la rivière. Lorsqu'ils atterrissent sur une rivière, les pilotes doivent être super vigilants pour éviter les troncs d'arbres, car en heurter un pourrait transformer une belle journée en une très mauvaise journée. On a fait plusieurs fois le tour pour repérer le gros gibier et vérifier s'il y avait des ours dans les environs. À ce moment-là, on a aperçu un ours en aval, donc il fallait voler un peu plus loin de lui. Même si tu t'éloignes des ours repérés, ils peuvent quand même parcourir jusqu'à 65 kilomètres par jour, donc tu dois toujours être sur tes gardes. C'est pour ça qu'en Alaska, il est obligatoire d'avoir une arme pour ta sécurité. On avait généralement un fusil .300 Magnum ou .458. On voulait toujours un truc gros et puissant pour notre sécurité, même si on allait juste pêcher, pas chasser. Crois-moi, c'est pas pour le sport, c'est juste pour se défendre.

J'ai toujours espéré que les animaux ne viendraient pas sur notre site pour essayer de voler nos poissons ou nous attaquer. On devait faire attention à la faune sauvage, car on pêchait sur leur territoire. En plus de faire attention aux ours, on devait aussi faire g e pour repérer les grands élans ou les troupeaux de caribous qui entraient dans notre zone. Ils pouvaient avoir des petits avec eux, ce qui les rendait plus dangereux. On pouvait même croiser un glouton. Ces animaux sont féroces et peuvent vous mettre en pièces. Mais malgré ces dangers potentiels, c'était très amusant, surtout quand on savait qu'on allait attraper beaucoup de saumons.

Il faut avoir le bon équipement pour attraper du saumon. Les saumons sont gros et peuvent peser jusqu'à vingt-cinq kilos, selon l'espèce. Le saumon rouge ou rose pèse entre deux et huit kilos. Et c'est beaucoup plus difficile d'attraper du poisson dans les grandes rivières à fort courant. Tu dois tenir compte du courant supplémentaire que les saumons utilisent pour t'échapper. C'est l'une des nombreuses raisons pour lesquelles il faut utiliser des cannes à pêche et des moulinets de haute qualité et très résistants. Les modèles bon marché ont tendance à se casser, et tu ne veux pas que cela se produise alors que tu es au milieu de nulle part.

En général, j'utilisais une ligne monofilament de 18 livres pour le saumon. C'était la ligne qui me convenait le mieux. Si j'utilisais une ligne plus légère, je perdais souvent beaucoup de leurres en cassant la ligne sur des troncs d'arbres ou des rochers. À l'inverse, si j'utilisais une ligne plus lourde, de 20 livres ou plus, je ne pouvais pas lancer aussi loin que je le voulais, ce qui m'énervait.

Ça m'énervait de voir des gens utiliser des lignes plus lourdes et des leurres plus gros. Je trouvais ça injuste pour les poissons. À quoi ça servait ? On appelle ces pêcheurs des « pêcheurs de viande ». Ils ne s'intéressent qu'à la viande, sans se soucier des poissons et des dégâts qu'ils peuvent causer s'ils les accrochent. Malheureusement, j'ai vu ça plein de fois.

Les leurres que j'aimais utiliser pour pêcher, y compris l'ombre, étaient des leurres flashy rouges et blancs d'un côté. L'autre leurre que je voulais utiliser était un leurre chromé flashy, avec un milieu rouge, rose ou vert qui ressemble à des œufs de truite. Selon l'endroit où on pêchait ou ce qu'on pêchait, on n'avait pas le droit d'utiliser de vrais œufs de saumon ou de truite pour attraper certains poissons. C'était illégal.

Mon beau-père respectait toujours les lois sur la pêche et la faune. On suivait toujours la loi et on avait toujours sur nous un permis de pêche valide au cas où les agents de la faune nous le demanderaient. Il m'a appris que c'étaient des gens super qui parcouraient l'État pour s'assurer que tout le monde respectait les règles concernant la faune. Et ils étaient partout. Tu es au milieu de nulle part, tu penses qu'il n'y a personne à des kilomètres à la ronde, mais détrompe-toi, un agent peut te surprendre n'importe où.

Mon beau-père était super consciencieux en matière de conservation de la faune sauvage. Il m'a appris les avantages de la pêche avec remise à l'eau. Il disait toujours que si tu remets le poisson à l'eau, tu pourras peut-être le attraper à nouveau, ou quelqu'un d'autre pourra le faire. Si les gens continuent à les attraper sans les relâcher, il n'y aura plus de poissons.

« Ne gaspille pas la viande, mange-la en entier ou donne-la à des banques alimentaires », disait-il.

Le saumon qu'on allait attraper allait être mangé, donc on pouvait garder notre quota cette fois-ci.

La plupart des gens portaient des cuissardes en caoutchouc étanches pour pêcher dans les rivières et les lacs. Ça permettait aux pêcheurs de se déplacer dans l'eau et d'échapper aux arbres et aux buissons qui entourent de nombreux cours d'eau. Les cuissardes sont indispensables, surtout dans un hydravion, pour pouvoir monter ou descendre des flotteurs jusqu'au rivage sans se mouiller les pieds. Ce qui est cool avec ces bottes, c'est qu'on peut les rouler sous les genoux quand on est dans l'avion ou le bateau, et quand on en a besoin, on peut les remonter jusqu'aux hanches et les attacher à la ceinture. Je n'ai jamais eu de cuissardes isolantes, mais parfois, j'aurais aimé en avoir, vu l'eau était super froide. Quand on patauge dans l'eau pendant des heures, c'est pas facile de rester au chaud.

Un autre danger, c'est que si tu t'enfonces trop dans une rivière avec un courant rapide, tu peux facilement perdre l'équilibre et être emporté par le courant. Si tes bottes se remplissent d'eau, tu risques davantage de te noyer, donc tu dois faire gaffe. Quand on a déménagé en Alaska, j'ai découvert ce danger lors de ma première chasse à l'oie près d'une petite ville appelée Yakutat, située à environ 600 km au sud-est d'Anchorage, au début de la péninsule. C'est une région pleine d'ours, de sables mouvants et de rivières glaciaires.

Mon beau-père avait tiré sur une oie qui était tombée du ciel à environ 50 mètres. Il a dû me laisser seul quelques minutes pour aller chercher son oie et m'a dit de ne pas bouger. Pendant ce temps, des oies se sont posées sur la rivière glaciaire qui coulait vite à côté de moi. J'ai tiré et j'ai touché une oie, mais je ne l'ai pas tuée. La rivière a poussé l'oie vers un petit banc de sable à environ 15 mètres devant moi, où elle a continué à se débattre. J'étais tellement fier de mon tir que je ne voulais pas que l'oie retombe dans la rivière, car je l'aurais perdue si ça avait été le cas. Je ne voulais pas décevoir mon beau-père, alors j'ai bêtement décidé de me frayer un chemin dans la rivière tumultueuse, qui s'est avérée beaucoup plus profonde que je ne l'avais imaginé.

Je suis soudainement tombé dans la rivière glacée et mes bottes se sont tout de suite remplies d'eau. J'ai essayé de garder la tête hors de l'eau, mais elle s'est retrouvée sous l'eau plusieurs fois. J'ai utilisé mon tout nouveau fusil de calibre .410 pour ne pas me noyer, me pousser vers le haut et rouler hors de la rivière après avoir réussi à atteindre le banc de sable. J'ai perdu mon fusil et je me suis allongé sur le dos, remerciant Dieu d'avoir survécu. J'avais frôlé la noyade et l'hypothermie. À onze ans, j'ai dû réfléchir à mes actions stupides et ignorantes qui m'avaient mis en danger. La fierté m'est venue à l'esprit. C'est la fierté qui m'a presque coûté la vie.

Quand mon beau-père est revenu avec son oie, il m'a vu trempé et gelé, allongé sur le banc de sable près de l'oie que j'avais abattue. Il fallait maintenant retourner sur la terre ferme. Je marchais derrière lui, m'agrippant à sa ceinture dans la rivière glacée. L'eau de la rivière montait juste en dessous du haut de ses cuissardes alors qu'on glissait sur les rochers. C'était une situation risquée. Il n'a jamais haussé le ton ; je voyais bien qu'il était contrarié, mais il ne montrait aucune émotion. Ayant appris très tôt la leçon de l'instinct de conservation, j'ai appris à prendre des précautions.

Attraper ces gros saumons dans la rivière au courant rapide était super excitant. Tout le monde avait des poissons au bout de sa ligne, et on les attrapait comme des mouches. On a tous atteint notre quota assez rapidement, alors on a continué à les attraper et à les relâcher dans la rivière tout au long de la matinée. C'était cool parce qu'il y avait tellement de saumons d' s que quand on remontait le leurre, on pouvait vraiment le sentir cogner sur le poisson.

Heureusement, je n'ai accroché qu'un ou deux saumons ce jour-là. Je n'aime pas accrocher les saumons ou tout autre poisson de ce genre, car si le leurre s'enfonce dans le flanc du poisson, il peut être difficile de le retirer sans l'abîmer. Je n'aimais pas faire de mal aux poissons, surtout si on devait les remettre à l'eau.

Une fois qu'on avait tous fait le plein de poissons, on décollait et on volait vers un autre endroit en passant par un autre col entouré de grandes montagnes escarpées. Il atterrissait près de l'embouchure du lac, remarquable par son éclat bleu glacé, qu'il savait être plein de dolly varden et de truites. Je préférais utiliser une ligne de huit livres pour ces poissons plus petits, mais souvent, j'utilisais une ligne de six livres. C'était amusant de me lancer le défi de les attraper sans casser la ligne.

Lors d'une de nos excursions, on a vu un porc-épic près de l'embouchure de la rivière. Je l'ai surveillé attentivement pendant que je pêchais. Il avait un gros corps et ressemblait à une boule ronde et pointue. Je sais que les mâles peuvent peser jusqu'à trente livres, et celui-ci était plus lourd que ça. Je pouvais voir les grandes épines acérées de cet animal, ce qui m'a surpris car je pensais que leurs épines étaient beaucoup plus petites. Il continuait à se promener dans l'herbe et sur le rivage, assez près de nous. Il ne semblait pas trop inquiet de la présence d'êtres humains dans son habitat. C'était tellement cool d'en voir un de si près.

Je me suis éloigné d'une vingtaine de mètres de l'embouchure de la rivière et j'ai lancé ma ligne dans le lac. Il n'a pas fallu longtemps avant que nous commencions tous à attraper des poissons. On aurait dit que tout le monde attrapait des Dolly Varden. Les gens criaient avec enthousiasme : « J'ai un poisson ! » Complètement satisfait, j'ai gardé un de ces poissons et j'ai relâché les autres dans le lac. Et pourquoi pas ? Parce que mon but était d'attraper un gros ombre. C'est ce que je voulais, et je savais qu'on avait encore un endroit où aller qui était plein d'ombres et de truites. Je ne me souviens pas combien de temps on est restés sur ce lac, mais on aurait dit que seulement trente minutes s'étaient écoulées avant qu'on saute tous dans l'avion pour notre prochaine destination.

Au moment du décollage, je ne pouvais m'empêcher de penser à la beauté de cette région et à la diversité de son relief, avec son mélange de rivières, de montagnes, d' s d'arbres et de plaines. Quelle chance d'être en vie à une époque aussi incroyable ! Nous avons pris de l'altitude et nous nous sommes stabilisés. En survolant ce col, nous avons vu les montagnes dépasser la hauteur de l'avion. Je dirais qu'on était à moins de 300 mètres du sol. Une fois sortis du col, on a rapidement aperçu la rivière sur laquelle on allait atterrir.

Après avoir rassemblé notre matériel de pêche, nous avons marché un peu à travers les arbres en suivant un méandre de la rivière vers la gauche. J'étais prêt à commencer et j'avais le matériel et la canne adaptés à ce type de pêche. À ma grande joie, des ombres et des truites sautaient partout dans la rivière. J'ai attrapé quelques truites, mais ce n'étaient pas les grosses que je recherchais. En Alaska, les grosses truites peuvent peser jusqu'à dix kilos, mais malheureusement, celles-ci pesaient entre cinq et sept kilos. J'ai décidé de ne pas les garder, car je savais que je reviendrais un jour, alors je les ai remises à l'eau. D'autres pêcheurs attrapaient des truites plus grosses que les miennes, mais ça ne m'a pas découragé, car je cherchais un gros ombre commun.

L'ombre, qui peut atteindre 60 cm de long et peser environ 2,5 kg, est probablement l'un de mes poissons préférés après la truite, car c'est un sauteur avec une grande et belle nageoire dorsale, et c'est très amusant à pêcher. Et, bien sûr, l'ombre est vraiment bon à manger.

J'ai continué à lancer ma ligne là où ils sautaient. Finalement, j'ai attrapé des ombres. Les deux premiers étaient petits, mais ils étaient quand même beaucoup plus gros que ceux que j'avais attrapés auparavant près d'Anchorage et au lac de la cabane. Je les ai remis à l'eau, dans l'espoir d'attraper un poisson plus gros. Finalement, un beau et gros poisson a mordu à mon hameçon. C'était un sauteur, qui s'agitait dans tous les sens à la surface de l'eau, donc c'était difficile de garder la ligne tendue. Quand je l'ai attrapé, j'ai vu que c'était le plus gros ombre que j'avais jamais attrapé à ce moment-là, environ trois livres et entre seize et dix-huit pouces de long. Il n'était pas aussi gros que celui que mon beau-père avait attrapé, mais peu importe sa taille, j'ai adoré attraper ce poisson, donc je l'ai gardé.

J'ai pris plaisir à me remémorer ces moments passionnants passés à pêcher sur les lacs, mais c'était l'hiver, j'étais blessé et on était en route pour trouver l' , Dirty Harry. Alors qu'on montait dans l'avion et qu'on commençait à attacher nos ceintures de sécurité, mon beau-père s'est tourné vers moi et m'a dit qu'on devait utiliser des harnais d'épaule. Ça m'a surpris. Après toutes ces années à voyager avec lui, il ne m'avait jamais dit de mettre un harnais d'épaule auparavant. Ce vol n'allait pas être agréable, pas du tout. C'était un excellent pilote de brousse et il savait ce qu'il faisait ; j'avais entièrement confiance en lui. Néanmoins, j'étais super nerveux.

Il a démarré le moteur et vérifié toutes les commandes pendant qu'on roulait vers la piste goudronnée. J'ai remarqué que l'avion était beaucoup plus haut qu'avant, à cause des pneus de toundra plus gros qu'il avait installés sur l'avion. Quand on a décollé et que j'ai regardé le train d'atterrissage, j'ai vu que le poids de ces pneus plus gros avait fait descendre le train d'atterrissage de manière significative. N'ayant jamais vu ces pneus auparavant, je n'arrêtais pas de me dire : « *Waouh, ces pneus sont vraiment gros et lourds.* » J'étais content qu'il les ait achetés pour le type de vol qu'il voulait faire dans la brousse.

Au fur et à mesure qu'on prenait de l'altitude, tout se passait plutôt bien. Il n'y avait pas beaucoup de turbulences jusqu'à ce qu'on s'approche de l'entrée du col Lake Clark. Il y avait des averses de neige éparses sur le côté gauche de l'avion, mais pas trop directement devant nous. Les sommets des montagnes étaient recouverts de nuages. On a tous les deux continué à scruter la zone à la recherche d'autres avions, mais on n'a rien vu.

Une fois dans le col, les turbulences ont commencé. Il a continué à voler à la vitesse de croisière standard et à une altitude sûre. Il m'a appris à prendre des virages dans les cols en toute sécurité, surtout par mauvais temps. Il m'a expliqué comment aligner l'avion pour pouvoir jeter un œil à chaque virage et repérer les murs de nuages qu'on ne peut pas traverser. Que le col reste ouvert ou se referme, un pilote doit avoir une voie de sortie pour faire demi-tour en toute sécurité. Vingt minutes après notre entrée dans le col, le vent s'est levé et les nuages ont commencé à descendre des sommets. On ne savait pas si on allait pouvoir traverser le col.

Mon esprit s'est mis à vagabonder et j'ai commencé à me souvenir de nos précédentes excursions à la recherche de caribous. J'ai apprécié le temps passé avec lui à voler à travers le col et autour de l'immense lac Iliamna, à la recherche de caribous alors qu'il volait à 500 pieds au-dessus du sol.

« C'est l'altitude parfaite pour repérer les animaux », m'avait-il expliqué.

On a repéré des ours et un grand nombre de caribous. Une fois qu'on avait trouvé les caribous qui nous intéressaient, on devait trouver un lac pour atterrir et installer notre campement. Comme je l'ai déjà dit, l'Alaska compte plus de trois millions de lacs, donc en trouver un n'était pas un problème.

Après avoir atterri sur le lac et sécurisé l'hydravion, nous montions la tente et allumions un feu de camp. À l'époque, il était illégal de voler et de chasser le même jour, nous passions donc toujours la nuit sur place et nous levions tôt le lendemain matin pour aller chasser. Ses feux de camp étaient sympas, car il me montrait comment les allumer à l'aide de Blazo, qu'il emportait toujours avec lui. En général, il coupait une canette de Pepsi en aluminium en deux et la remplissait de Blazo jusqu'à ce qu'elle soit pleine. Ensuite, il plaçait la canette sous les bâtonnets d'allumage et y mettait le feu. Il souriait tandis que nous regardions les flammes envahir les bâtonnets d'allumage. Je me souviens qu'on avait des cannes à pêche, mais on n'allait pas pêcher. Il les avait apportées au cas où on serait à court de nourriture.

Tôt le lendemain matin, il n'y avait pas un nuage dans le ciel et on savait que la journée allait être chaude. On a pris un petit-déjeuner froid, nettoyé le camp, enroulé les sacs de couchage et les avons rangés dans la tente. Il m'a appris que les provisions devaient être stockées loin de la tente à cause des ours. Il m'a expliqué que si on gardait la nourriture dans la tente, les ours et d'autres animaux pouvaient la déchirer pour la trouver. Non seulement ils pouvaient détruire le matériel, mais ils pouvaient aussi manger toutes les provisions, nous laissant sans abri ni nourriture. Je me suis demandé si cela lui était déjà arrivé, à lui ou à ses amis.

Une fois tout rangé, on a commencé notre randonnée à la recherche de caribous. On portait chacun un sac à dos presque vide contenant un peu de nourriture, principalement des barres granola et des bouteilles d'eau, ainsi que nos fusils et nos munitions. Même si on était arrivés en hydravion, on portait des bottes de randonnée de l' , mais on avait des cuissardes à bord de l'avion, au cas où on en aurait besoin. On a marché pendant des heures et on a parcouru la région à la recherche de caribous.

Nous en avons vu beaucoup pendant notre randonnée, mais aucun n'avait la bonne taille, ou s'ils avaient la bonne taille, ils étaient trop loin pour qu'on puisse les atteindre. Un caribou mâle pèse en moyenne entre 150 et 180 kg, mais peut atteindre jusqu'à 320 kg. Ces animaux sont agiles et rapides. Ils nous font passer, nous les humains, pour des limaces lorsque nous essayons de nous déplacer dans la toundra.

La toundra pousse généralement dans les zones où il n'y a pas d'arbres. Les scientifiques ne savent pas pourquoi. L'absence d'arbres nous exposait partout où on allait. Il n'y avait aucun endroit où se cacher, sauf si on pouvait s'allonger sur une petite butte et que les caribous étaient en dessous de nous. Souvent, on devait s'allonger sur le ventre pour essayer de se cacher des caribous.

Enfin, cet après-midi-là, on a repéré des caribous mâles qui avaient la taille qu'on cherchait. Le soleil tapait fort, il n'y avait pas un nuage dans le ciel et le vent était calme. Un petit troupeau de caribous se tenait sur une petite colline près d'un petit lac. Parfait ! On s'est approchés lentement, accroupis, s'arrêtant souvent quand on pensait qu'ils pouvaient nous voir ou nous sentir. Comme la plupart des animaux en Alaska, les caribous se méfient des prédateurs et peuvent entendre, voir et sentir les animaux qui s'approchent d'eux, surtout les humains.

On a pris notre temps et on a abattu deux animaux quand on a été assez près. Les deux tirs étaient parfaits et on n'a pas eu à les traquer. Mon beau-père a commencé à les dépecer et à enlever les cornes. Pour garder la viande propre et intacte, on avait apporté plein de sacs poubelles résistants dans nos sacs à dos, alors on a mis la viande dans les sacs et on l'a transportée jusqu'à un petit lac tout près.

« Ce lac est-il trop petit pour que tu puisses y atterrir ? » lui ai-je demandé.

« Non, pas de problème », a-t-il répondu pendant que je continuais à emballer la viande et à la transporter jusqu'au lac.

Je ne sais pas combien de temps ça a pris, mais il a dû retourner au camp, démonter la tente et remettre tout le matériel dans l'avion. Il avait aussi deux bidons de 19 litres de carburant aviation à bord, qu'il a vidés dans les réservoirs.

Alors que je marchais pour aller chercher le reste du caribou, j'ai entendu le rugissement de son 185 qui décollait. Quelques minutes plus tard, je l'ai vu voler au-dessus de ma tête et atterrir sur le petit lac pendant que je prenais la dernière cargaison de viande. Une fois qu'il a atterri, on a chargé la viande dans l'avion. À l'époque, la loi disait qu'on devait d'abord transporter la viande, puis les cornes en dernier. C'était une bonne loi, car si les gens prenaient les cornes en premier, ils risquaient de laisser la viande, ce qui indiquerait qu'ils braconnaient les animaux pour leurs trophées.

On a chargé les cornes dans l'avion et on a décollé, en repassant par le col de Lake Clark pour rentrer chez nous, à Anchorage. Quelle super virée, on s'est trop éclatés ! C'était l'un des nombreux bons moments dont je me souviens, mais ce voyage à la recherche de Dirty Harry n'allait pas faire partie de cette catégorie, à commencer par le vol lui-même.

Alors que le vent continuait de se lever, les nuages étaient maintenant à mi-hauteur des sommets. Juste avant le virage suivant, sans prévenir, il a réduit la puissance et baissé les volets. Une fois que l'avion a ralenti, il a ajusté la puissance et a gardé la main sur la manette des gaz. Il a rapidement expliqué pourquoi il avait fait ça et se préparait à faire demi-tour. Le plafond nuageux était plus bas lorsque nous avons tourné, mais il était juste assez dégagé pour voler sous les nuages. Tout en tournant, il a abaissé le nez et nous a fait voler sous le plafond nuageux. Le vol a été super mouvementé.

Oh là là, me suis-je dit. *On va devoir faire un virage à 180 degrés.*

Heureusement, les nuages étaient encore assez hauts au-dessus du sol pour nous laisser une marge de sécurité suffisante. On volait selon les règles de vol à vue (VFR) et on ne pouvait pas voler dans les nuages, contrairement aux vols commerciaux qui utilisent les règles de vol aux instruments (IFR). Même s'il était un pilote expérimenté certifié IFR, on a volé en VFR jusqu'à notre destination.

Je ne pouvais pas me laisser aller à des pensées agréables pour me distraire de ce qui se passait, car je me concentrais sur la recherche d'obstacles et d'autres avions. En plus de ça, plus on s'enfonçait dans le col, plus on devait supporter de turbulences. Finalement, à mon grand soulagement, on est sortis de l' e le col et on s'est dirigés vers le lac Iliamna, un point important de notre voyage, ce qui signifiait qu'on avait parcouru plus de la moitié du chemin.

Alors qu'on passait sur le côté gauche du lac, je pouvais voir des vagues successives de grosses crêtes blanches. Le vent soufflait très fort et on était secoués dans tous les sens. Le harnais qui maintenait le haut de mon corps frottait sans cesse mon épaule blessée contre le siège. Je me demandais sans cesse combien de sang coulait de mon épaule, sachant qu'il y avait encore beaucoup de gravier dans cette plaie ouverte. De temps en temps, quelqu'un trouvait un morceau de gravier et le retirait, mais dans l'ensemble, c'était assez sinistre. Quelqu'un va devoir me soigner quand on atterrira. *Mon Dieu, j'espère qu'on va bientôt atterrir.*

Le temps passait et on survolait les plaines arides de la toundra, sans aucun arbre en vue. En regardant les petits lacs, je voyais de l'eau jaillir et éclabousser la toundra à plusieurs mètres à la ronde. Je n'avais jamais vu ça depuis les airs et ça m'a un peu flippé. Je ne sais pas à quelle vitesse soufflait le vent, mais imaginez de l'eau projetée hors d'un lac par la force du vent. Cela ressemblait aux images diffusées aux informations pendant un ouragan.

Bon sang, quand est-ce qu'on va atterrir ? me suis-je demandé à nouveau.

Finalement, nous étions à portée radio du lodge, et mon beau-père a annoncé que nous allions atterrir et que nous aurions besoin d'aide pour l'avion une fois au sol. Il a réduit la puissance mais n'a pas abaissé les volets pendant notre approche vent arrière, ce qui signifie que nous étions positionnés sur le côté gauche, parallèlement à la piste, à environ 400 mètres.

C'était l'approche la plus rapide que j'avais jamais vue. On avançait à toute vitesse au sol. Pourtant, sans volets, il a tourné à gauche perpendiculairement à la piste pour la base de l'approche tout en luttant contre les rafales de vent et les turbulences. Il a de nouveau tourné à gauche pour une courte finale, puis a abaissé les volets de 20 degrés. Je me souviens très bien que lorsque nous avons amorcé l'approche finale, c'était comme si nous avions percuté un mur. En regardant vers le bas, j'avais l'impression que nous étions presque à l'arrêt, en suspension au-dessus du sol.

La piste, eh bien, ce n'est pas vraiment une piste. C'est juste une zone sablonneuse loin de la toundra, rien de plus qu'une petite parcelle de sable sur laquelle atterrir. Alors qu'on se rapprochait de plus en plus du sol, j'ai vu plusieurs personnes debout à droite et à gauche de l'avion, alors qu'on planait pratiquement au-dessus de la piste. Quand on est descendus à environ 1,5 mètre au-dessus de la zone d'atterrissage, il a attrapé la poignée du volet et l'a tirée vers l'arrière pour déployer complètement les volets.

Tout à coup, l'avion s'est élevé rapidement dans les airs. Je ne sais pas de combien de mètres on a pris de l'altitude, mais c'était assez haut. Mon beau-père a calmement augmenté la puissance du moteur et, pour contrôler notre descente, il a réduit la puissance du moteur tout en contrôlant les gouvernes de profondeur. Le nez de l'avion était relevé alors qu'on planait au-dessus de la piste d'atterrissage. Il a continué à réduire la puissance du moteur pour assurer un atterrissage en toute sécurité.

Une fois qu'on a touché le sol, on a roulé sur moins d'un mètre. Il a coupé les gaz, et j'ai vu deux hommes de chaque côté de l'avion attraper les haubans et les cordes des extrémités des ailes. Ils s'accrochaient fermement, car le vent seul pouvait soulever l'avion dans les airs comme un cerf-volant. Il a coupé les gaz tout de suite, et tout le monde souriait et riait en guidant l'avion vers les amarres.

CHAPITRE 14

Ours sans peau

Vous savez quand je vais sortir ? ai-je demandé à l'infirmière qui était venue me voir.

Elle m'a regardé fixement avant de répondre : « Il y a un problème avec votre assurance. Vous devez plus de 12 500 dollars à l'hôpital et l'assurance refuse de payer. Nous ne pourrons pas vous laisser sortir tant que cette somme n'aura pas été intégralement réglée. »

« Qu'est-ce que tu racontes ? » m'écriai-je avec le peu d'énergie qui me restait. « J'ai une assurance auto. »

« Vous devez contacter votre compagnie d'assurance avant qu'on puisse vous laisser sortir », a-t-elle insisté.

Je ne pouvais plus la regarder, alors j'ai fixé le vide devant moi et j'ai commencé à pleurer. C'est une blague, non ? C'est quoi cette vie ? J'étais tellement dégoûtée. Comment quelqu'un pouvait-il dire une chose pareille ?

J'ai baissé les yeux et j'ai vu le bout de mes pieds sous les couvertures. Je ne pouvais tourner la tête dans aucune direction sans utiliser ma main droite, qui n'était pas blessée. Quand j'ai déplacé mon regard vers la gauche, j'ai vu que ma main gauche avait été bandée et plâtrée. Je ne pouvais pas bouger les doigts du tout.

QUAND ON EST SORTIS de l'avion pour partir à la recherche de Dirty Harry avec mon beau-père, il y avait un vent de dingue. C'était une zone désolée où le vent pouvait souffler si fort que les grains de sable pouvaient décaper la peinture des équipements et des avions. Il pleuvait légèrement, mais la vitesse du vent donnait l'impression qu'il pleuvait plus qu'il ne pleuvait réellement. Depuis les airs, je n'avais vu aucun arbre. La majeure partie de la zone était recouverte de toundra, avec des plaques de sable éparpillées un peu partout. Ça avait l'air marécageux, mais je n'en étais pas sûr. J'avais hâte de m'allonger à l'intérieur alors qu'on se dirigeait vers le lodge. J'avais tellement mal, mon épaule me faisait souffrir comme jamais et le bas de mon dos n'était guère mieux.

Combien de sang avais-je perdu ? me demandais-je. On était loin de la civilisation. Si quelqu'un se blessait ici, il faudrait beaucoup de temps pour rejoindre une ville dotée d'infrastructures médicales.

Quand on est arrivés au pavillon de chasse, j'ai été surpris de voir qu'il était beaucoup plus grand que ce que j'avais imaginé, vu l'endroit et les difficultés d'accès. Malgré son aspect vieilli, le bâtiment rustique était en assez bon état, avec seulement quelques zones montrant des signes de délabrement. Je me demandais comment le propriétaire avait pu construire cet endroit, étant donné que tous les matériaux avaient dû être acheminés par un petit avion comme le nôtre.

Une fois à l'intérieur, j'ai été content de voir que c'était bien chauffé. Tout le monde était sympa et content, partageant des histoires de leurs parties de chasse. J'étais content pour eux. Je connaissais un des messieurs, qui venait du Mexique, et j'étais content de le voir, mais les autres étaient tous nouveaux pour moi. On nous a finalement montré notre chambre. J'ai vite trouvé le lit et je me suis allongé sur le ventre pour ne pas mettre du sang partout sur les draps. C'était tout ce que je pouvais faire, même si c'était frustrant et gênant.

Malheureusement, c'est mon beau-père qui a dû nettoyer ma blessure. Je lui ai dit qu'il devait tremper le pansement dans de l'eau oxygénée avant de l'enlever, car la gaze était pleine de sang et risquait de coller à la plaie ouverte. Quand il a doucement retiré la gaze pleine de sang, j'ai entendu et senti qu'elle arrachait la plaie ouverte. La douleur était horrible. Je ne voulais pas me ridiculiser devant mon beau-père, alors j'ai juste serré les dents et j'ai supporté la douleur. De toute façon, j'étais tellement fatigué que je ne pouvais même pas bouger. Une fois qu'il m'a nettoyé, je me suis endormi.

D'après mes souvenirs, mon beau-père ne faisait jamais la grasse matinée, donc on s'est levés tôt le lendemain matin. Certaines personnes se préparaient à prendre l'avion pour aller chasser. Elles rassemblaient leur équipement, puis un pilote les emmenait à l'endroit où un ours avait été repéré. Elles passaient ensuite la nuit avec leurs guides et commençaient à chasser le lendemain.

Ils utilisaient des Super Cubs. Petit avion biplace, le Super Cub est considéré comme l'un des meilleurs avions de brousse d'Alaska en raison de sa conception légère, de sa grande résistance, de ses capacités de décollage et d'atterrissage courts, de sa maniabilité, de ses caractéristiques de vol lent et de sa faible consommation de carburant. Ils peuvent aller à peu près partout en Alaska, en hiver comme en été, car ils peuvent être équipés de flotteurs, de roues et de skis.

Les Super Cubs étaient attachés près de l'aérodrome/terrain de sable et équipés de gros pneus ballons qui ressemblaient à de grosses balles rebondissantes. Ils semblaient plus gros que les pneus 185 de mon beau-père, mais les Super Cubs sont des avions beaucoup plus petits. Comme les Super Cubs sont des biplaces et transportent des charges utiles plus petites, les pilotes font souvent plusieurs voyages pour transporter les guides et l'équipement jusqu'à leur lieu de chasse.

Avant le petit-déjeuner, mon beau-père a dû nettoyer à nouveau ma plaie ouverte, en utilisant des techniques similaires avec du peroxyde d'hydrogène, puis appliquer une nouvelle gaze. Après le petit-déjeuner, on est sortis. J'ai remarqué qu'il faisait nuageux, mais que le vent s'était considérablement calmé et qu'il ne pleuvait pas. Je ne savais pas ce qui se passait jusqu'à ce que je voie des gens au stand de tir près de la piste. C'est là que les gens s'entraînaient au tir, s'assuraient que les fusils fonctionnaient correctement et réglaient leurs lunettes de visée. Je suppose que les guides observaient aussi leurs clients pour voir comment ils tiraient dans le pays des ours. Après tout, ils allaient affronter un animal féroce, capable de tuer un être humain sans trop d'efforts.

Mon beau-père avait un puissant fusil .458 à visée ouverte, qu'il utilisait comme fusil de secours, avec des balles de 550 grains pour abattre les ours à courte distance. Il comptait surtout sur son fusil .300 Winchester Magnum à lunette, qui est plutôt un fusil de sport utilisé pour les longues distances et capable d'abattre des ours. Même si je préférais le puissant fusil .458 comme fusil de secours, j'aimais beaucoup le .300 Magnum. C'est vraiment un beau fusil.

Ce sont des fusils super puissants, et il faut les tenir fermement contre l'épaule quand on tire. Parfois, quand je m'entraînais avec le .300, je me retrouvais avec des bleus sur l'épaule à cause du recul puissant. Pendant que mon beau-père se préparait à s'entraîner, je me disais : « *Super. C'est l'occasion parfaite pour lui de s'assurer que les viseurs et les lunettes sont bien réglés pour les deux fusils.*

Il a d'abord tiré avec le .458 sur les cibles. Les viseurs étaient bien réglés pour ce fusil, car il a touché sa cible. Il a tiré deux ou trois coups, puis s'est senti en confiance avec le fusil. Ce fusil est tellement bruyant et puissant que chaque coup résonne dans tout le corps. Il semblait s'amuser, tout comme tout le monde. Une fois qu'il a eu tiré avec son fusil, il s'est tourné vers moi et m'a tendu le .300 Winchester Magnum.

« Je ne peux pas tirer dans mon état », lui ai-je dit. « Je ne peux pas faire ça, c'est impossible. »

« Si, tu peux. Vas-y, fais-le. »

« Qu'est-ce que tu racontes ? Je ne peux pas faire ça à cause de ma blessure. » « Tu peux », a-t-il répété.

À ce moment-là, je n'étais pas sûr de partir à la chasse avec lui, pour ne pas l'embarrasser devant ses potes. J'ai attrapé le fusil et je l'ai serré aussi fort que possible contre mon épaule droite. Il se trouve que la plaie ouverte causée par l' e était située à l'arrière de mon épaule droite. J'avais peur de me casser l'épaule après avoir tiré avec ce fusil. Je portais une veste Carhartt marron trop grande, épaisse et rembourrée, mais je ne pensais pas que ce rembourrage suffirait à protéger mon épaule.

J'ai visé la cible avec le fusil et j'ai tiré. Boum ! J'ai raté la cible.

Mon épaule me faisait super mal.

« Tu as raté la cible », m'a-t-il dit quand je me suis tourné vers lui.

« Je sais. Je n'y arrive pas. »

« Si, tu peux », a-t-il insisté à nouveau.

J'ai tout aligné, en le tenant aussi fermement que possible contre mon épaule. J'ai appuyé sur la gâchette et j'ai touché la cible. Quand je lui ai dit que j'avais fini, il a attrapé le fusil, a tiré encore deux ou trois fois et a fait quelques réglages sur la lunette. Il semblait très content maintenant que la lunette avait été réglée. Je ne me souviens pas avoir dit quoi que ce soit. Je suis juste retourné au chalet pour m'allonger sur le lit.

Plus tard dans l'après-midi, mon beau-père est entré dans la chambre et m'a dit de me préparer à partir. Ils avaient trouvé Dirty Harry, donc on devait y aller tout de suite. Encore groggy, sans vraiment comprendre ce qui se passait, et toujours sous le choc de la douleur après avoir tiré avec le fusil, je me suis lentement levé et j'ai rassemblé mon équipement.

Comment vais-je faire ça ? Comment vais-je pouvoir aller là-bas, dormir dans une petite tente et dormir sur un terrain accidenté avec mes blessures ?

Je me suis mis à m'inquiéter de plus en plus, surtout quand j'ai vu qu'il pleuvait. *Super, je vais être trempé et j'aurai froid.* On m'avait dit de mettre mes cuissardes, ce que j'ai fait, avec mon pantalon et ma veste de pluie. Une fois dehors, je me suis dirigé vers la 185.

« Qu'est-ce que tu fais ? » m'a demandé mon beau-père.

« Je suis là pour aider à charger l'avion. »

« Non, on ne prend pas ça, on va prendre le Super Cub », m'a-t-il répondu en souriant. « Je pars en premier pour commencer à installer le campement. Le pilote apportera les provisions et tu l'accompagneras lors d'un de ses trajets. »

En le regardant mettre le matériel dans le Super Cub, j'ai remarqué que le vent s'était levé. Il ne soufflait pas autant qu'hier, mais il était tout de même assez fort . Lui et le pilote sont montés dans l'avion et ont décollé. Les Super Cubs, avec leurs ailes à forte portance, peuvent transporter un peu plus de 800 livres, décoller en environ 400 pieds et atterrir en moins de 300 pieds, même en volant à leur limite de poids brut de 1 500 livres ou plus. Cette capacité exceptionnelle permet aux pilotes expérimentés de naviguer plus facilement que la plupart des autres avions sur des terrains plus courts et plus accidentés.

Personne ne m'avait dit où ils allaient ni combien de temps il leur faudrait pour revenir, alors je suis retourné au lodge et je me suis assis dans la salle d'attente. J'ai attendu un bon moment avant d'apprendre que le pilote allait atterrir. J'ai remis mon équipement de pluie, y compris mes cuissardes, et je suis sorti pour attendre. Le soleil commençait à se coucher et, avec la couverture nuageuse, il ne faudrait pas longtemps avant que la nuit tombe. Lorsque le pilote a atterri, il a coupé le moteur et m'a fait signe de venir. Il était pressé de partir car la nuit approchait. On a chargé l'avion avec le reste des fournitures nécessaires et on a décollé immédiatement.

Je savais une chose : notre camp ne pouvait pas être très loin du lodge, car le pilote ne pouvait pas voler de nuit. Au fur et à mesure qu'on volait, le terrain m'a semblé familier : une toundra relativement plate et désolée, avec quelques petites dunes de sable. Pourtant, j'ai trouvé que la toundra avait quelque chose de différent. Elle ressemblait à un marécage. Pour être plus précis, elle semblait inondée.

Comme je n'avais toujours aucune idée de notre destination ni du temps que ça prendrait, je me suis distrait en cherchant des animaux sauvages : caribous, élans, ours. À ma grande surprise, je n'ai vu aucun signe de vie. Ça m'a laissé perplexe. J'aurais pensé voir au moins un animal, mais il n'y avait rien. En regardant par la fenêtre droite du Super Cub, j'ai aperçu une tente et mon beau-père qui se promenait dans le campement juste devant nous. On a survolé le campement et le pilote a ralenti l'avion, a tourné à gauche et a fait demi-tour. Alors que le pilote se préparait pour son approche finale, je continuais à regarder dehors et à me demander où on allait bien pouvoir atterrir. Toute la zone était inondée, sauf un petit bout où se trouvait le camp, sur une minuscule butte, si on peut même l'appeler comme ça. C'était plutôt une petite bosse. Elle ne devait pas faire plus de 90 à 120 mètres de long et peut-être 9 mètres de large.

On allait camper au milieu d'un marécage de toundra, et il pleuvait. La bonne nouvelle, c'est que le vent soufflait dans notre direction pour l'atterrissage. Pendant qu'on descendait, je voyais l'eau du marécage monter rapidement depuis la toundra. Les grandes roues du ballon ont touché le sol à environ trois mètres de la ligne d'eau et ont rebondi un peu jusqu'à ce qu'on s'arrête à environ dix mètres de l'autre bord de la ligne d'eau. Le pilote a fait pivoter l'avion de 180 degrés et a roulé jusqu'à la tente qui se trouvait au milieu. C'était la première fois que j'atterrissais sur ce qu'on pourrait appeler une île de toundra.

Une fois qu'on est sortis et qu'on a déchargé l'avion, le pilote était un peu inquiet parce qu'il devait revenir nous chercher le lendemain si on attrapait l'ours. S'il continuait à pleuvoir, le camp risquait d'être inondé et il n'aurait nulle part où atterrir.

« Super, me suis-je dit. Une tente qui risque d'être inondée pour la nuit, un corps brisé, et maintenant il est temps d'aller chasser un animal avec des dents. Qu'est-ce qui pourrait mal tourner ? »

Pourquoi étais-je là, gravement blessé ? Je ne sais pas ce que j'essayais de faire, impressionner quelqu'un ou quoi ? Comment me suis-je laissé convaincre ? Bien sûr, je voulais traquer Dirty Harry. On parlait de cet ours depuis longtemps, mais pas comme ça, loin de là.

Après avoir déchargé notre matos, le pilote a discuté avec nous quelques minutes de plus pendant que je continuais à regarder autour de moi. On était vraiment au milieu de nulle part, pas un arbre en vue, entourés d'eau et de toundra bosselée. Il était pressé de partir, alors il a démarré l'avion et l'a conduit jusqu'au bout de ce qu'on appelle l'île de toundra. Ses roues ont touché l'eau alors qu'il faisait un virage à 180 degrés vers nous pour décoller. J'ai vu qu'il maintenait fermement ses freins alors qu'il commençait à accélérer, car l'avion ne bougeait pas et de l'eau jaillissait derrière lui. Une fois que le moteur a atteint sa pleine puissance d', il a relâché les freins. À environ 150 pieds avant que son avion n'atteigne l'eau de l'autre côté, le nez s'est relevé et il a repris le chemin du lodge.

La nuit tombait rapidement et j'étais épuisé. Mon bandage devait être changé. Au moins, la tente était sèche et nous avons dormi sur des matelas de camping fins d'un centimètre d'épaisseur. Il est difficile d'expliquer à quoi ressemble la toundra, mais elle est herbeuse, bosselée et spongieuse. Bref, c'est super inconfortable pour dormir parce que ce n'est pas plat et qu'il faut s'adapter à la forme de la toundra. C'est comme un tas de petites collines de 15 à 35 cm de haut. Marcher dans la toundra peut être délicat et difficile. C'est un vrai défi, c'est le moins qu'on puisse dire.

Cette nuit-là, j'étais tellement fatigué que je me suis rapidement endormi sur ces contours bosselés. Je me suis réveillé plusieurs fois au milieu de la nuit et j'entendais la pluie tomber. Je me demandais si nous allions être inondés. Trop fatigué et souffrant de douleurs excessives, je n'ai pas ouvert la tente pour jeter un coup d'œil.

Le lendemain matin, on s'est réveillés sous une pluie encore plus forte que la veille, et le niveau de l'eau avait légèrement monté pendant la nuit. Je m'attendais à une journée très humide et inconfortable.

Avec nos cuissardes, nos vêtements de pluie, nos sacs à dos et nos deux fusils, on s'est dirigés vers le marais de la toundra. Mon beau-père ouvrait la marche et je marchais juste derrière lui. Dès le départ, c'était difficile, avec des montées et des descentes, en marchant sur la toundra bosselée tout en pataugeant dans l'eau. À de nombreux endroits, l'eau était si profonde qu'elle atteignait presque le haut des cuissardes. Cela me rendait encore plus mal à l'aise.

On a continué à marcher sous une pluie constante, sans rien voir. Le fusil devenait lourd et le sac à dos me causait beaucoup de problèmes aux épaules et au bas du dos. Finalement, on a vu quelque chose au loin. C'était difficile à distinguer, mais ça semblait être un animal qui courait et sautait. J'ai fini par comprendre que c'était un ours, qui semblait jouer et s'amuser.

On devait s'approcher pour mieux voir. On s'est baissés avec tout notre équipement et on a marché silencieusement et prudemment dans le marais, en faisant attention de ne pas éclabousser d'eau. On a finalement atteint un endroit où mon beau-père pouvait regarder à travers ses jumelles. Soudain, il a souri.

« C'est Dirty Harry », a-t-il dit.

Mon cœur s'est mis à battre à tout rompre.

On est restés accroupis, marchant silencieusement, et on s'est approchés de l'ours. L'ours continuait à courir, à sauter et à éclabousser l'eau. En nous approchant, on s'est arrêtés au sommet d'un petit monticule de toundra qui ne faisait pas plus de cinq ou six pieds de large et qui se trouvait juste au-dessus de la ligne de flottaison. Ça nous a permis de nous accroupir sur nos genoux et de regarder l'ours.

La pluie fine et constante rendait difficile de déterminer dans quelle direction soufflait le vent. Mon beau-père a fouillé dans sa poche et en a sorti une boîte d'allumettes. Il en a allumé une, puis l'a soufflée et a observé la fumée, qui indiquait la direction du vent, qui soufflait vers nous. Cela signifiait que nous étions sous le vent par rapport à l'ours. Je ne l'avais jamais vu faire ça auparavant.

« Souviens-toi de ce que je t'ai dit », m'a-t-il dit à voix basse. « Les ours peuvent sentir les animaux qui se trouvent sous le vent. Ça va être difficile, donc on doit marcher plus lentement et plus silencieusement. »

Complètement exposés, on s'est penchés vers l'ours ; on faisait quelques pas, puis on s'arrêtait. On faisait encore quelques pas, puis on s'arrêtait. Ça a duré environ dix minutes. Finalement, on était assez près pour tirer. On était à environ vingt mètres de l'ours qui continuait à courir sans faire attention à nous. On aurait vraiment dit qu'il jouait. Même si l'ours était énorme, toucher une cible en mouvement était un peu plus difficile. Accroupi, je visais silencieusement la cible.

Soudain, l'ours a tourné tout son corps vers nous et s'est dressé sur ses pattes arrière. Il était aussi énorme que les gens le disaient. Pourtant, je n'étais pas paniqué, probablement en partie parce que j'avais trop mal pour m'inquiéter d'être attaqué par l'ours et en partie parce que j'étais avec mon beau-père, l , qui savait ce qu'il faisait. Il avait le fusil .458 de secours, ce qui m'a beaucoup rassuré. Même si j'avais le Magnum .300, je voulais quand même cette arme de secours, juste au cas où.

L'ours s'est accroupi, s'est remis à marcher, s'est relevé sur ses pattes arrière et nous a fixés du regard. On est restés complètement immobiles. Depuis mon séjour à Kiana, j'avais appris que les ours ne voyaient pas très loin et ne distinguaient pas les couleurs, alors je me suis dit qu'on devait ressembler à deux buissons flous. *L'ours ne sait pas ce que nous sommes*, ai-je pensé. *En plus, on est sous le vent.*

L'ours nous a fixés du regard, puis a brusquement posé ses pattes avant dans l'eau, faisant des éclaboussures, et s'est enfui. Mon beau-père a commencé à secouer la tête.

« Merde. L'ours nous a sentis », a-t-il répété encore et encore en secouant la tête. « Il nous a sentis sous le vent. »

Plus tard, j'ai découvert que les ours voient en couleur. Ils ont une excellente vue et voient très bien. Si c'est vrai, ce que je crois, alors c'est assez impressionnant qu'on ait réussi à s'approcher autant de l'ours alors qu'on était complètement exposés.

Une fois que l'ours a disparu de notre vue, on a fait demi-tour et on est retournés au campement. La marche a été longue et difficile. Je restais toujours à la traîne à cause de ma douleur et de ma fatigue. Concentré sur chaque pas que je faisais, j'ai fini par lever les yeux et j'ai vu que mon beau-père s'était arrêté net. J'ai pensé qu'il m'attendait. Je me suis lentement approché de lui, et il s'est accroupi quand je suis arrivé près de lui. « Tu le vois ? » m'a-t-il demandé.

« Oui. C'est un gros caribou. »

C'était le plus gros caribou que j'avais jamais vu. Ses cornes étaient assez grandes, mais son corps était énorme.

« Prépare-toi, m'a-t-il dit. Tu vas l'avoir. »

« OK, si tu veux que j'essaie, je vais le faire. »

Je n'avais vraiment aucune envie d'abattre le caribou. Je ne le faisais que parce qu'il me l'avait demandé. Cependant, son corps était tellement impressionnant que j'avais l'intention de le monter. Je me suis mis à genoux et j'ai aligné l' e du fusil avec le caribou qui se trouvait à environ vingt-cinq mètres devant nous. J'ai visé et tiré. Le caribou s'est effondré immédiatement.

« Wow, je dois te dire un truc », a dit mon beau-père. « T'es un sacré bon tireur. »

Mon beau-père s'est tout de suite approché du caribou et l'a dépecé aussi vite que possible. Ce n'était pas facile, car le corps était énorme et à moitié immergé dans l'eau. Je l'ai aidé à retourner l'animal pour en retirer toute la viande. C'était une tâche fastidieuse et longue, rendue encore plus difficile par le marécage. « Je retourne au camp pour appeler le pilote afin qu'il vienne nous chercher », a dit mon beau-père une fois qu'il a eu fini de préparer la viande. Il m'a regardé fixement. « C'est ton caribou. C'est toi qui l'as abattu, c'est toi qui emportes la viande. » Puis, il a mis son sac à dos et a commencé à marcher vers le camp.

Quoi ? me suis-je dit. *C'est quoi ce bordel ? Qu'est-ce qui se passe ici ? Est-ce que j'ai fait quelque chose qui l'a énervé ? De quoi parle-t-il ? Je peux à peine marcher, encore moins porter mon fusil.* Ne sachant pas quoi faire, je l'ai juste regardé s'éloigner.

Je ne voyais pas le campement, donc je ne savais pas où on était. Je savais juste qu'il se faisait tard et qu'il pleuvait à verse. Comme on était en territoire d'ours, j'avais peur de rester là tout seul, alors j'ai tout de suite attrapé mon sac à dos, je l'ai mis sur mon épaule gauche et j'ai essayé de le suivre avant qu'il ne disparaisse.

Je ne me souviens pas combien de temps il m'a fallu pour rejoindre le camp ni comment j'ai transporté toute cette viande et ces cornes. Les quelques bribes dont je me souviens, c'est que je n'arrêtais pas de marcher dans des trous profonds qui remplissaient presque mes cuissardes d'eau, et que j'ai failli tomber plusieurs fois.

Alors que je ramenais la dernière viande, j'ai vu que l'avion avait déjà atterri. Mon père m'a dit qu'il retournait au lodge avec une partie de la viande. Comme la nuit tombait, ils ont rapidement chargé l'avion et ont décollé. Pendant le décollage, j'ai remarqué que la petite île de toundra sur laquelle nous étions restés était presque submergée par l'eau.

Oh, merde, me suis-je dit. *Comment vais-je sortir d'ici ? Comment le pilote va-t-il atterrir ? Tout est inondé et il n'y a pas assez de place pour atterrir. Je suis seul, sans tente, avec de la viande de caribou. Au bout d'un moment, j'ai enfin entendu l'avion revenir.*

Le pilote a réduit la puissance et a commencé son approche finale. Je me suis déplacé vers le centre du monticule et je me suis tenu debout dans l'eau qui m'arrivait juste au-dessus des pieds. Lorsqu'il a atterri, les roues principales ont traîné dans l'eau. L'avion a ralenti lorsque les roues ont touché le sommet de la zone sèche et s'est arrêté complètement, les pneus ballons immergés dans cinq à huit centimètres d'eau. Il a rapidement fait demi-tour, a foncé vers moi et a coupé le moteur. Puis on a chargé dans l'avion les quelques morceaux de viande restants, mon fusil et moi.

« Est-ce qu'on va s'en sortir ? » ai-je demandé.

Il a démarré l'avion et l'a conduit aussi loin que possible dans l'eau sans heurter l'hélice. Puis il a fait tourner le moteur à pleine puissance, l'eau giclant partout depuis l'hélice. Alors qu'on approchait du sommet de la bosse, on était toujours au sol. Une fois qu'on a atteint le bord de l'eau de l'autre côté du monticule, le nez s'est soudainement soulevé et on s'est mis à voler.

Eh bien, quelle aventure, me suis-je dit. *J'ai hâte de rentrer et de m'allonger.*

On est rentrés au lodge vers quatre heures. J'étais en piteux état. J'avais constamment mal à l'épaule et j'avais besoin d'aide pour changer mon bandage. Le sang avait imprégné le bandage et taché l'intérieur et l'extérieur de mon manteau. J'étais tellement fatigué, épuisé et endolori que je voulais juste me mettre au lit une fois que je me serais lavé. Je suis allé à la cuisine pour boire un peu d'eau. Quand je me suis retourné, le Mexicain derrière moi a commencé à me parler dans un anglais approximatif. Il m'a dit qu'ils appréciaient ce que j'avais fait et qu'il voulait me remercier de lui avoir donné ma peau de caribou. Je suis resté là à le regarder pendant un moment.

« Oh, de rien », ai-je fini par dire.

Il m'a alors dit qu'il avait abattu un caribou quelques jours auparavant et que les cornes étaient très grandes, mais que le corps était petit. Il avait vu mon caribou et l'avait aimé parce que la taille du corps correspondait à ce qu'il voulait, alors il a demandé à mon beau-père s'il pouvait prendre la peau. Il a continué à expliquer que ses cornes et ma peau de caribou seraient montées puis exposées dans son bar-restaurant au Mexique, un endroit que je connaissais bien pour y être allé plusieurs fois dans le passé.

Que pouvais-je faire ? Je devais évidemment accepter, mais je voulais ce caribou. J'avais dû le transporter alors que j'étais blessé, et maintenant quelqu'un d'autre allait le prendre. Je n'étais pas très content. Épuisé, je voulais juste m'allonger.

Le lendemain matin, vers dix heures, on a chargé le 185. J'avais hâte de partir. Je n'avais pas faim ni rien, mais j'avais tellement mal que je voulais juste me faire soigner une fois rentré chez moi. Une fois qu'on a décollé pour rentrer, je n'arrêtais pas de penser à ce fichu caribou que j'avais dû ramener au camp avec mon épaule blessée.

Le ciel était couvert et le vent était beaucoup moins fort qu'il ne l'avait été ces deux derniers jours, donc au moins le vol s'est bien passé. Après un bon moment, on a enfin pu voir le lac Iliamna alors qu'on se dirigeait vers le col du lac Clark. En regardant en bas, je voyais de la neige et de la glace partout. L'aéroport d'Iliamna était juste devant nous. Mon beau-père a commencé à réduire la puissance et à s'approcher de la piste goudronnée. Il ne m'a pas dit ce qu'il avait prévu de faire. La seule chose à laquelle je pouvais penser, c'est qu'il avait besoin de carburant pour passer le col du lac Clark.

Une fois qu'on a atterri, on a roulé vers un des hangars sur la droite.

Puis il a coupé le moteur.

« OK, allons-y », a-t-il dit.

En sortant de l'avion, j'ai vu des matériaux de construction éparpillés sur le tarmac. Ces matériaux m'étaient familiers ; c'étaient ceux que j'avais aidé à installer à l'aéroport d'Anchorage. En levant les yeux, j'ai aperçu Brian. J'espérais que tout allait bien pour lui. En me dirigeant vers les toilettes, je les ai vus en train de discuter. J'avais très envie de lui dire bonjour, mais je ne l'ai pas fait, car j'espérais que nous allions bientôt décoller pour rentrer chez nous. Parfois, ces réunions pouvaient durer des heures. Quand je suis retourné à l'avion, Brian m'a appelé et a commencé à me parler. Puis, on a tous sauté dans le camion et on a quitté l'aéroport. Je me demandais quand on allait partir. Je ne savais pas encore que d'autres plans m'attendaient.

CHAPITRE 15

Newhalen

Une infirmière est entrée. « *La compagnie d'assurance est au téléphone* », a-t-elle dit.

« *Quelle assurance ? De quoi tu parles ?*"

« *Ils veulent te parler. Je dois t'emmener dans le couloir.* »

Tu te fous de moi, me suis-je dit.

J'étais tordu de douleur, avec un cathéter brûlant enfoncé en moi et ma vessie qui me faisait souffrir. Elle m'a quand même hissé dans un fauteuil roulant et m'a emmené.

Quand j'ai pris le téléphone, j'ai parlé au représentant de l'assurance aux États-Unis et je lui ai demandé ce qui se passait. Il m'a dit qu'en raison des politiques de l'Insurance Corporation of British Columbia (ICBC), ils n'étaient pas autorisés à payer la facture parce que l'accident s'était produit dans la province canadienne de Colombie-Britannique (C.-B.) et non aux États-Unis. Si ça s'était passé aux États-Unis, à environ 250 km de la frontière, il n'y aurait eu aucun problème. L'assurance aurait pris le relais et tout aurait été réglé.

« Je ne comprends pas ce qui se passe », lui ai-je dit. « J'ai trois assurances : mon assurance privée, c'est-à-dire vous, mon assurance auto et l'assurance de mon père pour le camion. »

« Oui, on comprend tout ça », m'a-t-il répondu. « Mais le problème, c'est que comme l'accident s'est produit en Colombie-Britannique, au Canada, c'est la compagnie d'assurance publique ICBC qui est censée payer tous les dommages, peu importe qui est responsable. Une fois qu'elle aura payé, notre compagnie d'assurance la remboursera. » « Oui, mais ils ne vont pas me laisser sortir de l'hôpital », ai-je rétorqué.

« Je comprends, monsieur. Je suis vraiment désolé, mais on ne peut rien faire. »

« Qu'est-ce que je vais faire ? » ai-je demandé.

« Je ne sais pas ce que vous allez faire. Vous devez parler à l'expert en sinistres de l'ICBC au Canada. »

Affaibli et complètement désemparé, j'ai raccroché le téléphone et je suis retourné dans ma chambre. Je pensais avoir déjà vécu l'enfer dans ces villages. Maintenant, en plus de mes blessures physiques et de ma détresse mentale, je devais faire face à un autre type d'enfer. Je n'arrêtais pas d'avoir des flashbacks de la route sombre et du camion qui m'avait percuté.

LA ROUTE qu'ON empruntaient n'était pas goudronnée. Pendant que mon beau-père et Brian continuaient à parler affaires et du déroulement des travaux, je restais assis à regarder par la fenêtre, me demandant où on allait. Brian a tourné à droite sur un chemin cahoteux. Je ne sais même pas si on pouvait appeler ça un chemin, mais on roulait sur la toundra dans des ornières creusées par de vieilles traces de pneus. Le petit camion glissait sans arrêt à cause de la glace et de la neige sur la route. En regardant devant moi, j'ai vu une longue tente en toile blanche sale juste devant nous, un entrepôt à arche simple d'environ 9 x 20 x 4,5 mètres. En nous approchant, j'ai vu tout un tas de trucs éparpillés à l'extérieur.

Qu'est-ce que c'est ? me suis-je demandé. Peut-être qu'il l'utilise pour le stockage ou autre chose.

Le camion s'est arrêté devant la tente. En sortant, j'ai remarqué que des gens entraient et sortaient par une porte en contreplaqué à l'avant de la tente. Grâce à un ressort à fermeture automatique, la porte faisait un grand bruit en se refermant.

Même si on n'était qu'en septembre, il faisait froid, assez pour que la neige reste gelée mais humide. En gros, c'était plutôt boueux et glissant. Je me suis tourné vers Brian.

« Où sommes-nous ? » lui ai-je demandé.

« Bienvenue à Newhalen », m'a-t-il répondu.

Un monsieur m'a dit bonjour quand j'ai ouvert la porte et que je suis entré dans la tente. « Salut, comment ça va ? Tu veux des biscuits ? » Il m'a montré la cuisine improvisée qui longeait les deux côtés de la porte. Ils avaient installé des tables pour ranger la bouffe, les couverts, les assiettes et les ustensiles de cuisine. En regardant autour de moi, j'ai vu un poêle au milieu de la tente, avec un conduit de fumée qui sortait de la tente. Juste devant le poêle, j'ai vu des tables et des chaises qui ressemblaient à la salle à manger de ce que j'imaginais être l'équipe.

Je me suis déplacé et j'ai entendu le cliquetis de mes chaussures sur le plancher en bois. Ça m'a paru bizarre. Puis, j'ai remarqué des lits de camp vides des deux côtés de la tente, le long du poêle, presque jusqu'au début des réserves de la cuisine. En me retournant, j'ai vu Brian qui portait des affaires, dont mon petit sac. Certains membres de l'équipe sont entrés dans la tente et se sont assis à table. Brian leur parlait, puis il s'est tourné vers moi et m'a dit : « Maintenant, c'est toi le coureur. »

Le coureur ? De quoi parle-t-il ? Je ne peux pas courir, j'ai déjà du mal à me déplacer.

C'est quoi, un coureur ?

Il m'a juste regardé et m'a souri.

« Je ne comprends pas », ai-je dit.

« C'est toi le coureur », a-t-il répété avant que je puisse lui demander à nouveau ce qu'était un coureur. Puis lui et mon beau-père ont sauté dans le camion et sont partis sans me dire un mot.

Une fois de plus, je ne comprenais pas ce qui se passait. Je suis allé parler au monsieur qui m'avait offert des biscuits. Il m'a dit qu'il était le cuisinier du camp et qu'il avait des problèmes pour cuisiner parce qu'il ne recevait pas la nourriture qu'il avait demandée pour l'équipe.

« C'est quoi cet endroit ? » ai-je demandé.

« C'est la cabane du camp où on loge. »

« Quoi ? ai-je demandé, vous logez dans cette tente ?

Oui, a-t-il répondu. C'est là. Il m'a ensuite expliqué que le poêle au milieu de la pièce ne fonctionnait pas bien. Il a mentionné qu'il était peut-être à court de fioul, mais il ne savait pas ce qui n'allait pas.

« Le patron doit faire réparer ça tout de suite », ai-je dit.

« Ouais, il fait super froid ici. Ça devient vraiment glacial la nuit », m'a-t-il dit.

Au fur et à mesure que d'autres personnes arrivaient et prenaient place, il a commencé à leur servir à manger. Je me suis assis et j'ai mangé ce qu'il y avait dans mon assiette, ainsi que quelques-uns des biscuits qu'il venait de préparer. D'habitude, les cuisiniers du camp faisaient des biscuits pour remonter le moral de l'équipe en leur donnant un petit goût de chez eux. J'avais envie de rentrer chez moi et je me demandais une fois de plus ce que j'avais fait de mal pour mériter d'être ici dans mon état.

Est-ce que j'avais énervé mon beau-père et Brian ? Est-ce qu'ils m'en voulaient parce que j'avais eu un accident de voiture ?

J'essayais toujours de comprendre le fiasco Dirty Harry. Je n'arrêtais pas de me demander : « *Pourquoi moi ? Pourquoi étais-je là-bas ? Pourquoi ai-je dû participer à cette chasse cauchemardesque et porter toute cette viande moi-même ?*

J'ai commencé à prier Dieu, à demander à mon vrai père de m'aider. *Comment sortir de là ? Que faire ? Père, s'il te plaît, je suis blessé. J'ai besoin d'aide. Aide-moi, s'il te plaît.*

À ce moment-là, je n'avais que ma veste, un imperméable, des bottes légères, des baskets, quelques chemises à manches longues, une paire de gants fins et un chapeau léger. Je n'avais pas de vêtements de travail ni d'équipement d'hiver adapté à cet endroit.

Qu'est-ce que je vais faire ? Je n'arrêtais pas de me demander : « *Bon sang, est-ce que j'ai pris la mauvaise décision et est-ce que je vais mourir dans cet accident de voiture, maintenant je suis en enfer ?*

Je n'ai parlé à personne de mon état, je l'ai gardé pour moi. Je suis sorti pour aller aux toilettes et j'ai trouvé une petite cabane glaciale pour l'équipe. Puis j'ai réalisé qu'il n'y avait pas de douches.

Où est-ce qu'on se lave les mains et se brosse les dents ? me suis-je demandé. *Où sont les toilettes ? Comment est-ce qu'on fait pour garder une bonne hygiène ?* Je ne voyais rien à l'horizon et il n'y avait rien à l'intérieur de la tente. Je me suis tenu devant la tente et j'ai observé la situation. On était presque au milieu de nulle part. En regardant plus loin, j'ai aperçu une rangée de maisons au loin.

Ça devait être le village de Newhalen. Alors pourquoi on dort dans une tente ? me suis-je dit. *Ça n'a aucun sens. La ville est juste là. Pourquoi on ne reste pas dans une de ces maisons ?*

Alors que je faisais mes besoins dehors, loin de la tente du camp, j'ai vu d'autres personnes y entrer. Quand je suis revenu et que j'ai contourné la tente, j'ai vu un bidon de pétrole de 200 litres posé à l'horizontale sur un support, avec un tuyau reliant le réservoir à la tente. En Alaska, c'était courant d'utiliser des réservoirs de pétrole pour alimenter les systèmes de chauffage.

De retour à l'intérieur, je me suis assis à une des tables et j'ai écouté les gens parler. Ce qu'ils avaient à dire sur le boulot n'était pas très réjouissant. Je leur ai demandé dans quels villages ils travaillaient. Ils m'ont dit qu'ils construisaient dans quatre villages : Igiugig, Kokhanok, Newhalen et Nondalton. Les trois premiers villages étaient situés autour du lac Iliamna. Ils n'étaient pas contents et se plaignaient des trois premiers chantiers dans ces villages.

Igiugig est à environ 70 km au sud-ouest de Newhalen, de l'autre côté du lac. Ce petit village compte environ 65 habitants, dont des Esquimaux Yup'ik, des Aléoutes et des Indiens Athabascans. Le village est super connu pour ses truites arc-en-ciel qui peuvent atteindre plus de 75 cm. C'était les grosses truites dont je parlais et dont je rêvais.

Kokhanok, à une trentaine de kilomètres au sud de Newhalen, accueille une population autochtone variée, principalement des Esquimaux Yup'ik et des Dena'ina. La population moyenne est d'environ 120 personnes.

Newhalen se trouve à environ six kilomètres au sud de l'aéroport d'Iliamna. Elle est située sur la rive nord du lac Iliamna, à l'embouchure de la rivière Newhalen. Avec une population d'environ 150 habitants, elle est un mélange des cultures Dena'ina, Yup'ik et Sugpiaq.

Nondalton compte environ 123 habitants. Elle est sur la rive ouest du lac Six Mile, entre le lac Clark et le lac Iliamna, à environ 35 km au nord de Newhalen. Sa culture autochtone est composée d'Indiens Athabascans Dena'ina.

Avec Lake Clark, ces quatre villages et villes offrent des possibilités de pêche de classe mondiale pour le saumon, la truite et l'ombre, ainsi que d'autres expériences riches en matière de faune sauvage. Mais je n'étais pas là pour la pêche ou la faune sauvage, ça c'était sûr.

« Que se passe-t-il ? Quel est le problème ? » ai-je demandé une fois que j'ai compris la situation.

Ils m'ont dit qu'ils avaient du mal à se procurer les matériaux nécessaires à la construction. Certains matériaux étaient stockés loin des chantiers, ils devaient donc les transporter à la main jusqu'aux sites. Ils se plaignaient également ment des conditions d'hébergement et du manque de douches et de toilettes.

« Hé, il fait un froid de canard ici, ai-je dit. Vous n'avez plus de mazout dans le réservoir ? » Quelqu'un m'a répondu que le réservoir était plein, mais que le régulateur était cassé. Soudain, deux membres de l'équipe se sont approchés du poêle à mazout, ont tapé sur le régulateur, l'ont examiné et ont essayé de comprendre ce qui se passait. Puis, quelqu'un a eu la bonne idée de retirer le régulateur et de raccorder directement la tuyauterie au poêle, en régulant le débit de mazout à partir de la vanne extérieure pour contrôler la flamme. Une personne est donc sortie et a fermé la vanne du réservoir de mazout. Ensuite, le petit groupe autour du poêle à mazout a retiré le régulateur et raccordé directement la tuyauterie à la chaudière.

Alors que je m'asseyais pour regarder ce qui se passait, les gens ont commencé à dire que ça ne marcherait peut-être pas, que c'était une mauvaise idée et que le poêle allait prendre feu. D'autres disaient : « On n'aura qu'à fermer la vanne », « Ne t'inquiète pas » et « Il n'y a aucun problème ». Une fois que tout a été branché, quelqu'un a crié à la personne dehors d'ouvrir doucement la vanne. Puis, une autre personne a allumé le poêle. Une grosse explosion de flammes est sortie du poêle et a remonté le conduit. Ils ont fermé la porte et tout semblait bien se passer. Ils ont donc dit à la personne dehors d'ouvrir un peu plus la vanne. Dès qu'ils l'ont fait, un grondement a commencé dans le poêle, devenant de plus en plus fort. L'instant d'après, le conduit de fumée a commencé à rougir et le poêle s'est mis à rebondir sur le sol. « Éteignez-le ! » ont commencé à crier certains membres de l'équipe. « Éteignez-le ! Fermez la vanne ! »

La personne à l'extérieur a fermé la vanne, mais le poêle a continué à rebondir sur le sol et le conduit de fumée est devenu rouge vif. Je pouvais sentir la chaleur intense qui s'en dégageait, même à une distance d'environ cinq mètres. *Oh non, on va perdre la tente.* Je pensais qu'elle allait prendre feu, avec tout le monde à l'intérieur. Les gens continuaient de crier : « Éteignez-le, éteignez-le ! » Le temps semblait ralentir, et il fallut un bon moment avant que le pétrole ne s'écoule de la conduite. Il fallut ensuite un certain temps pour que le réchaud refroidisse. Une fois que nous avons enfin su que nous étions en sécurité, tout le monde dans la tente s'est mis à rire. Bon, c'était donc mon premier jour dans ce camp.

Je suis sorti prendre l'air et, au loin, j'ai vu des lumières qui bougeaient de haut en bas et de droite à gauche. J'ai fini par comprendre que c'était le petit camion qui se dirigeait vers le camp. En se rapprochant, j'ai vu des objets à l'arrière, dont une poubelle grise. Il y avait deux personnes dans le camion. J'étais content de voir mon patron et mon oncle. Je suis allé lui parler. Peu après, Brian s'est approché de nous et a dit : « T'es le coureur. *C'est quoi un coureur, putain ?* Je n'arrêtais pas de me demander. Vous avez mis cette poubelle et tout le reste dans la tente. » Quand j'ai regardé à l'intérieur du camion, j'ai repéré un sac de voyage qui m'était familier. « Hé, c'est mon sac de voyage ? » me suis-je exclamé.

On m'a dit qu'il était resté à l'aéroport. Apparemment, un membre de ma famille à Anchorage avait emballé mes vêtements, mon équipement d'hiver et mes bottes et les avait expédiés pour moi.

Super, me suis-je dit. *Je suppose que je vais rester ici pour travailler. Génial !*

On a baissé le hayon et on a commencé à soulever la poubelle, qui était super lourde.

« Bon sang, qu'est-ce qu'il y a là-dedans, mon oncle ? » ai-je demandé.

« C'est notre réserve d'eau pour le camp », a-t-il dit.

On devait la transporter jusqu'à la tente, sinon elle gèlerait pendant la nuit et serait inutilisable le lendemain matin. On l'a mise là où le cuisinier nous a dit de la mettre. Puis on a pris tous les autres trucs dans le camion et on les a mis dans le camp.

Comme mon oncle venait d'arriver, je lui ai demandé où il allait dormir. Il a choisi un lit de camp, alors j'en ai choisi un à côté du sien, car j'avais besoin d'aide pour nettoyer ma blessure tous les soirs. Mon oncle a eu la gentillesse de m'aider dans cette tâche. On a discuté des autres villages et de leurs problèmes, puis la conversation a dérivé vers lui.

« Tu poses des toits ? » lui ai-je demandé.

« Oui », a-t-il répondu d'un air abattu. Il voulait être électricien, donc son but était de bosser avec l'électricien sur les chantiers. Il était assez déprimé à l'idée de poser des toits, même s'il était responsable de tous les toits. C'était quelqu'un de doué qui maîtrisait tout ce qu'il faisait. Il organisait tout et bossait de manière méthodique dans toutes les tâches qu'on lui confiait. C'était vraiment un homme talentueux. Je n'ai jamais parlé de la chasse à l'ours avec lui ni avec aucun autre membre de la famille. J'étais tout simplement trop bouleversé par toute cette situation.

Avant d'aller nous coucher, mon pauvre oncle s'était proposé pour nettoyer ma gaze ensanglantée. Il l'a imbibée d'eau oxygénée, puis l'a retirée pendant que je gémissais, car une partie s'est déchirée et je pouvais l'entendre se détacher de mon dos. En plus du sang, du pus et de tout le reste, j'avais encore beaucoup de gravier coincé dans cette plaie ouverte, dont une partie s'échappait lentement. Parfois, j'essayais de les retirer avec mes doigts.

Comme le poêle à pétrole ne marchait pas du tout, on a dû dormir dans le froid glacial, et bien sûr, il faisait de plus en plus froid au fur et à mesure que la nuit avançait, avec des températures négatives à l'intérieur de la tente. Le lit était un lit de camp inconfortable et un sac de couchage. Toute la nuit, je n'ai pas arrêté de me retourner, de trembler et d' , car je n'arrivais pas à me réchauffer. Je suis resté éveillé, heure après heure, jusqu'à l'heure de me lever. Finalement, j'ai entendu les gens se lever, tousser et cracher, et bien sûr, j'entendais le cuisinier s'affairer pour préparer le petit-déjeuner.

Je ne savais pas quelle heure il était. J'ai ouvert les yeux et j'ai regardé le toit blanc recouvert de morceaux de glace. Mon sac de couchage était aussi couvert de morceaux de glace. Je pouvais voir mon souffle sortir de ma bouche. En ouvrant la fermeture éclair de mon sac de couchage et en posant le pied par terre, j'ai remarqué que le sol en bois était trempé et couvert de plaques de glace.

Oh, super, ça va être une de ces journées, me suis-je dit.

Je me suis lavé du mieux que j'ai pu. Je ne me suis pas brossé les dents ni lavé le visage, car je ne savais pas où aller, personne ne me l'avait dit. Heureusement, mon oncle était là, Dieu merci, il a pu nettoyer ma blessure à nouveau le matin et me panser le dos. Heureusement, le sac de voyage qu'on m'avait envoyé était plein de vêtements chauds, donc j'avais au moins des sous-vêtements isolants, des chaussettes d'hiver, mon chapeau en castor et mes bottes Bunny. L'armée a conçu les bottes Bunny pour les températures super froides. Elles étaient blanches, grandes, épaisses, pas trop lourdes, assez confortables et pouvaient garder les pieds au sec et au chaud. J'étais reconnaissant de les avoir.

Après le petit-déjeuner, je ne savais toujours pas quoi faire, alors je suis sorti prendre l'air. Je voyais le soleil se lever. Un homme grand, avec une barbe et une moustache, s'est approché de moi, vêtu d'une combinaison pour temps froid et une lampe torche sur la tête. Il avait l'air drôle, mais il semblait sympa et m'a demandé de le suivre.

« Qu'est-ce qu'on va faire ?

« On va commencer à construire nos fondations et tu vas m'aider. »

« Comment on va faire si le sol est gelé ? »

« Je vais te montrer. »

Il portait une pioche et une houe, et on a commencé à marcher.

« C'est où le chantier ? » ai-je demandé.

Il était juste devant nous. Il m'a dit qu'il avait commencé à poser des fondations l'autre jour. On a marché jusqu'au chantier, qui était visible depuis la tente du campement de l'équipe, mais suffisamment loin pour qu'on regrette de ne pas avoir de moyen de transport, surtout par ce froid. Marcher jusqu'au chantier était un défi, car on marchait sur la même toundra que celle que j'avais connue pendant mon voyage de chasse. Cependant, elle était verglacée, ce qui la rendait glissante, inégale et difficile à parcourir. Avec ma cheville droite affaiblie, ça ne me rendait certainement pas très heureux.

Je connaissais bien le type de fondation utilisé sur ce chantier. Je l'avais installé quand j'étais plus jeune, alors que je travaillais au nord du cercle arctique, à Kotzebue, pendant les mois d'été.

Une fois qu'on a posé les piquets et tout mis à niveau, il m'a montré comment installer les dalles en hiver. Il a commencé à creuser la toundra avec la pioche-houe. À ma grande surprise, il n'y avait pas tant de creusage que ça, car on devait juste gratter la toundra pour obtenir des dalles de 1,20 m sur 1,20 m bien à niveau et bien carrées pour l'équipe chargée du revêtement de sol.

« Elles vont s'enfoncer dans le sol », lui ai-je dit.

Il m'a dit qu'il comprenait, mais que mon boulot était de placer ces patins là où ils devaient aller. « Je ne m'inquiète pas pour ça, car ce sont des fondations ajustables », m'a-t-il dit. Puis il s'est dirigé vers le patin et m'a demandé de l'aider à le mettre en place.

« Je ne peux pas faire ça, ai-je répondu. Je n'ai pas la force nécessaire. »

« Aide-moi juste à le mettre sur le côté. Ensuite, je le mettrai en place. »

On a fait ça ensemble pour tous les patins, puis on les a poussés d'avant en arrière avec des leviers jusqu'à ce qu'ils soient alignés en ligne droite pour installer correctement le système de plancher. Froids et mouillés, on a continué à bosser toute la journée jusqu'au coucher du soleil.

J'étais épuisé, j'avais super froid et mes gants étaient trempés par la neige glacée. On a fini et on est retournés au camp.

« Où est-ce qu'on prend notre douche ? » ai-je demandé à mon collègue sur le chemin du retour.

« Oh, on doit aller à la salle de sport. »

— Comment ça, la salle de sport ?

— Le gymnase du lycée est le seul endroit où on peut prendre une douche.

« Alors pourquoi on dort dans cette tente ? »

Il m'a expliqué que les gens du coin essayaient de soutirer de l'argent à notre patron et demandaient une somme importante pour nous loger. Il avait refusé de payer, alors maintenant, on était coincés ici, dans cette tente.

« Oh, super », ai-je dit.

Je me suis allongé sur le ventre sur mon lit de camp, car la blessure dans mon dos me faisait super mal. J'ai enlevé mes bottes. Mes chaussettes étaient trempées, pas à cause de la toundra humide et glacée, mais parce que les bottes Bunny sont tellement hermétiques que tes pieds ne peuvent pas respirer. Du coup, tes chaussettes sont trempées de sueur.

Alors que j'étais allongé là, d'autres membres de l'équipe ont commencé à arriver et à manger. J'étais tellement fatigué que j'ai juste pris une petite bouchée et un biscuit. Ma veste était pleine de sang à l'intérieur, alors je l'ai retournée pour la faire sécher. Mon oncle est finalement revenu et a refait mon pansement. Cette fois, c'était vraiment collant et sanglant, et il lui a fallu un certain temps pour enlever la gaze, une tâche vraiment désagréable. Mon épaule sentait mauvais et j'avais besoin de prendre une douche, mais j'étais trop fatigué pour le faire.

CHAPITRE 16

Sur la pointe des pieds

D'un coup d'œil, j'ai vu une dame debout à côté de moi. Je voyais bien que ce n'était pas une infirmière, car elle portait ce que je considérais comme des vêtements civils. Quand elle m'a salué, j'ai tourné les yeux vers elle et j'ai commencé à cligner des paupières. Elle m'a dit qu'elle travaillait pour l'ICBC et qu'il y avait des formulaires que je devais signer.

« Je ne vais rien signer pour l'instant », ai-je répondu.

« On doit le faire. »

« Non, je ne vais pas le faire », ai-je répété. « J'ai trop mal, je ne peux ni réfléchir ni faire quoi que ce soit pour l'instant. »

« Ce qui va se passer, c'est que votre assurance ne paiera pas les dommages, mais l'hôpital vous laissera sortir. Vous devrez ensuite régler cela avec eux plus tard. »

« Je ne comprends toujours pas ce qui se passe », ai-je dit.

Elle ne m'a pas donné plus d'explications. Elle m'a juste dit : « Je vais t'emmener dans un bureau où tu pourras signer des papiers. Ensuite, on te sortira d'ici dès que l'hôpital te laissera partir. On te trouvera un vol pour rentrer chez toi, et on discutera du reste plus tard. »

Je suis à plus de 3 000 km d'Anchorage. J'avais du mal à comprendre les dispositions qu'elle venait de m'exposer.

« Tu as eu un accident frontal avec un semi-remorque à double remorque », m'a-t-elle dit, en ajoutant que mon beau-frère allait prendre l'avion pour venir m'aider.

Oh mon Dieu, je dois payer son billet d'avion, ai-je pensé.

Je ne voulais pas qu'il dépense son propre argent. C'était un type tellement sympa. Et je ne voulais surtout pas que mes parents dépensent leur argent pour moi.

Un peu plus tard, l'administratrice de l'hôpital est venue dans ma chambre pour me dire comment ils allaient me laisser sortir et que je devais rester encore quelques jours. Je n'arrêtais pas de lui dire que je ne pouvais pas bouger la tête sans utiliser mes mains, mais elle ne répondait jamais. Je lui ai dit que ma vision était floue, et encore une fois, elle n'a rien dit, juste qu'ils allaient bientôt me laisser sortir et que je devrais rembourser l'hôpital.

Quand elle est partie, j'ai recommencé à pleurer.

Pourquoi ? Pourquoi ça m'arrive à moi ?

La tristesse m'a frappé de plein fouet quand j'ai pensé à mon vrai père. Je ne lui avais pas parlé depuis des années, même si j'avais supplié Dieu de m'aider. Mais tout ce que j'avais obtenu, c'était le silence. Il était parti et j'étais toujours là.

Comment est-ce possible ? Il est mort et je suis en vie.

MÊME S'IL FAISAIT NUIT NOIRE dehors à Newhalen, il était encore assez tôt. Je dirais vers huit heures. Brian m'a demandé d'aller chercher de l'eau. Il m'a dit que je devais aller à la salle de sport et remplir la poubelle de 200 litres. Il avait l'air sombre et, à ma grande surprise, il ne m'a pas crié dessus. *Oh, l'*, me suis-je dit. *Je n'ai même pas le droit à un peu de répit alors que je dois gérer ma cheville, mon bas du dos et ma blessure. Bon sang, quand est-ce que ça va finir ?*

Heureusement, mon oncle a décidé de m'aider et de me montrer où se trouvait l'eau. On est allés à la salle de sport, où j'ai trouvé un tuyau d'arrosage relié à un robinet. Je l'ai ouvert et j'ai rempli la poubelle pendant qu'on était assis à l'arrière du camion. Une fois de retour à la tente, d'autres équipes ont commencé à arriver après avoir terminé leurs autres tâches. Quelqu'un avait réparé le régulateur du système de chauffage au fioul, et on avait enfin de la chaleur à l'intérieur de la tente. Cependant, chauffer l'intérieur d'une tente est très différent de chauffer une maison, surtout quand la température extérieure est glaciale. La seule façon de se réchauffer était de rester à environ un mètre du revêtement. Comme il n'y avait pas assez de place pour tout, nous devions garder nos lits de camp contre le revêtement gelé. Donc oui, il y avait de la chaleur, mais il faisait toujours un froid de canard.

Les conditions météo dans la région d'Iliamna étaient imprévisibles et extrêmes. Il neigeait, il pleuvait, il gelait, puis tout fondait, et on devait constamment faire face à des vents violents et dangereux. C'était vraiment horrible.

Les membres de l'équipe arrivaient maintenant par avion depuis d'autres villages, y compris Tim. Je ne me souviens pas avoir vu Tim le soir où j'ai eu mon accident de voiture à Pitkas Point, donc je ne sais pas s'il faisait partie des collègues qui ont refusé de m'emmener à Bethel. Il avait quatre personnes dans son équipe de charpentiers et l'une d'elles devait passer à un autre projet, donc j'allais devenir son apprenti.

Même si lui et Brian se criaient dessus, je trouvais Tim plutôt calme. Mais j'avais entendu dire qu'il avait un sacré caractère. C'est comme ça que certaines personnes font face en Alaska. Il faut être dur comme l'acier, et il l'était.

Après le petit-déjeuner, c'était l'heure de commencer à bosser avec l'équipe de charpentiers. À ce moment-là, plusieurs systèmes de plancher, composés de poutres, de solives, de contreplaqué et de soffites, avaient été terminés, ce qui nous permettait de commencer la charpente. L'équipe de charpentiers était chargée de construire les murs extérieurs et d'installer les fermes de toit. C'étaient des maisons identiques à celles qui avaient été construites au nord du cercle arctique.

Ma plus grande préoccupation était de répondre aux attentes de Tim. Je ne savais pas s'il était au courant de mes blessures suite à l'accident. Je ne lui en avais certainement pas parlé. Si je ne suivais pas le rythme, il risquait de me mener la vie dure. J'ai pensé que je devais être aussi discret que possible, ne pas le déranger avec des questions et faire exactement ce qu'on me disait. J'espérais que cela compenserait mes déficits physiques au travail. On a eu la chance qu'un chariot élévateur soit sur place et puisse déposer l'équipement et les matériaux près de la première maison, ce qui nous a au moins évité de devoir les transporter jusqu'au chantier.

Chaque équipe avait son propre matériel spécialisé et standard. On leur fournissait un petit générateur pour l'électricité. À l'époque, on utilisait des générateurs Yamaha, qui étaient vraiment très bons. Certains utilisaient des générateurs Honda, qui étaient aussi très bons. On devait transporter à la main tous nos outils sur chaque chantier, y compris les bidons d'essence et d'autres équipements.

Notre équipe utilisait un compresseur à double réservoir alimenté au gaz pour faire fonctionner les cloueuses. Les compresseurs fonctionnaient toute la journée et, tout comme les générateurs, il fallait les remplir d'essence, les démarrer, changer l'huile, les entretenir, etc. Même s'ils avaient une roue à l'avant pour les déplacer, je peux vous dire qu'ils étaient plus lourds et plus difficiles à traîner sur la toundra enneigée, bosselée et gelée que les générateurs. Et tu peux deviner qui était chargé de cette tâche.

Tim était un homme d'action. Je devais encore courir, pas marcher. J'ai vite compris que Tim se fichait des conditions de travail ou météo. Il ne supportait pas qu'on lui parle de problèmes ou d'erreurs stupides ; il démolissait la personne sur place.

On m'a appris qu'un vrai homme devait porter au moins six montants de deux pouces sur six séchés au four, pesant environ quinze livres chacun. Ça fait environ quatre-vingt-dix livres, plus ou moins, selon le degré d'humidité du bois.

Avant mes blessures, je pouvais faire ce genre de truc, mais avec mes blessures, je ne pouvais pas en soulever six ; c'était impossible. Je pouvais en soulever deux au maximum, ou trois si je me forçais. J'avais du mal à les porter sur mon épaule gauche, car avant mes blessures, je les portais sur mon épaule droite, qui est ma dominante. Heureusement, mon épaule gauche n'était pas blessée, donc j'ai réussi à m'en sortir, mais mon bas du dos était encore en convalescence et j'avais toujours des problèmes avec ma cheville droite.

J'ai essayé de toutes mes forces de suivre le rythme de l'équipe toute la journée, mais je n'ai pas été à la hauteur. À ce jour, je ne sais toujours pas pourquoi je n'ai pas été viré, car je n'ai pas porté le minimum de six montants. Peut-être que Tim était au courant de mes blessures, mais d'après ce que j'ai pu constater ce jour-là, il n'avait aucune compassion pour personne. Peut-être pensait-il que je faisais de mon mieux. Qui sait ?

Les murs pignons ont été les premiers à être construits à chaque extrémité de la maison. Une fois la charpente terminée, on a fixé la grande ferme de pignon préfabriquée au sommet des murs. Cela a ajouté entre quatre et quatre mètres et demi à la hauteur des murs.

Une fois que tout était cloué et agrafé, on déroulait du Tyvek, une barrière synthétique contre les intempéries, et on l'agrafait sur les montants et les plaques. Une fois le Tyvek fixé, on installait le revêtement, qui couvrait tout le mur, y compris les fermes de pignon. Ensuite, on installait généralement les fenêtres, si elles étaient disponibles.

Évidemment, chaque mur pignon était super lourd à soulever, environ 540 kg, sans compter les matériaux trempés d'eau ou recouverts de glace. Selon l'heure, Tim prenait parfois la décision très rare de laisser les murs pignons au sol, et on devait revenir le lendemain matin pour les soulever. On n'était que quatre à soulever ces murs, et je peux vous dire que c'était un travail lourd et dangereux.

Les conditions de travail devenaient de plus en plus difficiles. On perdait environ cinq minutes de lumière du jour par jour, et on était maintenant en octobre. On avait encore environ dix heures de lumière du jour, mais on se dirigeait vers novembre. Plus sombre, plus froid, plus venteux et plus pluvieux, tous ces éléments rendaient notre travail beaucoup plus difficile.

Puis, les choses ont empiré de façon inattendue. Je ne sais pas ce qui s'est passé, mais les toilettes extérieures sont devenues inutilisables, donc on devait aller dehors. Pour aggraver les choses, il n'y avait plus de papier toilette. Bon, ça aurait été acceptable si on avait été en train de faire du camping à l, mais on était en train de travailler. On a dû fouiller le chantier pour trouver ce qu'on pouvait utiliser pour nos besoins. Je trouvais une boîte de clous de 16 penny et j'utilisais du Tyvek ou du papier goudronné pour me nettoyer, puis je le jetais dans le tas d'ordures. Je ne sais pas ce que les autres ont fait, et je n'ai pas posé la question.

Tout le monde se plaignait et on commençait tous à devenir bizarres. Ce soir-là, on m'a dit qu'on devait rendre habitable la première maison qu'on avait construite, installer le toit et l'isoler pour qu'on puisse tous l'utiliser comme campement pour l'équipe. Le chef continuerait à utiliser la tente pour cuisiner, mais on serait à l'intérieur de la maison dès que possible.

Le lendemain matin, Tim m'a envoyé aider mon oncle à faire le toit. Il y avait un vent de dingue.

« Comment on va soulever chaque feuille de métal pour la mettre sur le toit ? » ai-je demandé

mon oncle.

Les tôles mesuraient environ un mètre de large et cinq mètres de long, selon la taille de la maison. C'est un matériau léger, mais elles sont longues et encombrantes, et elles peuvent aussi être très dangereuses par vent fort. Si elles ne sont pas bien fixées au sol ou sur le toit, le vent peut les faire voler dans tous les sens comme un cerf-volant, et elles peuvent blesser gravement quelqu'un en le frappant ou en lui coupant les doigts, les mains ou la tête.

Mon oncle nous a expliqué qu'on allait utiliser trois échelles d'un côté du pignon, les placer à environ 30 cm au-dessus de la ligne de toiture, puis les attacher. Deux autres personnes seraient sur le toit. Elles jetteraient des cordes le long de l'échelle, et je fixerais chaque corde aux pinces C-vise, puis je la serrerais à chaque extrémité du métal, en m'assurant qu'elles étaient suffisamment fixées pour ne pas se détacher. C'est exactement ce qu'on avait fait sur le toit métallique de Pitkas Point.

J'ai fait ce qu'il m'a demandé et j'ai glissé moi-même le métal sur le sol près des murs pignons. Une fois que j'ai été sûr d'avoir fini, lui et son partenaire ont tiré sur la corde à chaque extrémité, pendant que j'étais en bas de l'échelle du milieu. J'ai dû grimper à l'échelle en tenant le métal pour m'assurer qu'il était stable pendant qu'ils le tiraient vers le haut, en faisant très attention à ne pas lâcher le milieu, car le vent pouvait parfois souffler et le coincer sous le métal. J'avais tellement peur que le vent me l'arrache des mains, le fasse voler jusqu'au sommet du toit et blesse mon oncle ou son partenaire.

Une fois arrivés en haut, on a continué à grimper et on a marché derrière la tôle qui venait d'être soulevée pendant que mon oncle et son partenaire la faisaient glisser vers l'autre bout du bâtiment, en la gardant près des pannes. Une fois qu'ils l'ont mise en place, ils l'ont vissée. Ils ne se sont pas contentés de la poser. Mon oncle était malin ; il aimait toujours visser chaque tôle avant d'en installer une autre. Comme ça, on n'avait pas besoin de revenir pour finir le boulot.

Puis, je suis retourné à l'échelle, j'ai descendu et j'ai répété le processus jusqu'à ce qu'on ait fini les deux côtés. La dernière chose qu'on avait à faire était d'installer le faîtage, ce qui n'était pas trop difficile car c'était tout en haut du toit avec une ouverture de 15 à 20 cm. On pouvait marcher le long du faîtage en posant les pieds sur les fermes en bois.

La nuit tombait rapidement et nous avons finalement pu terminer le travail, après avoir installé avec succès le conduit de cheminée. Tout le monde était content, car cela signifiait que nous étions presque prêts à emménager dans la maison. Pendant le dîner, l'équipe m'a taquiné en me disant qu'il fallait isoler cette chose le soir même.

« Ton père veut que ce soit fait », m'a dit l'un d'eux.

« Oh, tu plaisantes », ai-je répondu.

« Non, tu dois aller isoler cette maison. »

Après le dîner, je suis retourné à la maison. Quelqu'un, sûrement le gars du chariot élévateur, avait déjà mis les sacs d'isolant à l'intérieur. Du coup, j'ai commencé à installer le R-19 dans les cavités des murs tout seul. Le truc, c'est que l'isolant est en fibre de verre. La fibre de verre peut se coller sur tes vêtements, ta peau, tes yeux et tes poumons. Heureusement, quand j'avais fini environ les trois quarts des murs, vers minuit, mon oncle est venu m'aider pour le reste. C'était super sympa de sa part.

Isoler le plafond a été super pénible parce qu'à l'époque, ils n'avaient pas d'isolant à souffler, ou s'ils en avaient, on ne l'utilisait pas dans les plafonds. On a installé manuellement deux morceaux d'isolant, R-38 et R-11, ce qui a augmenté le facteur R total des plafonds à R-49. C'est beaucoup d'isolant, c'est sûr. On a finalement terminé vers 3 heures du matin. Je me souviens être retourné à la tente et m'être allongé sur le sac de couchage glacé parce que je ne voulais pas entrer à l'intérieur. Je n'avais nulle part où me doucher et j'étais couvert d'isolant. Je ne voulais pas mettre de fibre de verre dans mon sac de couchage, alors j'ai gardé mes vêtements et j'ai dormi sur le lit de camp. Que pouvais-je faire d'autre ?

CHAPITRE 17

Tout est permis

*P*eu après mon séjour à l'hôpital, j'avais encore du mal à tourner la tête d'un côté à l'autre. J'ai vu plein de spécialistes à Anchorage. Quelques semaines plus tard, alors que j'avais toujours mon plâtre, j'ai commencé à ressentir des douleurs intermittentes et aiguës, comme des piqûres d'aiguille, dans ma main gauche. J'en ai parlé à ma famille et je l'ai signalé au médecin. Ça me rappelait le choc que j'avais reçu de l'hélicoptère quand j'étais gamin, mais c'était beaucoup plus douloureux. Personne n'a rien dit à propos de la douleur que je ressentais.

Peu après, un proche m'a conduit chez un spécialiste en orthopédie. J'ai demandé à cette personne de quitter la pièce, mais à ma grande surprise, elle a refusé. Je suis là pour m'assurer que vous obteniez l'aide dont vous avez besoin. Trop faible pour discuter, je n'ai rien dit. Lorsque le médecin a retiré mon plâtre, il a immédiatement remarqué que ma main ne reprenait pas vie. Je ne pouvais pas la bouger. Me regardant avec incrédulité, il a couru dans l'autre pièce, est revenu en vitesse et m'a mis une minerve.

« Vous devez passer une radio tout de suite », m'a-t-il dit.

Peu de temps après, il a mis les radiographies sur le négatoscope et m'a montré l'image de mon cou. J'ai vu une fracture horizontale dans mes vertèbres cervicales, près de l'endroit qu'il me montrait.

« C'est quoi ? » ai-je demandé.

« J'ai une mauvaise nouvelle », m'a-t-il dit. *« Vous avez une fracture au niveau des vertèbres C4 et C5. »*

« J'ai répété aux infirmières et aux médecins de Kamloops que j'avais du mal à bouger la tête », ai-je dit. *« Ils m'ont dit que mon cou allait bien, car les radiographies du centre de traumatologie n'avaient révélé aucune blessure au niveau du cou. C'est pour ça qu'ils ne m'ont jamais mis d'attelle cervicale. »*

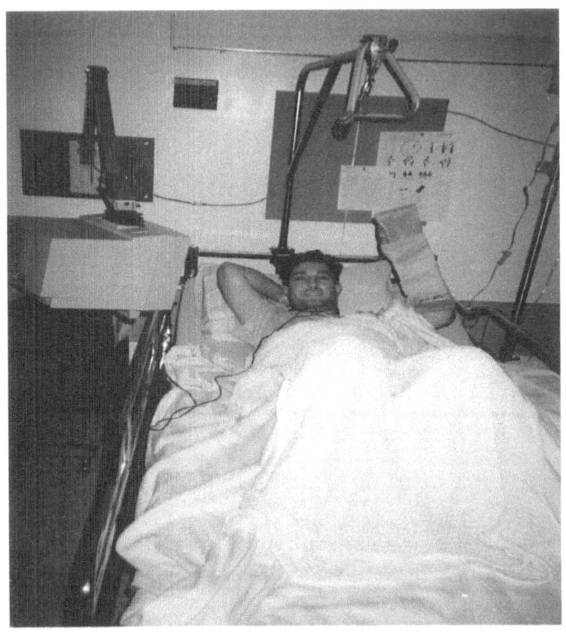

Alité à l'hôpital de Kamloops sans minerve.

« Je sais, ils ont raté ça », a dit le docteur. *« T'as de la chance de ne pas être paralysé. »* *Ils ont tous les deux quitté la chambre et je suis resté assis là, seul, à réfléchir à ma situation. Je n'arrêtais pas de me dire : « Et maintenant ? Comment est-ce possible ? Comment se fait-il que je puisse encore marcher ? » La*

personne à qui j'avais demandé de partir est revenue d'elle-même dans ma chambre, m'a regardé d'un air sévère et m'a dit : « Tu ferais mieux de dire la vérité et de ne pas mentir. »

« Quoi ? Mentir à propos de quoi ?

« Tes blessures. »

« Mais de quoi tu parles ? Tu peux voir mon cou cassé sur les radios, et le docteur a dit que j'avais une fracture des vertèbres C4 et C5. Malade et avec le peu d'énergie qu'il me restait, j'ai crié : « Sors, sors ! » Mais qu'est-ce qui n'allait pas chez cette personne ? Je veux dire, la putain de radio était juste devant ses yeux, montrant clairement que je m'étais cassé le cou. Et on me demande si je simule mes blessures. Quel genre de personne peut avoir autant de haine dans le cœur ? Aujourd'hui encore, quand je repense à ce moment, ça me met en rogne et ça me rend malade. Je ne pouvais même pas me défendre dans mon état de faiblesse. Quel connard. Comme si je n'avais pas assez de problèmes à gérer.

Finalement, cette personne est partie. Le médecin est revenu et, après une brève discussion sur mon cou, il m'a regardé avec compassion et m'a dit : « Accroche-toi, n'abandonne pas. Retourne à l'école et recommence ta vie. » Il m'a fait remarquer que trente-trois ans, c'était encore relativement jeune. Puis il a fouillé dans sa poche et en a sorti un mot blanc plié qu'il m'a montré. Le médecin m'a dit que la personne qui m'avait conduit lui avait remis un mot. On pouvait y lire : « David simule-t-il ses blessures ?

« Tu vas avoir du mal à te remettre », m'a-t-il dit. « Celui qui est derrière ce mot ne va pas te faciliter la tâche. »

Après m'avoir regardé sérieusement, il m'a chuchoté : « Ne parle à personne et ne fais confiance à personne. Prends soin de toi et guéris, change de vie et va à l'école comme je l'ai fait. » Il s'avère qu'il avait travaillé dans le commerce. Lui aussi avait subi des blessures qui avaient changé sa vie et avait dû tout recommencer à zéro. Il était allé à l'université et était finalement devenu médecin.

Devoir gérer cette personne désagréable, en plus de mes problèmes d'argent et de mes blessures, c'était vraiment dur, c'est le moins qu'on puisse dire. J'étais super reconnaissant pour les conseils que le docteur m'avait donnés et je n'ai *parlé à personne de ce qui m'arrivait. Je n'ai rien dit de ce que le docteur m'avait dit à cette personne cruelle sur le chemin du retour.*

La douleur aiguë intermittente dans ma main gauche a continué à me tourmenter pendant encore deux ans. C'est un autre spécialiste qui a découvert qu'une des broches posées à l'hôpital avait cédé et était à l'origine de la douleur. Après avoir fait retirer la broche par chirurgie, je n'ai plus jamais ressenti cette douleur aiguë. On m'a donné la broche retirée, que je garde encore aujourd'hui en souvenir de la douleur que j'ai endurée.

LE LENDEMAIN MATIN, je me suis réveillé au son du vent qui faisait claquer la tente. En regardant autour de moi, j'ai vu qu'il y avait beaucoup d'eau sur le sol en contreplaqué. « *C'est vraiment nul* », me suis-je dit.

Une fois de plus, mes vêtements, qui étaient sous mon lit de camp, étaient trempés. Après avoir pataugé dans l'eau sur le sol, j'ai trouvé une paire de chaussettes sèches dans mon sac de voyage pour les enfiler. Je devais garder mes pieds au-dessus de la ligne d'eau pour enfiler mes chaussettes. Heureusement, mes bottes en caoutchouc étaient à côté de mon lit. Une fois que je les ai mises, j'ai pu me rendre à la cuisine et boire une petite gorgée d'eau avant d'aller faire pipi dehors, car on n'avait toujours pas de toilettes extérieures en état de marche.

Je savais qu'on était censés se dire : « Ce n'est pas grave. C'est juste du camping. » Mais ce n'était pas comme si on était là pour essayer de vivre dans la nature pendant quelques jours, en frottant deux bâtons pour faire un feu de camp. Non, on n'était pas là pour être des naturalistes du week-end, on était là pour travailler.

J'essayais de me convaincre que les choses n'étaient pas aussi mauvaises qu'elles l'étaient, même si je souffrais toujours de ma blessure à l'épaule et de toutes ces douleurs, mais la situation devenait de plus en plus sombre à mesure que les jours passaient.

Je savais que cette nuit-là, on allait emménager dans la nouvelle maison qu'on venait de construire et que mon oncle et moi avions isolée, donc au moins, ce serait beaucoup plus chaud que de rester dans la tente. En même temps, on allait dormir dans une maison pleine d'isolant à découvert.

Ça va être horrible, me suis-je dit, *en respirant toute cette fibre de verre dans nos poumons.* On aurait pu se protéger si on avait eu des masques, mais on n'en avait pas, ni d'ailleurs beaucoup d'équipement de sécurité. C'était comme ça à l'époque.

On aurait dit qu'un mini ouragan faisait rage dehors, sans parler de toute cette eau et de cette glace sur la toundra bosselée où l'on pouvait facilement se tordre et se casser la cheville. « *Vous vous moquez de moi* », me suis-je dit. *En plus, on doit travailler dans ces conditions aujourd'hui. Quelle joie.*

Même si le cuisinier se plaignait tout le temps de ne pas pouvoir avoir la nourriture qu'il voulait, le petit-déjeuner qu'il servait, composé de pancakes, d'œufs et d'autres trucs, était toujours bon, donc je n'avais pas à m'inquiéter de mourir de faim. J'avais mal au ventre à l'idée qu'on devait sortir par ce temps et bosser pour un patron qui se fichait de ce qui pouvait nous arriver dehors.

Après le petit-déjeuner, je me suis rendu sur le chantier. Tim était généralement le premier à arriver, mais à ce moment-là, ça n'avait plus d'importance, car je pensais qu'il allait changer d'avis et nous donner la journée de congé. En arrivant à la maison, on s'est rendu compte que tout le sol était recouvert d'environ un demi-centimètre de glace et que de l'eau stagnait dessus. On pouvait à peine se tenir debout sur la terrasse sans glisser et tomber. On avait juste des bottes de neige normales, pas de crampons ni rien de ce genre, et on devait construire sur cette terrasse ce jour-là. Comment on allait faire ça ?

Comme d'habitude, Tim a crié : « Au boulot, bande d'enfoirés. » Je pense qu'il est né avec ce hashtag dans la bouche.

Ce qui m'a le plus stressé, c'est que le revêtement était loin de la maison. Je devais porter ou faire glisser ces fichus morceaux jusqu'aux maisons. Ce qui rendait la tâche encore plus difficile, c'était l'accumulation de glace. Elle rendait les panneaux de 2,7 mètres de long et 26 kilos beaucoup plus lourds. J'ai utilisé mon marteau pour essayer d'enlever autant de glace que possible, mais ça s'est avéré être une perte totale d', de temps et d'énergie. Je ne pouvais pas frapper trop fort, car je ne voulais pas endommager la surface finie, ce qui aurait rendu les panneaux inutilisables.

Au début, j'ai essayé de traîner les panneaux sur la toundra jusqu'à la maison, mais c'était trop dur pour moi de les bouger. J'ai ensuite essayé de porter les panneaux sur mon épaule, mais le vent soufflait si fort que la pression de l'air me faisait tourner le dos d'un côté à l'autre. La seule façon de les porter était sur mon épaule droite, au-dessus de la plaie ouverte. Non seulement c'était douloureux, mais j'entendais aussi le bandage craquer et frotter contre moi. *C'était vraiment pénible.* J'en avais marre, mais à qui pouvais-je me plaindre ? À qui pouvais-je demander de l'aide ? Tim criait de plus en plus fort alors que le vent soufflait de plus en plus fort. « Bougez-vous, bande d'enfoirés, bougez-vous ! Allez, amenez ce bois ici », criait-il tout en martelant avec son pistolet à clous, clouant tout ensemble.

Finalement, on a poussé les fermes de pignon sur la plate-forme et on les a fixées aux murs. Les fenêtres ont été laissées de côté à cause des vents violents. On a placé des blocs sous les fermes de pignon, ce qui nous a permis de soulever les murs par en dessous. Tim nous a rappelé que les fermes de pignon avaient des clous qui dépassaient des planches. *Ouais, il a raison, donc on doit faire attention.* On était maintenant prêts à soulever les deux murs pignons.

Tim nous a dit où on devait se mettre pour soulever le mur. Lui et Levi, un menuisier, devaient soulever chaque bout du mur, qui était la partie la plus basse et la plus sûre, car ils étaient juste au bord du bâtiment, ce qui leur permettait de sauter sur le côté si le mur tombait vers eux. Benny, l'autre membre de l'équipe, et moi, on devait soulever le milieu, qui était la partie la plus lourde, la plus haute et la plus dangereuse du mur. La hauteur du mur rendait super difficile de s'échapper s'il s'effondrait sur nous, surtout avec la glace glissante qui recouvrait tout le sol.

Le vent fort continuait de souffler directement sur nous. Tim criait : « Soulevez, bande d'enfoirés, soulevez, allez, soulevez, putain ! » tandis que nous glissions sur la glace, luttant pour le soulever à hauteur des genoux. Le vent continuait de pousser le pignon vers le bas, nous faisant glisser en arrière à chaque fois que nous faisions un petit pas en avant.

« Putain, soulevez ! Soulevez ce putain de mur ! Allez, bande de connards, soulevez ! », continuait-il à crier. Finalement, après ce qui nous a semblé une éternité, mais qui n'a probablement duré qu'une trentaine de secondes, nous avons réussi à le soulever jusqu'à hauteur de nos hanches.

« OK », a-t-il crié. « C'est bon. Continuez ! »

On a recommencé à soulever, le portant juste au-dessus de nos hanches avant qu'il ne recommence à glisser vers le bas. On a fait un autre pas et on l'a soulevé jusqu'à nos côtes, mais encore une fois, on a continué à glisser vers l'arrière.

Alors que Tim nous criait sans cesse de continuer à soulever, nous avons finalement réussi à le soulever juste au-dessus de nos têtes. Tout en luttant contre le vent et la glace, nous avons réussi à le soulever. Dieu seul sait comment nous avons finalement réussi à mettre ce fichu truc à la verticale. À ce moment-là, je tremblais comme une feuille. Le pignon était bien au-dessus de ma tête. Je ne mesure qu'un mètre soixante-quinze, et ce mur faisait plus de quatre mètres de haut. C'était un mur sacrément haut et lourd comme l'enfer.

« Prends un appui ! Prends un putain d'appui, connard, un appui ! » Tim continuait à me crier dessus.

J'avais peur de lâcher le mur, car je craignais que les gars ne perdent le contrôle. Je me suis rapidement retourné, j'ai essayé de courir pour trouver un renfort, mais j'ai immédiatement glissé et je suis tombé à quatre pattes. J'ai essayé de me relever, mais le sol glacé m'en empêchait, alors j'ai rampé aussi vite que possible pour m'éloigner du mur et attraper un renfort.

Une fois que j'ai attrapé un renfort, j'ai pu me relever. En me retournant, j'ai vu que les gars tenaient toujours le mur, mais qu'ils glissaient lentement vers l'arrière. Tim et Levi ont sauté du bord du bâtiment pour éviter d'être touchés par le mur. Le pauvre Benny a essayé de s'écarter, mais il n'a pas été assez rapide. La partie supérieure de la poutre du pignon a percuté l'épaule droite de Benny, lui laissant des marques de perforation importantes dues aux clous qui dépassaient, et Levi s'est blessé à la cheville en sautant du côté du bâtiment. Tim et moi nous en sommes sortis sans une égratignure.

Sans aucune compassion ni pitié pour les pauvres gars qui avaient été blessés, Tim a dit avec colère : « Bande d'enfoirés, vous auriez dû rester où vous étiez. »

Tim était déterminé à monter les deux murs pignons. Il a tout de suite demandé à l'équipe chargée du revêtement de sol de nous aider à les monter. Je me sentais mal pour mes collègues blessés, car notre seule pause après l'accident consistait à attendre l'arrivée des secours. Il a fallu dix personnes pour monter les murs. Une fois les murs enfin montés et consolidés, on a construit le reste de la maison.

Plus tard dans la nuit, on a dormi dans la maison qu'on avait isolée la veille. Ils ont utilisé un radiateur à kérosène pour se réchauffer. Heureusement, le kérosène est beaucoup plus propre que le diesel, mais on a quand même dû respirer toutes ces fumées. C'était quand même mieux que de geler, beaucoup plus chaud et mieux que la tente, ça c'est sûr.

Le lendemain, je me suis réveillé dans une matinée froide et ensoleillée après ma première nuit au chaud. Même si on n'avait toujours pas de toilettes extérieures ni de douche, je me sentais mieux par rapport à nos conditions de vie. En me rendant au petit-déjeuner dans la tente, désormais appelée la cabane du cuisinier, j'ai remarqué que du sang avait imprégné mon épaule jusqu'à l'extérieur de ma veste. Après le petit-déjeuner, j'ai regardé les murs sur lesquels j'avais travaillé la veille et j'ai vu des taches de sang sur plusieurs des panneaux que j'avais transportés. Tout ça me dérangeait.

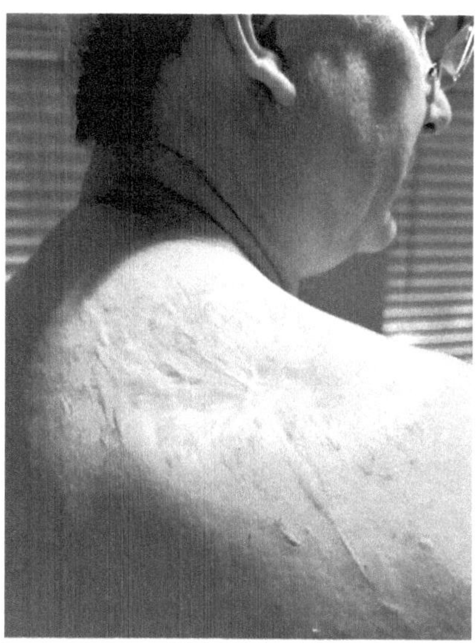

En regardant le lever du soleil, je me demandais quel genre d'idiot j'étais pour bosser dans ces conditions. Je me sentais tellement seul, en colère et amer que je n'avais personne à qui parler. Qu'est-ce que je pouvais faire ? Mes collègues étaient dans la même galère, mais aucun d'entre eux n'avait bossé aussi longtemps avec des blessures aussi graves que les miennes. C'est la peur qui me faisait tenir le coup, je ne voulais pas échouer et décevoir les gens. Je croyais que j'aidais ceux que je respectais et aimais.

Je n'étais pas le seul à être malheureux. Les conditions de travail difficiles ont commencé à éroder notre personnalité normale, et très vite, j'ai remarqué que nous nous transformions en de nouveaux personnages pour faire face à notre réalité.

Les gens se taquinaient, disant plein de trucs stupides, immatures et déplacés. Je peux te dire que ça devenait dingue. On a développé un humour malsain pour faire face au comportement bizarre des gens, y compris le mien. Même quand quelqu'un racontait une histoire choquante avec humour, ça ne cachait pas le fait que les gens étaient capables de faire des choses terribles. À ce jour, il y a beaucoup de choses que je n'ai jamais dites à personne. Les pensées que je partage aujourd'hui ne sont que des pièces d'un grand puzzle qui restera incomplet, car il est trop douloureux d'en parler.

Des années plus tard, à l'université, mon prof de psychologie nous a fait regarder et discuter du film « L'expérience de Stanford ». J'ai appris que quand un groupe de personnes travaille en étroite collaboration, surtout dans des situations stressantes, elles peuvent développer des comportements agressifs et inappropriés qui vont à l'encontre de leurs valeurs fondamentales, les poussant à faire et à dire des choses qu'elles ne feraient jamais en dehors de cet environnement. « L'expérience, qui devait durer une à deux semaines, a finalement dû être interrompue au bout de six jours, car elle est devenue incontrôlable lorsque les prisonniers ont été contraints de subir des abus cruels et déshumanisants de la part de leurs pairs.

L'expérience a montré, selon les mots du Dr Zimbardo, comment « des étudiants ordinaires pouvaient faire des choses terribles ».[v]

Cette leçon m'a donné un outil supplémentaire pour m'aider à comprendre ce qui nous arrivait à tous. Je veux dire, ils ont dû arrêter l'expérience psychologique sur l' e sixième jour dans un environnement contrôlé. Tu imagines comment certains d'entre nous se sont comportés en vivant dans la brousse pendant des semaines ou des mois ? Et un enfant exposé à des circonstances similaires ? Je pensais que j'étais le seul à avoir du mal à m'adapter à la société polie. Tout à coup, je n'étais plus seul. Même avec cette info, j'avais encore du mal à m'adapter à la vie chez moi.

À ce moment-là, on avait construit plein de maisons qui ressemblaient à un lotissement. Après le dîner, j'aidais parfois les autres membres de l'équipe. Un soir, j'ai aidé Yukon à trouver des pièces de plomberie. En rigolant, il m'a demandé : « Tu veux voir comment je localise les conduits de cheminée ? » Il a alors ouvert sa grosse combinaison d'hiver et en a sorti un pistolet caché. En marchant vers la chaudière, il a levé le bras, a pointé le pistolet vers le plafond et a tiré à travers le toit. Je n'en croyais pas mes yeux. Je pensais que le plombier motard aurait fait un truc comme ça, pas Yukon. Je pensais qu'il était pacifiste et qu'il n'aimait pas les armes à feu. Qui sait où cette balle est allée ? Et si quelqu'un avait été sur le toit ? La folie montait d'un cran.

Le lendemain, alors que je clouais la plaque supérieure aux montants, j'ai remarqué des chiens qui couraient partout sur le chantier. J'ai entendu le bruit familier des coups de feu. Pas le bruit sourd d'un pistolet à clous, mais des coups de fusil. Certains gars criaient : « Attrapez-le, attrapez-le ! Il s'enfuit, il s'enfuit ! » *Oh, super, et maintenant ? Pas encore. Putain.* Crack — un autre coup de feu — puis deux ou trois autres coups ont retenti, suivis de gémissements et de cris aigus qui semblaient provenir d'un chien.

Je ne savais pas ce qui se passait. En regardant à ma gauche, j'ai vu un chien traîner ses pattes arrière et gémir tandis que deux gars armés de fusils couraient entre les maisons, poursuivant et tirant sur le chien.

« Je m'occupe de celui-là », a crié l'un des hommes en passant devant nous. « Occupe-toi de l'autre chien. »

D'autres coups de feu ont alors retenti, et le chien qui gémissait s'est tu. Notre équipe et les autres ont regardé autour d'eux, essayant d'évaluer la situation. Puis, on s'est remis au boulot, en faisant comme si de rien n'était.

Ce soir-là, beaucoup de membres de l'équipe ont ri des événements de la journée.

« Mais qu'est-ce qui se passe ? ai-je demandé à un de mes collègues. Pourquoi ils tirent sur les chiens ?

« La ville a mis une prime sur les chiens. »

Pourquoi ?

Il m'a expliqué que beaucoup de chiens étaient enragés et qu'ils représentaient un danger pour les habitants, en particulier les enfants. Je ne savais pas que les gens tiraient réellement sur les chiens. Je pensais que cela n'existait que dans les films. Je n'avais aucune idée que cela se produisait encore à l'époque moderne. J'adore les chiens, mais j'ai dû mettre cet incident de côté, alors j'ai transformé mes pensées compatissantes à l'égard des chiens abattus en une simple déclaration : tant qu'ils ne me touchent pas avec leurs balles. Je n'avais que peu ou pas d'empathie pour les chiens. C'est pathétique.

Que faire, pleurer ou rire ? Pour moi, c'était plutôt les larmes, tellement la douleur était profonde que je n'arrivais plus à comprendre quoi que ce soit.

Qu'est-ce qui se passait avec ce boulot ? Tout le monde devait gérer la météo, les blessures, le manque de toilettes et d'installations sanitaires, et regarder ça faisait partie du quotidien.

Le lendemain matin, on s'est levés péniblement et on s'est mis au boulot. Tim a embauché un autre ouvrier, un homme âgé bien connu dans la communauté locale. Je l'appellerai Jeff. Même s'il cherchait un boulot où il pourrait manier le marteau, Tim lui a dit qu'il n'y avait pas grand-chose à faire à ce moment-là à part ramasser les ordures. Il lui a dit qu'il pourrait faire de la charpente dans environ une semaine.

Jeff a accepté son offre, et Tim lui a dit de rencontrer le conducteur du chariot élévateur pour commencer à bosser tout de suite. Jeff a dit qu'il reviendrait lundi.

« On a du boulot pour toi tout de suite », lui a répondu Tim.

« Oui, je sais, mais comme on est mercredi, je ne veux pas d'un petit chèque, donc je dois commencer lundi pour que mes chèques soient les mêmes », a dit Jeff.

« Quoi ? Tu gagneras plus d'argent en commençant aujourd'hui », a dit Tim. Jeff a quitté le chantier et on ne l'a pas revu de toute la semaine.

Lundi est arrivé. Cet après-midi-là, j'ai vu un homme au loin qui marchait vers notre chantier. Je ne reconnaissais toujours pas son visage alors qu'il se rapprochait, mais j'ai vu qu'il tenait une boîte à bout de bras. *Quelle vision étrange, me suis-je dit.* Je suis retourné bosser. Jeff s'est dirigé vers notre chantier et a crié à Tim : « Hé, il y a de la merde dans ces boîtes ! Il y a de la putain de merde dans ces boîtes. » Il a posé la boîte par terre et l'a ouverte pour montrer à Tim qu'elle contenait des excréments. « J'ai été embauché pour être charpentier, pas pour transporter de la merde », a-t-il crié.

Qui pourrait lui en vouloir ? J'aurais été énervé moi aussi.

Tim a juste regardé Jeff. « J'ai rien d'autre pour toi. Tu veux que je fasse quoi ? Tu vas bientôt monter des charpentes, mais c'est tout ce que j'ai pour toi pour l'instant. »

Jeff a jeté la boîte par terre et est parti en tapant du pied, secouant la tête avec dégoût. Pendant le déjeuner, les gens ont parlé de la boîte et de ce que Jeff avait fait. On se sentait mal pour lui. Personne n'essayait de lui manquer de respect, ni à lui ni à la communauté locale. On était tous énervés parce qu'on essayait de résoudre un problème difficile lié au manque de toilettes. Je veux dire, qu'est-ce qu'on était censés faire ? D'ailleurs, qui ouvre des boîtes destinées à la décharge ?

Après le fiasco avec Jeff, on a rapidement été informés que le conseil tribal avait décidé de nous faire fermer boutique parce qu'on n'avait pas le droit de dormir dans les maisons qu'on construisait et qu'on devait avoir des toilettes extérieures en état de marche sur le chantier. « Les acheteurs n'achèteront pas ces maisons si vous les occupez », nous a-t-on dit. « Vous devez tous retourner dans les tentes. »

Peu après, on a soudainement eu des toilettes sur le chantier. Cependant, on n'avait toujours pas de douches. Je ne me souviens pas vraiment avoir pris de douches. Je savais que je sentais mauvais, c'était évident, mais c'était le moindre de mes problèmes. Maintenant, on devait retourner dans la tente glaciale.

Au cours des semaines suivantes, on a eu droit à des vents violents, de la neige, de la pluie et tout ce que Mère Nature avait à offrir. Mon dix-neuvième anniversaire est passé sans qu'on en parle, et c'était presque Thanksgiving.

Je savais que dans quelques jours, on aurait un dîner de Thanksgiving avec la boîte à l'Iliamna Lodge, et que ma famille serait là.

En attendant, on n'avait plus que sept heures et demie de lumière du jour. Pendant l'hiver, on bossait souvent de longues heures dans le froid et le noir de la nuit. Je portais un masque facial et il faisait parfois si froid que chaque fois que j'expirais, la vapeur de ma bouche touchait mes yeux et, lorsque je clignais des yeux, mes cils gelaient. La seule façon d'ouvrir les paupières à l'extérieur était d'appuyer mes doigts nus sur mes paupières pour faire fondre la glace.

On devait faire preuve d'ingéniosité pour faire fonctionner l'équipement et les générateurs sous-alimentés. On travaillait même à la lampe de poche si les générateurs tombaient en panne ou manquaient de carburant. Une fois, une équipe a manqué d'huile moteur pour lubrifier les générateurs et l'équipement ; un membre de cette équipe a pris de l'huile végétale dans la cabane du cuisinier, l'a versée dans leur générateur et l'a fait fonctionner toute la journée. Je n'arrivais pas à croire que ça ait marché. Aucun des équipements n'était conçu pour fonctionner à l'huile végétale, donc je ne sais pas si ce générateur a fini par exploser.

Juste avant Thanksgiving, le vent a soufflé comme un ouragan, dispersant nos matériaux et nos déchets partout. Mon oncle et moi, avec plein d'autres personnes, avons dû sécuriser nos matériaux et essayer de déplacer autant de déchets que possible vers un endroit sûr. Ce qu'on ne pouvait pas déplacer, on a essayé de le sécuriser avec de grandes feuilles de contreplaqué. C'était dur d'être frappé par la pluie, la neige et le grésil. Je n'arrêtais pas de demander de l'aide à mon père et de me demander pourquoi j'étais encore en vie et lui était mort.

Après le déjeuner, on est allés dans une des maisons pour sécuriser la toiture métallique qui bougeait. Mon oncle et moi, on a été chargés de réparer une feuille qui claquait dans le vent violent. Alors que je m'approchais, une feuille de 5 mètres s'est envolée vers moi. J'ai essayé de l'esquiver, j'ai levé mon bras gauche pour protéger ma tête, et le métal s'est enroulé autour de mon corps, s'est plié en deux, puis m'a survolé. Je l'ai poursuivie, je l'ai immobilisée et mon oncle est venu m'aider. La tôle était froissée après m'avoir heurté, mais bizarrement, je n'avais ni coupure ni blessure. Je n'arrivais pas à croire que je m'en sois sorti indemne.

Après avoir sécurisé le reste du métal, je suis retourné au gros chariot élévateur qu'on utilisait pour les déchets. On a construit une caisse et on l'a posée sur les fourches avant. Jeff était maintenant chargé de conduire le chariot élévateur et il me suivait pendant que je ramassais les déchets et les mettais dans la caisse.

Je n'ai jamais aimé bosser avec Jeff. Juste être en sa présence me rendait nerveux. Les autres membres de l'équipe étaient tout aussi mal à l'aise avec lui, voire carrément effrayés. J'avais entendu plein de rumeurs sur Jeff de la part des gens du coin, dans le village et ailleurs. Apparemment, lui et sa copine étaient bourrés un soir en plein hiver alors qu'ils rentraient de Nondalton à Newhalen en quad. Ils se sont disputés avec sa femme, et Jeff s'est mis à tout casser dans sa cuite. Et puis, le lendemain, quelqu'un a trouvé un corps nu, couvert de bleus et de sang, gisant sur la piste gelée. Une femme avait été écrasée par un quad à plusieurs reprises, à tel point qu'ils n'ont pas pu identifier le corps avant de le ramener à Iliamna. La victime était la femme de Jeff, et le meurtrier présumé s'est avéré être Jeff. Qu'il soit coupable ou non, je me sentais mal à l'aise de travailler avec cet homme. Je ne dis pas qu'il l'a fait, mais je voulais l'éviter autant que possible.

Plus dérangeant encore, on a construit la maison de la copine de Jeff. Je n'ai jamais aimé cette femme, même avant de savoir ce qui s'était passé. Elle était dure et semblait méchante, et je ne voulais jamais avoir affaire à elle. La seule chose que je faisais, c'était lui dire bonjour et m'éloigner d'elle aussi vite que possible, car son ton et son attitude me faisaient flipper. En plus, mon patron l'avait embauchée. Personne ne savait vraiment ce qu'elle faisait.

Finalement, on a appris que l'équipe allait déménager sur le chantier suivant, à Nondalton. Quel soulagement ! Ce serait la dernière série de maisons à construire, donc on voyait enfin le bout du tunnel. Une fois le boulot fini, on pourrait rentrer chez nous. En plus, on n'aurait plus à dormir dans une tente glaciale, car ils avaient loué une salle avec des douches et des toilettes.

Au moins, je pourrais nettoyer ma blessure et essayer de me soulager un peu et de me remettre dans ce village, pensais-je. Je ne savais pas encore ce qui m'attendait.

CHAPITRE 18
Nondalton

Ael temps a passé après ma visite chez le médecin, qui m'avait laissé perplexe, et un pote et moi sommes allés voir Lost in Space. Encore super fatigué à cause de mes blessures et du stress, je me suis dit que regarder le film et passer du temps avec mon pote me changerait les idées pendant un moment.

Je n'ai pas dit grand-chose quand il est venu me chercher. Je n'avais pas l'énergie pour ça. Au bout d'un quart du film, j'ai eu l'impression de m'évanouir. Pour la première fois depuis les deux accidents de voiture que j'avais eus, j'ai de nouveau eu l'impression que j'étais en train de mourir. Je ne pouvais pas parler.

« Ça va ? » m'a demandé mon pote.

Comme je ne répondais pas, il m'a reposé la question plusieurs fois, en parlant de plus en plus fort.

Je ne pouvais ni parler ni bouger. J'étais contrarié de ne pas pouvoir répondre à mon pote et je me sentais mal de lui faire peur, mais j'étais comme paralysé.

Il m'a emmené d'urgence à l'hôpital, et je ne pouvais toujours pas parler. Un membre de ma famille est arrivé à l'hôpital.

« Il n'a rien », ai-je entendu les médecins leur dire. « Il ne répond simplement pas. » Peu après, j'ai retrouvé l'usage de la parole, mais cette expérience m'a hanté pendant des années.

J'ai compris que j'avais finalement été en état de choc cette nuit-là. Mon esprit et mon corps s'étaient arrêtés à cause de tout ce que j'avais vécu. Non seulement je devais faire face aux compagnies d'assurance et à toutes les difficultés financières qui m'accablaient, mais il semblait que j'allais perdre mes maisons, mes entreprises et mon gagne-pain de charpentier.

Tout ça parce que j'avais rendu service à mon beau-père. Le camionneur qui m'avait percuté avec ce qui s'est avéré être un camion commercial à double remorque avait dérapé sur ma voie, roulant à 90 km/h. Je roulais à 55 km/h, ce qui correspond à un impact de 145 km/h.

PENDANT LE TRES court vol vers Nondalton, niché entre deux montagnes, j'ai remarqué qu'il y avait beaucoup plus de neige au sol qu'à Newhalen. Ce n'était pas la seule différence. Le village comptait de nombreux arbres et une seule route menant directement à l'aéroport, à la périphérie de la ville. Alors que nous approchions du centre du village, j'ai vu depuis les airs que quelqu'un avait déjà commencé à construire certaines des fondations que j'avais aidé à installer précédemment. J'ai aussi remarqué des systèmes de plancher terminés. Cependant, quelque chose m'a semblé un peu bizarre. Ces systèmes de plancher semblaient être plus élevés au-dessus du sol. Ce n'était pas une zone plate comme à Newhalen ou dans la plupart des autres endroits où on avait construit au nord du cercle arctique. C'était différent.

On a atterri. Le frère de Brian est arrivé au volant d'un tracteur Kubota orange-rouge tirant une remorque. Il souriait et ressemblait à un « fermier Joe », ce qui m'a fait rire. C'était un type tellement sympa ; c'était toujours un plaisir de le voir. Je ne sais pas comment il arrivait à rester aussi optimiste, mais il semblait toujours heureux et de bonne humeur.

Chaque fois que je le voyais, je pensais à son rêve de toujours : devenir pêcheur commercial. C'est peut-être ce qui le motivait, car il disait toujours qu'il se rapprochait un peu plus de son rêve.

On a déchargé l'avion et chargé tout le matériel à l'arrière de la remorque, puis on a démarré le moteur diesel du Kubota. En route vers la maison de l'équipe, on a traversé la ville et j'ai pu constater que mon estimation de la hauteur des planchers était correcte : ils étaient beaucoup plus hauts que ceux qu'on avait construits jusqu'à présent. Ils étaient construits sur une pente raide qui s'élevait à partir d'une route parallèle plate. Certaines de ces maisons étaient tellement hautes qu'on pouvait se tenir sous les plates-formes de base et avoir besoin d'une échelle pour atteindre le premier étage.

La plupart des fondations des maisons étaient incomplètes d'une manière que je n'avais jamais vue auparavant. J'ai découvert plus tard qu'il fallait souder des extensions sur des supports métalliques diagonaux, qui avaient été commandés à un fabricant, et qu'il fallait donc attendre pour construire ces maisons. En attendant, des poteaux verticaux soutenaient l'ensemble du système, et une grande partie des renforts métalliques latéraux manquaient à de nombreux étages, ce qui créait une situation particulièrement dangereuse. J'imaginais qu'en commençant à construire sur des fondations instables, le poids des matériaux et les mouvements des ouvriers pourraient tordre les poteaux verticaux, commencer à tordre le plancher et provoquer l'effondrement de la maison, blessant ou tuant des ouvriers.

Ils avaient installé des attaches temporaires en bois de 2 pouces sur 4 pouces pour ces renforts latéraux, mais ça semblait peu fiable. J'ai remarqué qu'une épaisse couche de glace s'était formée partout et que les fondations semblaient avoir glissé vers le bas de la pente.

On a tourné à mi-chemin dans la ville et on s'est retrouvés au camp. C'était un vieux bâtiment qui ressemblait à un centre communautaire. La cuisine était à l'arrière, avec des tables, des chaises et plusieurs lits de camp tout autour. Cet endroit était bien plus sympa et chaleureux que notre camp précédent. Et à mon grand soulagement, il y avait l'eau courante et des toilettes. *Bon sang, on avait enfin un peu de confort civilisé.* On nous a demandé de choisir des lits de camp et de ranger nos affaires dessous. Et puis, sans même avoir le temps de me brosser les dents, je me suis retrouvé à bosser. Ça, ça allait devoir attendre.

Je devais aider le frère de Brian à déplacer des matériaux avec le Kubota. Il avait déplacé tout seul des chaudières de 500 livres. Je ne sais pas comment il a fait, mais il avait réussi à les charger et à les décharger de la remorque tout seul. Il était bâti comme un bœuf et c'était un gars super sympa avec qui bosser. On a continué à déplacer des matériaux pendant des jours jusqu'à ce que les autres équipes arrivent. On a traîné le matériel en haut de la colline et sur les parties basses de la terrasse, qui faisaient environ un mètre de haut, tandis que la partie la plus élevée était à environ deux mètres du sol. On a bossé tard tous les soirs.

On pouvait maintenant prendre des douches, mais mon oncle, avec sa gentillesse habituelle, continuait à me bander l'épaule. J'avais encore très mal à cause de mes blessures, mais je commençais à me sentir mieux, du moins physiquement. Je continuais à avoir des flashbacks de l'accident et de ma glissade sur la route de gravier. J'entendais le camion craquer et rouler sur la route, et je voyais les phares clignoter dans mon esprit. Mon esprit essayait toujours de comprendre l'accident.

Le temps était horrible. Il neigeait, il faisait froid et c'était vraiment inconfortable. Beaucoup de gens démissionnaient les uns après les autres. Personne ne voulait travailler sur ce projet isolé en plein hiver, entouré de glace, de neige et de vent. La situation est devenue si grave que mon beau-père a dû passer une annonce dans plusieurs journaux pour recruter de la main-d'œuvre, y compris dans les 48 États contigus. Chaque fois que quelqu'un arrivait en avion, il ne restait pas longtemps.

Sur le chantier de Newhalen, je me souviens que deux gars sont arrivés en fin d'après-midi pour construire les murs intérieurs, ce qui voulait dire qu'ils n'avaient pas à bosser dehors. Le lendemain matin, l'un d'eux s'est levé, a regardé autour de lui et a dit : « On démissionne. » Les deux sont allés directement à l'aéroport et ont payé leur billet de retour de leur poche.

On était clairement en retard sur le planning et les toits n'étaient pas terminés. Mon pauvre oncle se donnait à fond et faisait tout ce qu'il pouvait pour que les maisons soient fermées. Je l'aidais dès que je pouvais, entre mes autres boulots.

Tard dans la soirée, après avoir enfin arrêté de bosser et être rentrés au camp pour dîner, j'ai vu mon beau-frère et Gil, que je connaissais depuis que j'étais gamin et que je bossais à Kotzebue. Je sais pas quel âge il avait, mais il avait l'air d'un grand-père heureux, même quand je l'ai rencontré pour la première fois. Toutes ces années plus tard, il semblait n'avoir pas pris une ride. Je l'avais toujours bien aimé. C'était un type super sympa et toujours gentil avec moi. Maintenant, il était là, et je n'arrivais pas à y croire.

En fait, ils avaient pris l'avion depuis la ville ce jour-là pour nous donner un coup de main. Je ne savais même pas que Gil travaillait encore, car la dernière fois que j'avais eu de ses nouvelles, c'était pour m'apprendre que sa pauvre fille était décédée. D'après ce que j'avais compris, alors qu'elle conduisait une motoneige, elle avait heurté une clôture métallique qui lui avait blessé la main et la tête. Bon, je n'en dirai pas plus. Mon cœur s'est mis à battre plus vite quand j'ai réalisé que le cercueil que mon oncle et moi avions mis dans l'avion bimoteur 402 de mon beau-père était peut-être le sien. Je me suis senti super mal. En tout cas, c'était un coup dur qu'elle soit décédée. *Que Dieu ait son âme.*

Je ne sais pas comment il a pu supporter une perte aussi énorme. C'était un homme courageux et compatissant, du genre à donner sa chemise si quelqu'un avait besoin d'aide. Quand j'ai appris ce qui était arrivé à sa fille, même si je ne me souviens pas l'avoir rencontrée, j'ai eu le cœur brisé. Pourtant, il était là, toujours aussi souriant et joyeux. J'étais tellement heureux d'avoir l'occasion de le revoir.

« Qu'est-ce que tu fais ici ? » ai-je demandé à mon beau-frère.

« Ton père m'a demandé de l'aider », m'a-t-il répondu. « Comment va ton épaule ? »

Je lui ai dit qu'elle saignait encore, mais moins, et qu'elle suintait beaucoup de pus. Je continuais à enlever des cailloux, ce que je dois encore faire aujourd'hui lorsque de petits morceaux finissent par traverser le tissu cicatriciel. C'était vraiment douloureux. « Au moins, je suis enfin capable de la nettoyer moi-même », lui ai-je dit. « Mais c'est encore difficile de mettre un pansement toute seule. »

J'ai ajouté qu'au moins, on était enfin dans un bâtiment bien chauffé, et il m'a répondu qu'il avait entendu dire qu'on avait beaucoup de difficultés. Après un bon repas et une bonne nuit de sommeil, on s'est réveillés tôt le lendemain et on s'est mis au boulot.

Mon beau-frère est venu aider mon oncle sur le toit. Heureusement, c'était un ouvrier du bâtiment compétent qui était chef de chantier pour une petite entreprise. Il savait tout faire : béton, charpente, cloisons sèches et finitions. J'ai toujours aimé bosser pour lui.

Il était toujours super sympa et agréable. J'avais beaucoup de respect pour lui, et c'est toujours le cas aujourd'hui.

Pendant qu'on transportait les matériaux sur la route, je les voyais bosser dur sur les toits. À ce moment-là, quelques maisons avaient déjà un toit et le boulot commençait à prendre forme, même si on manquait toujours de main-d'œuvre. On a fait de gros efforts pour faire ce qu'on pouvait en bossant tard le soir. Je ne sais pas pour les autres, mais je n'ai pas facturé la plupart de mes heures supplémentaires. Je pense que d'autres ont fait pareil.

Un vendredi soir, l'équipe était en train de dîner et de discuter avec Gil et quelques habitants de Kotzebue, sa ville natale. Beaucoup de gens buvaient. Je ne me souviens pas si j'ai bu ou pas. J'ai dû boire un verre, mais pour la première fois, j'ai pu me détendre et profiter de la compagnie de tout le monde. Tout le monde semblait passer un bon moment.

« Hé, t'es de Kotzebue, putain ? » a demandé un des gars du coin.

Gil éclata de rire en buvant son whisky. « Ouais, je viens de ce foutu Kotzebue », répondit-il.

Les gars du coin ont commencé à envoyer des insultes à Gil. Les plaisanteries ont fusé pendant un bon moment, chacun se moquant tour à tour de l'autre. J'avais entendu parler de l'histoire des grandes guerres autochtones. Ce n'est qu'à ce moment-là que j'ai réalisé qu'il y avait encore de la colère et du ressentiment au sein de certaines communautés autochtones, qui perdurent encore aujourd'hui. Les railleries étaient incessantes. Les habitants et Gil riaient aux éclats en se taquinant, et tout le monde semblait se coucher heureux.

Le lendemain, j'ai dû aider mon beau-frère et mon oncle à travailler sur les toits. On ne prenait pas vraiment de week-end. Cette maison était située en haut d'une colline. Quelques jours auparavant, le frère de mon patron avait apporté des matériaux à la maison. On a stocké les petits objets sous la maison pour les protéger des intempéries, mais les plus gros, comme le frigo et la chaudière, ont été placés à environ un mètre et demi devant la maison.

Je leur passais les matériaux et tout le reste pendant qu'ils étaient sur le toit pour les visser. Il neigeait, donc tout le monde glissait et dérapait partout. Certains morceaux de métal n'avaient pas été vissés la veille, alors mon beau-frère est sorti avec une visseuse électrique. Je savais qu'il y avait une corde à proximité, mais l'instant d'après, il glissait sur le toit.

« Accroche-toi ! » ai-je crié. « Accroche-toi, s'il te plaît, accroche-toi ! »

D'une manière ou d'une autre, juste avant de tomber du bord du toit, il a réussi l'impossible : il s'est retourné pendant sa descente rapide sur un toit enneigé et verglacé. Maintenant, face vers l'avant, il glissait à quatre pattes, et alors qu'il était sur le point de passer par-dessus le bord, il a disparu de notre vue. Il était tombé d'au moins cinq mètres du bord supérieur du toit enneigé sur une pente verglacée, enneigée et gelée.

Oh mon Dieu, Jésus Christ !

On était complètement paniqués. *Mon Dieu, j'espère qu'il va bien.*

« Ça va ? » avons-nous crié en descendant du toit.

Il allait bien. Il s'était blessé aux mains, aux pieds et au dos, mais ça aurait pu être bien pire. S'il n'avait pas sauté, il aurait atterri sur l'un des objets en dessous, risquant de se blesser gravement à la moelle épinière, de se casser des os ou de s'empaler. Grâce à sa rapidité et à son agilité, il a atterri entre le frigo et la chaudière. Il s'en est sorti de justesse. Grâce à son courage, sa bravoure et sa vivacité d'esprit, il a sauvé sa vie et évité des blessures graves.

Oh, Dieu tout-puissant, Dieu merci, il n'est pas gravement blessé, ai-je pensé.

Il est retourné sur le toit et a continué à bosser même s'il neigeait encore. C'était un vrai dur à cuire. Je ne connaissais que les blessures dont il nous avait parlé, mais vu la hauteur de la chute, je suis sûr qu'il y en avait d'autres.

Mon beau-frère aurait pu être handicapé à vie ou mourir. Sous le choc, je n'arrêtais pas de me dire : « *Mon Dieu, mais qu'est-ce qu'on fait ? Personne ne veut travailler ici, dans l . J'aimais cet homme et mon oncle. Si l'un d'eux avait été blessé ou était mort, je pense que j'aurais perdu la tête.*

Quelques jours plus tard, on est retournés au camp pour se reposer et on a découvert que les habitants avaient détruit nos affaires. Ils étaient entrés dans le camp, avaient volé les affaires de beaucoup de gens et saccagé les lieux, cassant les tables, les chaises et les lits de camp. C'était comme s'ils avaient pris un marteau pour tout détruire. Les installations de cuisine étaient cassées et en désordre.

Ce soir-là, on a dû quitter le camp et trouver une des maisons qui avait déjà été isolée. C'était désagréable, car les maisons n'avaient ni chauffage ni électricité. Au moins, des fenêtres avaient été installées dans celle qu'on a choisie, mais l'une d'elles était cassée. Il faisait donc un froid glacial. Les lits de camp étaient détruits, on n'avait pas de matelas pour dormir et le sol était glacial. J'ai posé mon sac de couchage sur l'isolation et je m'en suis servi comme matelas.

Peu après, d'autres personnes ont démissionné. Mon beau-frère a quitté son boulot. Mon oncle a continué à bosser, mais pas sur place. Je ne me souviens pas où il est allé, probablement dans un autre village. Je me suis retrouvé là-bas avec seulement deux ou trois personnes, me sentant abandonné, isolé et inquiet pour ma sécurité.

J'ai contacté mon beau-père. « Je ne veux pas rester ici à moins qu'on ait des dobermans, des armes à feu ou quelque chose comme ça pour nous protéger », lui ai-je dit.

« Attends », m'a-t-il répondu. « On va envoyer quelqu'un d'autre pour t'aider à remettre les choses en ordre. »

« La dernière fois que j'ai vu Brian, c'était il y a des semaines », ai-je dit, incapable de cacher mon émotion. « Je le vois rarement parce qu'il est toujours en train de parcourir tous les autres villages pour gérer le projet. Comment ça, vous allez envoyer quelqu'un d'autre ? »

« J'ai embauché un nouveau chef de projet qui va prendre l'avion aujourd'hui ou demain. On va bientôt avoir de l'aide », m'a-t-il dit.

Je me suis tu, car je ne voulais pas causer d'autres problèmes. Je suis retourné dans la maison froide et non chauffée et je me suis endormi sur mon sac de couchage, utilisant toujours l'isolant comme matelas, car il n'y avait pas de lits de camp.

Le lendemain, ceux qui étaient restés ont dû faire face à la nouvelle réalité des jours à venir. Il n'y avait plus de sanitaires ni de cuisine. Tout ce qu'on avait à manger, c'était des conserves qu'on avait récupérées la veille dans l'ancien camp. Quand on est allés chercher certaines de nos affaires dans l'ancien camp, on a trouvé la porte fermée à clé et on n'a pas pu entrer, donc on n'a rien pu récupérer d'autre.

D'après ce que j'avais entendu, le nouveau patron volait dans son avion, un Helio Courier. Ces avions célèbres avaient été utilisés au Vietnam et étaient censés être conçus pour éviter le décrochage. Je n'y ai jamais cru une seule seconde, car tous les avions peuvent décrocher. Plus tard dans l'après-midi, j'ai entendu un avion voler au-dessus de ma tête. Ayant passé beaucoup de temps dans les aéroports et sur les pistes, j'ai tout de suite su qu'il s'agissait d'un avion Helio rien qu'au bruit. En levant les yeux, j'ai pu le confirmer.

Oh, ça doit être le nouveau patron, déjà. Bon sang, il vient nous donner un coup de main. Ce serait génial.

On l'a rencontré à la maison où on logeait. Il avait les cheveux bouclés et ressemblait à Tom Jones, l'artiste. On lui a raconté ce qui s'était passé.

« Je vais régler ça tout de suite et trouver un arrangement pour qu'on puisse réutiliser le camp de base », a-t-il dit. Il avait l'air d'un type plutôt sympa qui voulait nous aider. Peu après cette rencontre, il est parti en avion pour Iliamna. Je suppose qu'il allait vérifier les autres chantiers.

Le même jour, avant même d'avoir eu l'occasion de renégocier les accords avec les locaux et de nous faire revenir au camp, sans parler de s'occuper de la destruction de nos biens, une nouvelle est arrivée. Alors qu'il décollait de la piste d'Iliamna Airport, il s'est écrasé. Voilà pour la légende selon laquelle ces avions ne calent pas. On nous a dit que c'était un terrible accident et qu'il était évacué vers Anchorage. J'espérais qu'il allait bien. Bon sang, le pauvre gars n'était même pas là depuis quelques heures qu'il s'était déjà écrasé. *Qu'est-ce qui pouvait encore mal tourner dans ce boulot ?*

Plusieurs semaines plus tard, j'ai vu le nouveau superviseur chez lui. Il était amoché et avait des plâtres sur les deux jambes et les deux pieds. Des fils sortaient de chaque orteil d' . Son visage était noir et bleu. Il n'avait pas l'air bien du tout, mais il a pu parler au téléphone pendant des heures.

D'autres personnes qui travaillaient dans les autres villages avaient démissionné après l'accident du nouveau chef de projet, et quelques travailleurs familiers sont arrivés à Nondalton. On était pratiquement seuls. Il faisait tellement froid à ce moment-là que le Kubota avait du mal à démarrer. La conduite du filtre à carburant se cristallisait avec la glace, et on devait utiliser des radiateurs pour le faire démarrer.

En plus de toutes mes autres tâches, j'aidais Yukon et le plombier motard. Cette fois-ci, les plombiers avaient besoin d'injecter de l'eau et du glycol dans les chaudières pour activer le système de chauffage. Tout ce qu'on avait, c'était un tuyau provenant de l'évier à l'intérieur du campement des cuisiniers pour remplir des seaux de 19 litres. Une fois remplis, on avait l'intention d'utiliser la remorque du Kubota pour les transporter jusqu'à chaque maison. Mais, comme par hasard, la conduite de carburant du Kubota a encore gelé et on n'a pas pu alimenter le radiateur d'appoint pour faire fondre la glace. Du coup, tout a dû être déplacé à la main.

Comme Yukon voulait rentrer chez lui le plus vite possible, on a décidé de faire un marathon de travail de vingt-quatre heures. Comme par hasard, j'ai dû transporter à la main les seaux de 19 litres d'eau d'un bout à l'autre du village, par des températures négatives, toute la nuit et le lendemain. Chaque seau pesait plus de 16 kg lorsqu'il était rempli d'eau. La route était recouverte d'une fine couche de neige qui cachait la glace en dessous. Parfois, mes bottes heurtaient une plaque de glace et je glissais, éclaboussant mon visage ou ma peau exposée d'eau glacée, ce qui me causait une sensation de brûlure. Une fois arrivé à une maison, je montais les seaux d'eau dans les escaliers et je pompais le mélange d'eau et de glycol dans chaque chaudière. Le glycol est un produit antigel qui empêche l'eau de geler quand il fait moins de zéro. On a fini notre quart de travail de vingt-quatre heures et on a bouclé le boulot. Yukon était crevé, mais content parce qu'il pouvait rentrer chez lui.

Les coups durs continuaient de pleuvoir, mais j'ai réussi à tirer le meilleur parti de la situation. J'ai fini par me lancer seul. À l'âge de dix-neuf ans, j'ai acheté un joli petit appartement de deux chambres situé au deuxième étage. Il disposait d'un garage commun, ce qui était agréable, surtout pendant les journées sombres et froides de l'hiver à Anchorage. J'y ai passé quelques bonnes années, puis je l'ai vendu pour partir vers d'autres aventures et mettre en pratique les leçons que j'avais apprises.

CHAPITRE 19

Des leçons pour la vie

Pendant le procès, un gros type costaud avec une barbe et une moustache a dit qu'il était venu vers le camion froissé et m'avait vu inconscient. Il a vu ma main gauche pendre à l'extérieur de la fenêtre avant côté conducteur. Alors que j'étais assis dans le camion accidenté, le gars a essayé de me réveiller en me parlant, mais je n'ai pas répondu, même après qu'il m'ait secoué. Désespéré, il m'a donné quelques claques sur la main gauche, mais je suis resté inconscient.

Alors qu'il racontait cette histoire à la barre des témoins, il s'est effondré en larmes. Il avait entendu dire que ma main gauche avait dû être reconstruite à l'aide de broches.

Je l'ai regardé pleurer à la barre. Mon Dieu, je me sentais tellement mal pour lui. Il ne savait pas que ma main avait été blessée après avoir été projetée à travers la vitre, brisant le verre. Ce n'était pas sa faute. Si j'avais vu quelqu'un en difficulté dans un accident similaire, j'aurais peut-être fait la même chose *que lui. Il n'avait aucune raison d'être bouleversé. Je sais qu'il était là pour essayer de m'aider.*

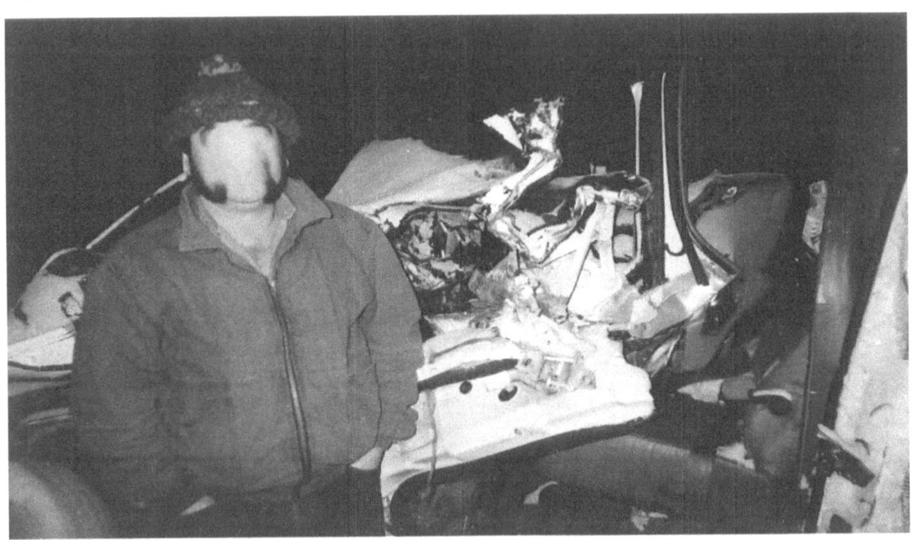

Je n'ai aucune rancune envers le chauffeur du camion qui m'a percutée. Cependant, je suis dégoûtée par ces compagnies d'assurance minables qui m'ont laissée sans le sou et qui se fichaient complètement de mon bien-être et de celui des autres, occupées qu'elles étaient à se disputer pour de l'argent.

Les difficultés financières et les blessures auxquelles j'ai dû faire face m'ont profondément bouleversé. Et ce qui m'a encore plus dégoûté, c'est que pendant plusieurs années, l'hôpital a refusé notre demande d'obtenir la radiographie de mon cou réalisée au centre de traumatologie. Finalement, juste avant ou pendant le procès, l'hôpital a publié la radiographie. Elle montrait que j'avais endommagé mes vertèbres C4 et C5. Ils avaient caché ça. Ils ont juste dit : « Désolés, on a fait une erreur », et c'est tout.

Financièrement, ils ont traité ma blessure au cou comme si c'était un doigt cassé. Ça ne les dérangeait pas. Imagine-toi dans cette situation. J'aurais pu être paralysé si ma main gauche n'avait pas repris vie et si mon médecin n'avait pas tout de suite pensé que quelque chose n'allait pas. C'était juste de la chance. Mon médecin m'a évité de finir dans un fauteuil roulant, et personne n'a été tenu responsable.

J'ai eu beaucoup de mal à me remettre de cet accident et, bien sûr, j'ai dû payer mes frais médicaux pendant des années, ce qui m'a coûté ma maison, mon travail et mes logements locatifs. Ma famille ne m'a guère aidé.

Heureusement, à ce moment-là, j'avais déjà fondé ma propre famille, basée sur l'amour.

Après notre retour de Newhalen et Nondalton, mon beau-père m'a dit qu'il n'en voulait à personne qui avait démissionné et qu'il les réembaucherait s'ils voulaient un boulot. Même si je suis resté fidèle et que je n'ai pas démissionné, j'ai été traité différemment des autres travailleurs. Les choses n'ont plus jamais été pareilles entre nous. On n'a jamais parlé de mon accident de voiture ni des difficultés que j'avais rencontrées dans les villages. C'était un sujet tabou, même si aujourd'hui encore, je continue à être hanté par ce qui s'est passé pendant ces missions, ainsi que par les actes de violence auxquels j'ai été confronté quand j'étais gamin.

Pendant que je me remettais de mon deuxième accident de voiture au Mexique, j'ai ressenti un besoin intense de trouver la tombe de mon père biologique. J'avais envie de lui dire que je l'aimais et de m'excuser de lui avoir fait du mal. Une fois suffisamment rétabli, je suis allé à Los Angeles pour chercher sa tombe. Ça m'a pris du temps, mais j'ai fini par la trouver. Il fallait signer un registre avant d'accéder au site. Bizarrement, j'ai vu un nom signé au-dessus de ma signature. Qui était cette personne ? En m'approchant de sa tombe, j'ai remarqué une petite plaque magnifique. Après lui avoir rendu visite, je suis retourné au bureau et j'ai demandé au gardien qui avait signé.

« Cette personne a acheté la plaque », m'a-t-il répondu.

À ce moment-là, j'ai compris de qui il s'agissait. On m'avait toujours dit que j'avais un autre frère, plus âgé que moi. Je ne sais pas de combien d'années il était plus âgé, mais on m'avait dit son nom et on m'avait dit qu'il était super beau. Il avait un look de star de cinéma. On m'a aussi dit qu'il était très protecteur envers ma demi-sœur, ainsi qu'envers les autres, et qu'il veillait sur elle comme un faucon. Malheureusement, je n'ai aucun souvenir de lui. Je me souviens seulement d' , mon magnifique petit frère de deux ans. Mais j'ai été touchée que notre frère aîné ait fait graver une plaque pour notre père.

Oh, mon cher frère, merci beaucoup pour l'amour que tu as montré à papa, ai-je pensé. *Que Dieu bénisse mon frère, mes deux frères.*

Même si je me sentais un peu mieux après avoir rendu visite à mon père, je souffrais toujours d'une immense culpabilité. Je sais qu'il était illogique qu'un garçon de quatre ans qui aimait son père ait pu le tuer. Bien sûr, cela n'avait aucun sens. Je le savais, mais mon esprit ne voulait pas me libérer de ce fardeau.

Il était temps de quitter Los Angeles, mais quelque chose me rongeait. C'était la façon dont mon père était mort. J'ai donc décidé de rassembler tout mon courage pour demander à ma mère biologique, avec qui j'avais repris contact, ce qui lui était arrivé.

Quand je lui ai expliqué au téléphone ce qu'on m'avait dit, elle s'est mise à pleurer.

« Ce n'est pas ce qui s'est passé », a-t-elle insisté avant de m'expliquer qu'il était à moto dans une station-service et qu'une voiture l'avait renversé avant de prendre la fuite. « Un délit de fuite », a-t-elle dit. « Ils n'ont pas trouvé la personne qui a tué ton père. L'affaire est toujours en cours. »

« Non, ce n'est pas vrai. C'est impossible »,

« J'ai toujours su que mon prénom était Lee avant qu'ils ne le changent en David, mais j'ai appris que le deuxième prénom de mon père était Lee », lui ai-je dit.

« C'était comme si quelqu'un essayait d'effacer son histoire », a-t-elle dit. Elle a été déprimée et en colère pendant des années à cause de ça.

Après notre conversation, j'ai tout de suite appelé ma grand-mère, qui était heureusement encore en vie à l'époque, et je lui ai posé la même question. Sans hésiter, elle m'a raconté la même histoire.

Ma grand-mère a essayé de me calmer, mais la douleur que je ressentais après ce qu'elle venait de me dire était indescriptible. *Que Dieu ait son âme.*

J'ai pleuré longtemps. *Pourquoi quelqu'un m'aurait-il dit qu'il s'était suicidé et m'aurait fait croire que c'était moi qui l'avais tué ?* Non seulement on m'avait menti sur la façon dont il était mort, mais j'ai aussi appris qu'il venait d'avoir trente-deux ans. Souffrait-il ? A-t-il souffert allongé sur l'asphalte brûlant ? *Mon Dieu, j'espère qu'il n'a pas souffert.*

Puis la rage m'a envahi. Quel genre de personne raconte un tel mensonge à un enfant ? Un membre de la famille a un jour prétendu qu'il s'agissait d'un malentendu. N'importe quoi. Personne ne peut mal interpréter une chose pareille. Mais bon, accordons-lui le bénéfice du doute. Même dans ce cas, qui, sain d'esprit, dirait une chose pareille à un enfant de sept ans ? C'est là que j'ai compris : j'étais en deuil depuis tout ce temps.

Pendant des années, j'ai réfléchi à la douleur causée par la cruauté implacable de cette personne, y compris celle qui a fait irruption dans mon rendez-vous chez le médecin, fouillant dans mes affaires sans aucun droit. Qui s'en prend à quelqu'un au moment où il est le plus vulnérable ? Je doute qu'ils aient su que l'hôpital avait retenu mes radiographies, mais s'ils l'avaient su, comment peuvent-ils vivre avec eux-mêmes, sachant que j'avais le cou cassé ? Peut-être est-il inutile de s'attarder sur eux, mais pour moi, ce sont des PIKES cruels, froids et sanguinaires ! La pomme ne tombe jamais loin de l'arbre.

Mon beau-père et sa sœur, ma mère biologique, venaient d'un milieu modeste. Ils ont dû bosser dur toute leur vie pour atteindre leurs objectifs. Il était mon prof, celui qui m'a donné l'opportunité d'obtenir un doctorat dans la vie. Malgré notre manque de communication, ses réalisations exceptionnelles et l'amélioration de la vie des gens sont des leçons que je n'oublierai jamais.

J'ai parcouru un long chemin depuis la construction de maisons dans la brousse. Travailler dans les villages quand j'étais gamin et jeune adulte s'est avéré difficile, et c'est un euphémisme. Ce à quoi j'ai été confronté à un si jeune âge m'a amené à remettre en question l'humanité. Je pense qu'essayer de rester sain d'esprit était plus difficile que d'endurer la douleur physique brutale. En fin de compte, j'ai trouvé la joie par d'autres moyens. Avec tout ce qui s'était passé, j'ai trouvé une petite fissure dans les énormes portes du paradis, à travers laquelle j'ai pu me faufiler et obtenir bien plus que je n'aurais jamais pu imaginer. Alors que ma vie commençait à s'améliorer rapidement, un monde de grande joie, d'amour et d'harmonie s'est soudainement transformé en un coup de poing dans le ventre, source de chagrin et de tristesse qui ne pourront jamais être guéris.

CHAPITRE 20

Fils bien-aimé

J'ai rencontré ma femme, Marcela, au Mexique alors que j'essayais de me remettre. J'étais là-bas pour deux raisons : je finançais mon rétablissement, et le logement et les soins médicaux étaient beaucoup moins chers au Mexique qu'aux États-Unis, et je pensais que le climat sec et plus chaud pourrait améliorer ma santé. Je ne savais pas que j'allais rencontrer la personne la plus merveilleuse du monde. Je lui dois ma vie, car elle a apporté la paix dans mon cœur.

Quand j'ai rencontré ma femme pour la première fois, j'ai eu peur. Ce n'était pas sa beauté qui m'effrayait, car je voyais bien que son âme était pure et qu'elle rayonnait de gentillesse et de compassion. Ce n'était pas non plus ses études supérieures et les trois langues qu'elle parlait qui m'effrayaient. Je n'étais pas déconcerté par son indépendance ou sa détermination à subvenir à ses besoins et à acheter sa propriété. Ce qui m'a effrayé, c'est le coup de foudre. On dit que le coup de foudre est plutôt un amour adolescent, qui est de courte durée, mais au fond de moi, je savais que je serais attaché à cette personne pour le reste de ma vie. Je savais simplement que je l'épouserais. Et c'est ce qui m'a le plus effrayé.

Alors, je suis resté loin d'elle. Je devais rester loin d'elle parce que je n'avais rien à lui offrir. Tout ce que j'avais, c'était un corps brisé et une montagne de factures médicales qui ne cessait de grandir. Pour couronner le tout, je n'avais aucune perspective d'emploi, aucun moyen de gagner ma vie, aucun logement et aucune formation. Je n'avais rien, ou presque. Comment pourrais-je jouer au tennis ou faire de la plongée sous-marine avec elle ? Ou la suivre dans ses activités ? Toutes ces questions me trottaient dans la tête pendant ce qui s'est avéré être une convalescence longue et douloureuse.

Quand j'ai rencontré Marcela, je ne pouvais marcher qu'un pâté de maisons environ, mais je marchais tous les jours, essayant d'aller de plus en plus loin. La ville où elle avait grandi était petite, donc on se croisait souvent. Finalement, on a commencé à se fréquenter et on était pratiquement inséparables.

Sa famille était géniale. À l'époque, son père, un homme formidable, était le médecin du village et un urologue qui avait sauvé la vie de nombreuses personnes au fil des ans. En revanche, je n'avais rien à offrir. La seule chose que je pouvais faire était de lui promettre que je reprendrais mes études.

« J'aurai besoin d'aide pour obtenir un diplôme universitaire ou tout autre diplôme », l'ai-je prévenue.

Ce n'était pas ma seule préoccupation. J'ai passé d'innombrables nuits blanches à me demander si je pourrais tenir ma promesse, car je ne savais pas comment ma vie allait se dérouler à cause de toutes mes blessures. Je ne savais même pas si je pourrais trouver un emploi, mais j'étais prêt à essayer et à ne pas être un échec à ses yeux.

Il s'est avéré que Marcela avait un diplôme très prisé en comptabilité, ce qui signifiait que ses opportunités étaient illimitées. Cependant, elle n'a jamais vraiment aimé la comptabilité, alors elle a poursuivi son rêve de devenir enseignante en maternelle. Je ne pouvais pas imaginer mieux. Elle devait retourner à l'école pour obtenir un master, ce qui, je le craignais, allait me mettre encore plus de pression.

Dieu merci, j'avais Marcela dans ma vie. Je le répète encore et encore. Grâce à sa compassion et à son immense amour pour tous ceux qu'elle rencontrait, elle m'a sauvé.

Après notre mariage, elle a fait preuve d'une grande patience à mon égard, alors que je touchais une pension d'invalidité permanente et que je subissais le stress du procès odieux qui est enregistré là-bas, au Canada.

Elle m'a soutenu pendant que je passais mon diplôme d'associé et ma licence à l'université de Las Vegas. Finalement, j'ai obtenu un master. Elle m'a appris l'amour, la compassion, le bonheur et la joie. Puis, alors que les choses ne pouvaient pas aller mieux, elle m'a fait le plus beau cadeau qui soit.

Au cours de notre deuxième année de mariage, Marcela est tombée enceinte. J'étais super excité, au-delà de tout ce que je pouvais imaginer. L'idée de voir notre enfant nous a procuré une immense joie. Quand j'ai vu pour la première fois les yeux sombres de mon fils Robert qui me regardaient, c'était comme si les portes du paradis s'étaient ouvertes et m'avaient laissé entrer. Mes genoux tremblaient et je souriais jusqu'aux oreilles. Je n'arrivais pas à croire ce que je voyais : mon fils, la plus belle personne qui soit. Comment pouvais-je être plus heureux ? Nous étions plus que bénis d'avoir une personne comme lui dans notre vie.

Marcela a fait un truc intéressant pendant sa grossesse. Elle ne parlait qu'espagnol à Robert. Bien sûr, je ne pouvais parler qu'en anglais. Pendant qu'il grandissait, elle a continué à ne lui parler qu'en espagnol, tandis que je continuais à parler anglais. Il avait le meilleur des deux mondes : il parlait à la fois anglais et espagnol. Ça lui serait super utile, et au moins, il pourrait communiquer avec sa famille en espagnol quand ils viendraient nous rendre visite.

C'était super cool, mais Robert ne parlait que très peu, voire pas du tout, pendant les deux premières années. On en a parlé à des experts, qui nous ont dit qu'il essayait de déterminer quelle langue parler, ce qui expliquait pourquoi il mettait un peu de temps à parler. Une fois qu'il a choisi une langue, il l'a parlée tout le temps et n'a plus arrêté de parler. Il parlait principalement anglais, ce qui était logique puisque nous vivions désormais aux États-Unis.

Au début, il parlait aussi anglais à maman, qui a donc dû le pousser à parler espagnol.

C'était une période tellement joyeuse. On regardait des dessins animés et on faisait toutes les activités habituelles pour les tout-petits, y compris lui apprendre à nager. J'étais déterminée à ce que Robert apprenne à nager, car je savais que les habitants de l'Alaska ont un taux de mortalité plus élevé que la plupart des autres États.

C'était le bon temps. Je restais à la maison, je continuais à me remettre et je m'occupais de Robert, avant de finir par retourner à l'école. Marcela a repris son boulot de prof d'espagnol et d'anglais pour les petits de maternelle. Et on a continué à offrir à Robert, qui était toujours en train de rire, de sourire et de s'amuser, une enfance super heureuse. Il était notre univers, un petit bout d'amour ; on était les parents les plus heureux du monde.

On avait de quoi être fiers. Quand le petit Robert avait un peu plus de deux ans, on l'a emmené dans un glacier. Il s'est retourné, a regardé l'enseigne au-dessus de la porte et a lu ce qui était écrit dessus. Il ne parlait pas encore, mais il avait lu l'enseigne.

Waouh, cet enfant est brillant, me suis-je dit.

Robert était plein d'énergie positive et de joie, et c'était un enfant super indépendant. Il adorait courir partout et faire des trucs tout seul, au point que Marcela et moi avons commencé à penser qu'on devrait peut-être lui mettre une laisse. Robert ne le savait pas, mais il m'a aidé à me remettre en forme, car le suivre était une forme d'exercice.

Quand Robert avait environ trois ans, je chargeais la voiture dans l'allée pour partir en vacances en famille. J'ai baissé les yeux et je l'ai vu assis près du pneu.

« Qu'est-ce qui cloche, Robert ? »

Il m'a regardé fixement. « Je suis fatigué. »

« Comment ça, tu es fatigué ? » lui demandai-je. « Je suis juste fatigué », répéta-t-il.

« OK, eh bien, tu as besoin de te reposer. »

J'étais super confuse. Ça n'avait aucun sens. On était en milieu de matinée, et ça ne lui ressemblait pas. Il était plein d'énergie et toujours en mouvement. J'ai observé Robert pendant un moment, puis je l'ai pris dans mes bras, je l'ai ramené à la maison et j'ai expliqué la situation à Marcela. On a tout de suite appelé son pédiatre.

« Il va bien », a dit le médecin. « Ne vous inquiétez pas. Il a probablement besoin d'une injection de vitamines. »

On a annulé le voyage et on l'a emmené chez le médecin. Il a examiné notre enfant et nous a dit qu'il voulait faire une prise de sang. Quand les résultats sont arrivés, on a été orientés vers un autre médecin. On ne savait pas ce qui se passait. Puis on a reçu la mauvaise nouvelle : notre fils avait une leucémie lymphoblastique aiguë (LLA). Le médecin a dû nous expliquer qu'il s'agissait d'une leucémie infantile et que Robert aurait besoin d'un traitement pour soigner cette maladie du sang. Le médecin voyait à quel point on était bouleversés. En nous regardant droit dans les yeux, il a dit :

« Écoutez, votre boulot maintenant, c'est de vivre votre vie. C'est votre mission. »

Notre pauvre bébé a tout de suite dû subir plusieurs injections dans la colonne et prendre plein de pilules tous les jours. Pendant les années qui ont suivi, on a dû se procurer des calendriers et noter la liste des pilules et les heures exactes auxquelles il devait les prendre, ainsi que le calendrier des horribles ponctions lombaires. Il ne s'est jamais plaint.

J'ai assisté à toutes ses injections. Je ne pouvais pas imaginer la douleur qu'il ressentait. C'était horrible de voir cette grosse aiguille pénétrer dans sa moelle épinière pendant qu'ils lui injectaient de la vincristine dans la colonne vertébrale. L'ironie, c'est que le fait de devoir me remettre de ma maladie m'a donné le temps d'aider mon fils et de l'accompagner à tous ses rendez-vous médicaux. Marcela voulait passer 24 heures sur 24 avec Robert, mais elle devait travailler. Je me sentais mal pour elle, car elle souffrait beaucoup d'être loin de lui, mais elle devait subvenir aux besoins de la famille. Je ne pouvais rien faire pour alléger ce terrible fardeau.

Robert semblait plus préoccupé par notre bien-être que par le sien. Il nous regardait toujours avec son grand sourire chaleureux et affectueux, même lorsqu'il prenait ses médicaments et subissait des ponctions lombaires. Il était si courageux, ne nous disant jamais s'il avait peur ou s'il souffrait. Je te jure, il y avait des moments où il nous regardait, Marcela et moi, et on aurait dit qu'il cherchait à nous réconforter, et non l'inverse. Je n'arrivais pas à y croire. C'était la personne la plus altruiste que j'aie jamais connue, un être aimant, une montagne de bonté, de gentillesse et de douceur.

Oh, comme tu es courageux et fort. J'aimerais pouvoir te soulager de cette épreuve, mon petit bonhomme courageux.

Quand Robert était malade, on a reçu énormément de compassion et d'amour de la part d'organismes extérieurs. De grandes organisations caritatives, telles que les fondations Make-A-Wish et Candlelighters, ont répondu à certains des besoins de Robert. Et très tôt, la fondation Make-A-Wish a exaucé le vœu de Robert d'aller à Disney World en Floride. Il se trouve qu'il était un grand fan de *Star Wars* et qu'il a pu assister à la parade annuelle *Star Wars*. Et à notre grande surprise, il a rencontré en privé la comédienne qui doublait Ahsoka, son personnage préféré. Elle lui a offert toutes sortes de cadeaux *Star Wars*. Il a passé un super moment en Floride. En tant que parents, on aurait pas pu être plus heureux, car Disney nous a ouvert son cœur et nous a donné un accès spécial à toutes les attractions. Robert était ravi. Comme il adorait pêcher depuis tout petit, on lui a acheté une petite canne à pêche pour qu'il puisse pêcher dans l'étang près de l'endroit où on était. Et devinez quoi ? Il a attrapé un gros achigan à grande bouche. Après tant d'épreuves, c'était incroyable de voir sa joie.

Une fois que Robert a eu sa première série de ponctions lombaires, qu'ils appellent le « big blast », on nous a dit qu'il avait une rémission rapide, ce qui voulait dire qu'ils voyaient que le nombre de globules blancs allait dans le bon sens. Mais bon, il lui restait encore des années de traitement. Les médecins ne nous disaient pas grand-chose sur ses chances de guérison s'il survivait aux traitements. On ne savait pas à quoi s'attendre, mais on savait que quand ils injectent ces médicaments aux gens, ils tuent aussi bien les bonnes cellules que les mauvaises, et ça va jusqu'au cerveau. On savait donc qu'il allait avoir des problèmes cognitifs ou musculaires.

Le père de Marcela, qui est médecin, nous a confirmé qu'il y aurait des problèmes à l'avenir et nous a expliqué certaines des possibilités. Dieu merci, Marcela a eu l'idée de mettre Robert au tennis tout de suite pour l'aider à améliorer sa coordination œil-main, qui commençait à poser problème. Quand il a essayé de grimper sur une petite échelle d'un mètre à ma demande, j'ai vu qu'il avait des difficultés. Il commençait aussi à avoir des problèmes de dextérité dans les mains quand il utilisait des outils. À ce moment-là, j'ai su qu'il ne pourrait pas bosser dans le bâtiment comme ouvrier ou comme , ou un truc du genre. Ses difficultés n'étaient pas si graves, mais je voyais bien qu'il risquait de se blesser. Et je ne voulais surtout pas qu'il prenne ce risque.

Même si Robert avait toujours été notre priorité depuis sa naissance, on a redoublé d'efforts à son égard. Je voulais traiter Robert comme un objet fragile et précieux, avec beaucoup de respect, et ne lui refuser rien. Je ne l'ai pas gâté, mais je voulais m'assurer qu'il puisse tout faire. En bref, on a suivi les instructions du médecin. On a vécu.

On emmenait Robert aux courses de NASCAR, qu'il adorait parce qu'il aimait porter sa casquette NASCAR et ses casques antibruit pour écouter les courses en direct. Je voulais qu'il découvre le pays, alors on a voyagé avec lui à travers les États-Unis, visitant trente-quatre États en un été. On a aussi loué un SUV et on est allés au Mexique pendant ce même voyage pour voir ses grands-parents et sa famille.

Aussi bizarre que ça puisse paraître, Marcela venait en fait de la même ville mexicaine que le monsieur qui avait récupéré mon caribou. Avant qu'on se marie, je lui avais montré le caribou dans le resto et je lui avais dit ce que je ressentais à son sujet, ce qui s'était passé et comment le caribou était arrivé là. Maintenant, je voulais que Robert le voie. Je ne lui ai donné aucun détail sur la chasse ni sur la raison pour laquelle mon caribou se trouvait au Mexique.

Je parlais rarement de mon séjour en Alaska et des villages. Il savait juste que c'était un endroit où j'avais vécu.

Nos aventures nous ont menés au Texas, où on a vu un énorme serpent traverser la route. On s'est enfoncés dans les grottes, où on a beaucoup appris sur leur formation. En Floride, on a nagé dans l'océan, on est allés pêcher de nuit dans la baie et on a attrapé plein de poissons, qu'on a empaillés. Puis, nous sommes allés à New York, au Mont Rushmore et même à Devil's Tower dans le Wyoming, qui apparaît dans le film *Rencontres du troisième type*. On a fini notre voyage en Colombie-Britannique pour voir les amis de sa mère. On a aussi emmené Robert en Europe avec son cousin. Il a pu nager dans le lac Léman, voir le Colisée à Rome et visiter le Vatican, où il a reçu la bénédiction.

De retour aux États-Unis, je l'emmenais toujours pêcher dans différentes régions du pays. Robert adorait attraper des poissons et les relâcher dans leur milieu naturel, une tradition familiale que m'avait transmise mon beau-père. De temps en temps, quand on voulait manger ou qu'on attrapait un beau poisson, on faisait une exception. À la maison, on a encore les poissons qu'on a empaillés, avec les dates et les lieux où on les a pêchés. Par contre, il ne me laissait pas chasser. Je respectais son souhait et honorais sa position. Je n'ai jamais essayé de le faire changer d'avis. La chasse ne faisait plus partie de moi, alors je l'ai laissée derrière moi. Je ne voulais pas le contrarier ou remettre en question son point de vue ; ce n'était tout simplement pas nécessaire. Je me contentais de me concentrer sur la pêche.

Les aventures se sont multipliées. J'ai même pris le temps de l'accompagner au Nouveau-Mexique pour laver notre voiture dans la station de lavage utilisée dans *Breaking Bad*. Mais on n'avait jamais visité l'Alaska, et Robert m'en parlait depuis des années.

Finalement, j'ai cédé et j'ai emmené tout le monde, y compris son cousin, là-bas. On a visité Anchorage et quelques zones de pêche, où on a attrapé plein de dolly vardens. Pendant cette partie de pêche sur la rivière Kenai, son cousin a lancé sa ligne, et un aigle est descendu en piqué et a attrapé son leurre. L'aigle volait avec le leurre de mon cousin, et lui le remontait. C'était tellement drôle et mignon, d'autant plus que l'aigle s'est échappé et s'est envolé.

J'ai même loué un hydravion et on a pris l'avion pour aller au lac Taper, l'ancienne cabane au nord d'Anchorage, à environ trente-cinq minutes de vol, que mon grand-père et notre famille avaient construite. Malheureusement, la personne à qui on avait vendu la cabane l'avait brûlée pour toucher l'argent de l'assurance, mais ils ont pu voir le vieux rocher où j'avais l'habitude de nager, ainsi que les entrées et sorties de la rivière où j'allais pêcher en bateau.

On a survolé le lac d'un bout à l'autre et tout autour, ce qui a pris un certain temps en raison de sa grande taille. Ils étaient super excités. Ils n'avaient jamais vécu une telle expérience auparavant. Voler en hydravion, décoller et atterrir sur l'eau, était aussi une nouvelle expérience. De retour à Anchorage, ils ont vu des feux d'artifice en plein jour pour la première fois, car il ne fait presque jamais nuit pendant l'été.

Au fil des ans, Marcela et moi avons continué à faire plein de trucs avec Robert. En grandissant et en menant sa propre vie, il s'est mis au tennis et à d'autres activités de manière plus sérieuse. Et il passait du temps avec un ami spécial, un autre ange, qu'il avait rencontré à l'école primaire.

Ils ne pouvaient pas l'expliquer, mais ils se sont compris dès le premier jour et sont devenus les meilleurs potes. Quand ils se retrouvaient, ils étaient comme deux vieux à l'école primaire : toujours sérieux, toujours heureux et toujours prêts à s'amuser. On était super contents que Robert ait trouvé ce qu'on considérait comme une amitié pour la vie, une âme sœur, si tu veux.

Bien sûr, Robert luttait toujours contre la maladie à l'époque, prenant des médicaments et subissant des ponctions lombaires, sans jamais se plaindre. On l'a transféré dans un hôpital réputé et bien connu de la côte ouest pour terminer son traitement et on a demandé à cet établissement de ne pas parler à Robert de sa maladie. On savait qu'il était temps de lui dire ce qui se passait dans son corps, mais on gardait encore ça pour nous. On ne voulait pas priver Robert de son enfance en lui révélant sa maladie.

« Il a le droit de savoir ce qui se passe dans son corps », ont insisté le médecin et l'infirmière.

« On sait, mais on va faire appel à un psychologue et organiser une réunion de groupe pour réfléchir à la meilleure façon de lui annoncer la nouvelle », avons-nous répondu. On a été très clairs avec le médecin et le personnel.

Quelque temps a passé. Un jour, alors qu'il était en train de se faire soigner et que j'étais assise dans la salle d'attente, on m'a appelée. J'ai vu l'infirmière me regarder bizarrement. J'ai eu peur.

« Que s'est-il passé ? » ai-je demandé.

« J'ai dit à Robert ce qu'il avait », m'a-t-elle répondu d'un ton bizarre.

« De quoi tu parles ? » ai-je dit.

« Oui, eh bien, il avait le droit de savoir qu'il avait une leucémie. »

« Vous n'étiez pas censée lui dire quoi que ce soit. C'était à nous de le faire.

Il avait le droit de savoir.

Le docteur est arrivé à ce moment-là et, avec un regard sérieux et autoritaire, il a répété ce que l'infirmière venait de dire.

« Vous n'aviez pas le droit de lui dire », ai-je rétorqué.

J'étais horrifiée. Je n'arrivais pas à croire que cet établissement ait informé mon enfant de sa maladie sans notre permission.

J'ai pris Robert et je l'ai ramené à la maison. J'ai dû annoncer la nouvelle à Marcela, et on était tous les deux bouleversés. Plus tard dans la soirée, on a parlé à Robert de sa maladie et des raisons pour lesquelles on ne lui en avait pas parlé plus tôt. Il n'était plus le même après ça. Il y avait quelque chose de différent dans son regard, et la façon dont il nous regardait était très différente. Parfois, il nous disait que tout allait bien, mais on savait que quelque chose n'allait pas.

Plus tard, en grandissant, cette connaissance a commencé à le faire souffrir. Même s'il avait terminé ses traitements, il avait peur que la leucémie revienne. Le pauvre Robert était traumatisé. Je suis toujours très en colère contre cette infirmière et ce médecin pour ce qu'ils ont fait. C'était mal. Robert avait le droit de savoir, oui ! Mais il avait aussi le droit d'apprendre la nouvelle par nous, ses parents. Heureusement, cette violation de la confiance n'a pas nui à notre famille. On est tous restés proches.

On avait prévu un voyage en famille. J'ai demandé à Robert où il voulait aller. Il avait le choix entre l'Australie et la Nouvelle-Zélande. On a décidé d'aller en Nouvelle-Zélande. Alors qu'on s'apprêtait à acheter les billets, Marcela, qui s'était blessée au boulot, a dit qu'elle ne pouvait pas voyager parce que son état s'était aggravé et qu'elle pouvait à peine bouger.

« Je veux que vous y alliez », a-t-elle dit.

« Wow, tu vas laisser Robert et moi partir seuls en Nouvelle-Zélande ? », lui ai-je demandé.

« Oui », a-t-elle répondu. « Pas de problème. Je veux que vous vous amusiez. »

« OK, on y va », ai-je dit à Robert. Et j'ai pu emmener mon fils en Nouvelle-Zélande.

C'était l'été aux États-Unis et l'hiver en Nouvelle-Zélande, alors on a pris des fringues pour le froid. On a visité plein de villes, loué des voitures, fait plein de trucs et on est allés pêcher dans un endroit super connu, mais on savait pas à l'époque qu'il était aussi célèbre. Le lac était énorme et plein de grosses truites. J'ai engagé un guide de pêche à la mouche, qui était super sympa. Robert et moi, on devait le retrouver tôt le matin. Il voulait qu'on soit au débarcadère à 5 h 30.

Pendant qu'on prenait notre petit-déjeuner, j'ai reçu un SMS des États-Unis m'annonçant qu'un collègue de travail et ami cher était décédé cet après-midi-là, heure américaine. Robert était très attaché à lui. On lui rendait souvent visite chez lui ou dans la baie, et il avait appris à Robert les bases de la voile. J'ai dit à Robert qu'on allait pêcher pour lui. Il faisait nuit et froid quand on a quitté la maison pour aller à l'embarcadère. À notre arrivée, il y avait de la glace partout, donc on devait faire attention à ne pas glisser ou tomber à l'eau. La température était de -2,78 degrés Celsius.

On était dans la région depuis quelques jours et on avait subi une grosse tempête qui avait inondé les routes. Une fois qu'on a quitté le rivage, j'ai remarqué tous les troncs d'arbres que la tempête avait amenés, alors je n'étais pas sûr qu'on allait attraper quoi que ce soit. Dès que j'ai lancé ma ligne, j'ai eu une touche. J'ai donné la canne à Robert, qui a remonté le poisson. C'était une magnifique grosse truite, comme celles qu'on avait pêchées en Alaska. C'était notre truite à tous les deux, celle pour notre pote. Je suis sûr qu'il nous souriait depuis là-haut ce jour-là.

Un soir, on est allés dans un resto et un spectacle réputés. L'entrée était plongée dans le noir, puis on a entendu des chants au loin. À mesure que les chants devenaient de plus en plus forts, on a vu de petites flammes s'approcher de nous. En baissant les yeux, on a vu de l'eau. En quelques instants, un canoë est arrivé, pagayé par les autochtones locaux, et nous a emmenés dans la salle à manger pour le dîner. Cela faisait partie du spectacle, et nous étions tous les deux fascinés.

On a ensuite participé au spectacle avec le reste du public en applaudissant et en chantant avec les autochtones. Juste avant de manger, l'animateur est passé à chaque table et a demandé à chaque personne d'identifier la langue qu'elle parlait. Beaucoup de gens venaient du monde entier, et peu importe leur langue, l'animateur leur parlait dans leur langue maternelle. Ça m'a rappelé quand j'avais environ quinze ans et que j'ai fait un safari dans l' , en Afrique du Sud, où j'ai rencontré un homme qui parlait sept langues. Quand l'animateur est arrivé à notre table, Robert a dit qu'il parlait espagnol, alors l'animateur a parlé espagnol avec Robert pendant un bon moment. Oh, comme j'aurais aimé que Marcela soit là.

Ce spectacle mémorable nous a permis, à Robert et moi, de découvrir la culture maorie, qu'il respectait énormément. Il a aussi vu le côté géologique de la Nouvelle-Zélande et a observé avec beaucoup d'intérêt les mares de boue bouillonnantes et les geysers jaillissants qui étaient partout autour de nous. Robert a trouvé un endroit où on pouvait se baigner dans des sources chaudes naturelles. On pouvait compter sur lui pour découvrir des endroits géniaux à explorer.

On savait même pas qu'ils avaient tourné *Le Seigneur des anneaux* ou *Le Hobbit* en Nouvelle-Zélande, mais notre voyage nous a menés à Wellington. On était allés dans un hôtel-restaurant pour déjeuner et on a entendu deux gars au bar parler du studio de cinéma du *Hobbit*. On a écouté leur conversation sans qu'ils nous entendent. On s'est sentis super mal de faire ça, mais ça valait le coup, car en fait, le studio était juste en bas de la rue. On a pris un taxi pour aller visiter leurs bâtiments dédiés aux effets spéciaux.

Oh, c'était tellement amusant de voir les maquettes du décor du film et les armures faites à la main que portaient les acteurs. On a vu les flèches et les haches utilisées dans les batailles, ainsi que les petites et les grandes créatures qu'ils ont créées, y compris Gollum, la petite créature verte qui aimait l'anneau qu'il appelait « mon précieux ». Pendant la visite du studio, on a beaucoup appris sur le talent et les efforts nécessaires à la création d'effets spéciaux. On a demandé où ils avaient tourné les scènes en extérieur pour le film et où se trouvaient les décors des petits hobbits. Une fois qu'on a su où aller, on a fait un long trajet en voiture pour arriver à destination, puis on a rejoint un groupe pour la visite guidée, le seul moyen de visiter la maison des hobbits.

« Qui a lu *Le Seigneur des anneaux* ? » a demandé le guide une fois qu'on était tous dans le bus. Robert a levé la main. Quand on est descendus du bus, le guide a de nouveau demandé qui avait lu *Le Seigneur des anneaux*, et Robert a encore levé la main. Les deux fois, il était le seul à l'avoir fait.

Dès son plus jeune âge, Marcela a fait la lecture à Robert, et je la remercie d'avoir éveillé son intérêt pour la lecture. Dès son plus jeune âge, il lisait sans arrêt. J'ai quand même été surprise qu'il ait lu *Le Seigneur des anneaux*, car c'est un livre épais que je n'aurais jamais lu.

Le guide a continué à interroger Robert sur le livre, ce qui l'a fait rire. Ce jeune homme avait lu le livre. Beaucoup de gens disent l'avoir lu, mais ce n'est pas vrai. Ils ont vu le film. Et comme Robert le disait toujours, le film est différent du livre.

On a eu la chance de voir tous les décors du Hobbit, y compris l'emplacement de la petite maison où vivait Sam, un personnage du film. On a pu boire de la fausse bière dans la taverne et on a même vu le célèbre arbre. Mais à un moment, Robert s'est éclipsé et j'ai dû le chercher. Son côté indépendant, qu'il avait déjà quand il était petit, était toujours là. Après l'avoir cherché un bon moment, je l'ai enfin trouvé. Quand je me suis approchée, il parlait à un monsieur avec un kit de peinture. Il m'a dit que ce monsieur avait bossé sur *Star Wars*.

Waouh, c'est cool, me suis-je dit.

On lui a posé des questions, mais il a refusé de nous dire quoi que ce soit sur le film *Star Wars*, prétextant qu'il avait signé un contrat de confidentialité. La seule chose qu'il a accepté de dire, c'est que c'était vraiment génial.

On a passé plus de deux semaines en Nouvelle-Zélande et on a passé un super moment père-fils. Robert a pu voir et faire plein de trucs en Nouvelle-Zélande. J'ai eu tellement de chance de pouvoir profiter de sa compagnie. Mon Dieu, on s'est tellement amusés. En même temps, on était déçus que Marcela n'ait pas pu venir avec nous, car sa présence aurait rendu le voyage encore plus joyeux et complet. On a décidé de l'emmener là-bas.

Robert aimait tellement sa mère. C'était elle qui menait la barque. Rien ne me rendait plus heureuse que de savoir que ces deux-là s'amusaient bien, alors j'étais super contente quand elle a emmené Robert au Mexique toute seule pour rendre visite à la famille. Ils adoraient tous Robert et ils partageaient des histoires de leurs aventures. La mère et le fils ont visité Guadalajara, Guanajuato, Michoacan et Mexico, où il a pris des photos d'églises, de cathédrales et de places, discuté avec des autochtones et goûté leur bouffe unique. Il discutait de l'histoire qu'il avait apprise là-bas. Robert aimait l'histoire depuis son enfance et lisait tout le temps des livres historiques. Chaque fois qu'on visitait un site historique ou une nouvelle ville, il nous donnait un aperçu de la région. Tout le monde dans la famille disait toujours que Robert était comme une encyclopédie ambulante. Il était brillant, notre référence en matière d'informations.

Lui et sa mère sont allés à un spectacle de montgolfières, puis ils ont couru se mettre sur le toit de leurs proches pour dire au revoir aux passagers qui passaient au-dessus de leurs têtes. Ils m'ont dit que les montgolfières étaient si proches d'eux qu'ils auraient pu les toucher.

Robert a ensuite escaladé les pyramides du Soleil et de la Lune à Teotihuacan. Marcela et Robert ont marché le long de l'aqueduc à Michoacan. Ils ont pris le funiculaire pour voir la statue d'El Pipila, ont parcouru les rues extrêmement escarpées et étroites, et se sont joints à une procession nocturne menée par l'Estudiantina, un groupe de musiciens et de danseurs.

C'est pas génial, ça ?

Robert a adoré ce voyage avec sa mère et la rencontre avec le reste de sa famille. Leurs aventures ont largement surpassé celles en Nouvelle-Zélande, car il a pu être avec sa mère, tous deux étant plongés dans sa culture.

Malgré la proximité qui nous unissait tous les trois, Robert pouvait encore nous surprendre. Un soir, on est tous allés voir un spectacle de stand-up pour les locaux dans le cadre d'un devoir supplémentaire pour son cours d'anglais avancé. La tâche consistait à écouter des chanteurs, des comédiens et des orateurs, à écrire quelque chose à la volée pendant les performances, puis à le présenter sur scène. Depuis le fond de la salle, ma femme et moi avons vu Robert écrire des mots sur une serviette. Il n'arrêtait pas d'écrire. À ce moment-là, tous les autres participants étaient déjà sur scène. Puis nous l'avons vu taper sur l'épaule du professeur et lui dire : « J'ai quelque chose. »

L'instant d'après, Robert était sur scène en train de lire ce qu'il venait d'écrire. C'était un poème magnifique, beau et incroyable, et le public a réagi par des applaudissements tonitruants. Nous étions si fiers de lui. J'avais la tête qui tournait. Je ne savais pas que Robert pouvait écrire de la poésie. Je n'en avais aucune idée. Il ne nous en avait jamais parlé. Il l'avait juste fait.

Pendant longtemps, Robert avait eu du mal à formuler une thèse lorsqu'il écrivait. C'était son principal obstacle en anglais, mais une fois qu'il avait une thèse, il était capable d'écrire n'importe quoi. Les mots jaillissaient de lui. Quelque temps avant l'obtention de son diplôme, on a remarqué qu'il était désormais tout à fait capable d'analyser rapidement des textes écrits et de développer une thèse. Il était si vif, avait tellement appris dans les cours d'anglais avancés et avait progressé si vite.

« J'ai eu d'excellents professeurs, et ils m'ont poussé », me disait-il sans cesse.

À mon grand soulagement, Robert n'était pas dyslexique. Même quand il était à l'école primaire, je pouvais toujours lui demander comment s'écrivait un mot. Il montait ou descendait les escaliers en courant, me criait l'orthographe du mot, puis souriait et riait. Ça m'amusait toujours beaucoup.

Robert avait toujours envie d'apprendre et prenait des risques en rejoignant des clubs scolaires, comme l'équipe de robotique. Il adorait passer du temps avec ses nouveaux potes, travailler sur les robots et participer à des compétitions mondiales de robotique avec ses camarades de classe.

Malgré nos craintes initiales quant à l'impact que son traitement aurait sur lui, Robert avait des capacités athlétiques incroyables, remportant la première place dans de nombreuses courses d'athlétisme, et finissant par courir des 5 km et même un marathon. En dernière année, il a aussi pris des cours de golf et a rejoint l'équipe de tennis du lycée. Pour la première fois, leur école a enchaîné les victoires dans la région. Il a joué en double et a tout gagné. Pendant les compétitions, il observait ses adversaires. Une fois qu'il les avait cernés, il utilisait leurs faiblesses contre eux. Malgré tout, il était tellement compatissant qu'il perdait parfois des matchs de tennis pour que son adversaire soit content de sa victoire.

Juste avant les derniers matchs et la remise des diplômes, sans prévenir, le COVID-19 a frappé, et les écoles aux États-Unis ont fermé, mettant fin aux matchs. Ils ont été privés non seulement de la victoire au championnat, mais aussi de tout ce à quoi un jeune a droit : 1 . Le bal de promo, ainsi que toutes les autres activités que les élèves de dernière année font avant de finir le lycée, ont été annulés. Je me sentais tellement mal pour Robert, ses potes et tous les enfants qui ont été si durement touchés par les confinements liés au COVID.

À l'époque, les élèves ont dû continuer leurs études à distance pour obtenir leur diplôme. Ce n'était pas facile, et notre gouvernement n'a pas donné d'explications claires, car il essayait encore de comprendre ce qui se passait. Le fait de devoir s'isoler et de ne pas savoir exactement comment la maladie se propageait a rendu cette période difficile.

Après ne pas avoir vu ses camarades de classe et ses potes pendant un certain temps pendant le confinement, le lycée a décidé d'organiser une remise des diplômes en plein air. L'école a utilisé le terrain de foot pour aligner les élèves en respectant les règles de distanciation sociale, et les administrateurs ont appelé les élèves un par un sur l'estrade pour leur remettre leur diplôme. C'était une journée ensoleillée et exceptionnellement venteuse. Le vent soufflait si fort que le mortier de Robert s'est envolé et qu'il a dû courir après pour le récupérer. Finalement, Robert a reçu son diplôme de fin d'études secondaires et a récupéré son mortier. C'était un moment doux-amer pour lui de voir ses potes de loin. Il n'y avait pas de poignées de main ni d'accolades pour se féliciter mutuellement.

Peu après, Robert a aussi eu sa récompense au tennis en gagnant un tournoi de double hors de l'État. Il était super content du trophée qu'il a reçu, un verre contenant vingt dollars. Ça lui a prouvé qu'il était un champion. Je l'ai taquiné en lui disant que maintenant qu'il avait gagné vingt dollars, il n'était plus un amateur, mais un pro. Il a juste souri.

Robert s'est inscrit dans un établissement d'enseignement supérieur communautaire, qu'il a suivi en ligne pendant deux ans pendant le confinement. Il ne savait pas quelle filière choisir.

Après avoir longuement discuté avec son conseiller, il a décidé de faire des études d'anglais. Au lycée, il avait réussi le test pour suivre un cours universitaire avancé (AP) en espagnol, et maintenant, il allait faire des études universitaires en anglais.

Quoi de mieux ? me suis-je dit. *Il deviendra une personne accomplie.*

L'école était difficile et isolante pour lui, car il était enfant unique et coincé avec deux parents qui vieillissaient sous ses yeux. Il était censé profiter pleinement de la vie. Sortir avec des filles, s'amuser avec ses amis. Malheureusement, sa génération a raté tout ce qui fait le sel de la vie. Nous nous sentions terriblement mal pour lui et les autres élèves.

À cette époque, Marcela n'était plus la seule enseignante de la famille. J'avais obtenu mon diplôme d'enseignante. Ayant à faire face à des élèves dans des circonstances similaires, nous étions aussi désolés pour eux que pour notre fils et ses amis.

Robert a suivi des cours supplémentaires pendant les vacances d'été et a obtenu son diplôme l'hiver avant son vingt et unième anniversaire. Pendant ce temps, il a fait beaucoup de bénévolat dans un observatoire, où il faisait visiter les télescopes en anglais et en espagnol et expliquait les étoiles dans le ciel nocturne. À côté de l'observatoire, il y avait un centre nature où il a aidé à s'occuper des animaux. Il aimait tellement aider les animaux qu'il passait du temps à aider les petites grenouilles à traverser la route pour qu'elles ne se fassent pas écraser. Il les attrapait, les faisait traverser la route, puis les relâchait.

Les animaux semblaient l'aimer autant qu'il les aimait. Au camp d'équitation, ils l'avaient surnommé « Hollywood » parce qu'il souriait tout le temps et portait des lunettes de soleil. Ils lui avaient attribué un cheval plus âgé et têtu, nommé Jack. Robert était la seule personne à qui Jack obéissait. En même temps qu'il faisait du bénévolat, Robert a aussi postulé dans six écoles. À ma grande surprise, il a été accepté dans les six, trois universités de Californie et trois universités d'État.

Juste après avoir obtenu son diplôme, Robert est parti seul au Mexique et a rendu visite à sa famille, qu'il n'avait pas vue depuis plusieurs années à cause du COVID. Il a fêté ses 21 ans au Mexique, et ses proches et amis l'ont emmené dans son premier bar pour célébrer son anniversaire. Il a retrouvé ses amis d'enfance, ceux qu'il avait connus lorsqu'il allait à l'école au Mexique, et ils se souvenaient tous de lui. Son cousin, qui avait rejoint notre famille lors du voyage en Alaska, suivait des cours à l'université, et il a emmené Robert dans ses cours sur le campus. Il a rencontré plusieurs profs de son cousin, qui ont gentiment discuté avec lui de ses options pour l'avenir et des cours qu'il pourrait suivre. Robert a aussi eu la chance de passer du temps avec sa grand-mère, qu'il adorait, et le reste de sa famille.

Malheureusement, Robert est décédé dans un accident de voiture juste après avoir choisi l'université où il allait étudier. Il était super excité à l'idée d'entrer à cette université le semestre suivant. Il était encore en train de réfléchir à ce qu'il voulait faire de sa vie, mais il penchait pour une carrière dans le domaine de la santé, comme son grand-père. Il avait donc décidé de faire des études d'espagnol à l'université. On était super fiers de lui, car il aurait pu utiliser ce diplôme pour aider encore plus de gens, ce qui était son but ultime.

Mon beau fils, je suis tellement reconnaissante d'avoir connu une personne de ta qualité, de ta compassion et de ta gentillesse envers les autres. Ce fut un honneur d'être à tes côtés.

Je n'ai pas beaucoup appris à Robert ; c'est lui qui m'a tout appris. Tous les parents ressentent probablement la même chose pour leur enfant. Pour moi, Robert était un ange, un saint, une personne merveilleuse, et je prie pour lui tous les jours. J'ai été témoin de la beauté de sa naissance, et en regardant ses beaux yeux, que l'on dit être le miroir de l'âme, j'ai pu voir un amour pur, sans complexe et inconditionnel rayonner de ses yeux. Il a traversé tellement de choses quand il était petit. Je l'ai vu faire preuve d'un grand courage à l'âge de trois ans, alors qu'il luttait contre la cruauté de la leucémie avec bravoure et dignité. Le fait qu'il ait survécu à la leucémie infantile était un miracle en soi, et chaque jour qu'il passait avec nous était un autre jour au paradis sur terre.

Même si je suis reconnaissant d'avoir parcouru de nombreux chemins, aussi difficiles, exigeants ou agréables fussent-ils, aucun n'a été aussi joyeux et mémorable que celui que j'ai parcouru avec ma merveilleuse et aimante épouse et mon magnifique et glorieux fils. Parmi les nombreuses leçons qu'ils m'ont enseignées, la plus profonde a été le sens de la compassion, de l'amour, du bonheur et de la joie.

Robert nous a montré le chemin et on l'a suivi pendant ses vingt et un ans de vie.

Tout au long de ma vie, j'ai rencontré plein de gens courageux et forts de partout dans le monde, mais je n'ai jamais rencontré quelqu'un d'aussi courageux que Robert, car c'était l'homme le plus courageux que j'aie jamais connu. Et ce qui m' ait encore plus, c'est que plus il était courageux, plus il devenait saint. Il avait même de la sympathie pour le diable.

« Je suis désolé pour lui », disait-il.

Je veux dire, le diable ? Qui fait ça ? Je ne dis pas qu'il aimait le diable, mais ça montre son amour et sa compassion illimités et sans frontières pour toutes les créatures de Dieu. Il dirigeait sa compassion vers les gens et les animaux, et son envie de les aider est devenue une obsession grandissante. Son courage était contagieux et se transmettait à ses amis et à ceux qu'il aidait. Il écoutait les autres et les considérait comme sa priorité absolue. Il cherchait à se donner sans compter et à aider ceux qui ne pouvaient pas s'aider eux-mêmes. Souvent, il aidait les autres sans nous en parler ni en parler à personne d'autre.

Robert est resté humble et discret, ne partageant jamais ses difficultés médicales pendant son enfance, ses voyages ou ses réalisations avec ses amis ou des inconnus. Je regarde tous ses trophées et médailles de première place, dont un provenant d'un concours pour bébés à Las Vegas, parmi tant d'autres. Pourtant, il n'en a jamais parlé. Je dis : « Beau travail ». Il n'a jamais voulu être le centre d'attention, choisissant toujours plutôt de montrer aux autres qu'il se souciait sincèrement d'eux.

Lors de la célébration de la vie de Robert, on a partagé ce qu'il avait accompli pendant sa courte vie. Ses potes étaient choqués. Beaucoup d'entre eux auraient aimé savoir qu'il avait survécu à la leucémie, disant qu'ils auraient été là pour l'aider à traverser ce traumatisme.

Ta mère et moi n'oublierons jamais ta trace d'amour et de compassion. Tu as apporté des tonnes de joie et tu étais aimé par tous ceux qui t'ont côtoyé. Tu étais le meilleur d'entre nous, et il est temps pour toi de trouver la paix et d'explorer le grand univers. Un jour, on te retrouvera, on te serrera très fort dans nos bras et on te suivra alors que tu nous guideras sur ce chemin d'amour.

C'est mon chemin, le chemin de mes pensées.

NOTE DE L'AUTEUR

Ce livre est dédié à mon fils, Robert. Il voulait que je raconte mon histoire et que je la publie, alors j'ai décidé de bosser dur pour la rendre publique. J'espère lui avoir rendu justice.

Pour honorer la mémoire de Robert, une partie des bénéfices de ce livre sera reversée aux fondations Make-A-Wish et Candlelighters. Je peux vous dire par expérience qu'elles font une différence dans la vie des enfants et de leurs familles, en tenant leurs promesses et en leur offrant le plus beau cadeau d'amour de la part de chaque personne qui donne de son temps et/ou fait un don.

Tous les enfants qui ont des problèmes médicaux ou autres devraient être bénis par des gens bienveillants et compatissants envers les autres. Même si tu n'achètes pas ce livre, ma femme et moi te demandons d'envisager de faire un don, même modeste, à l'une ou aux deux fondations, ou à toute autre association caritative pour enfants de ton choix (assure-toi qu'elle soit sérieuse), ou de faire un petit geste de gentillesse envers quelqu'un. Un simple bonjour ou un sourire peut aider quelqu'un qui est dans le désespoir à retrouver l'espoir, à remonter le moral pour un avenir meilleur. Je pense que tout le monde peut donner un peu de son temps.

Je ne sais pas si je suis croyant ou spirituel. Ce que je peux te dire, c'est que je suis quelqu'un qui n'a pas de réponse à la question « pourquoi ». Pourquoi est-ce la question la plus douloureuse et la plus cruelle que tout parent puisse se poser ? En tant que personne qui croit en la science, je cherche des preuves. L'immensité de l'univers dépasse la capacité de compréhension de l'être humain, et c'est pour ça qu'il y a peut-être quelque chose de plus grand que nous.

Je ne sais pas ce que c'est, mais j'espère que c'est l'amour pour nous tous. Comme je l'ai toujours dit à Robert, il a fallu plus de treize milliards d'années à l'univers pour te créer, c'est pourquoi tu es si spécial, tout comme tous les êtres vivants sont spéciaux. Alors, profite de ton temps dans ce monde magnifique.

Robert croyait en Dieu et se sentait obligé d'aider ses semblables, quel qu'en soit le prix. C'était tout Robert. Il regardait toujours vers le ciel et croyait en la science et en l'univers. Il me répétait sans cesse : « Nous changeons simplement de forme d'énergie lorsque nous mourons. » C'était un penseur profond et un être humain brillant. Ses amis me disent sans cesse à quel point Robert était spécial et comment il faisait en sorte que les gens se sentent spéciaux. Alors, je te dis, Robert, que tu étais l'AMOUR et que tu étais aimé de tous. Ta compassion et ton amour pour tes semblables, ainsi que ton désir de donner tout ce que tu avais pour aider les autres, étaient extraordinairement altruistes et ne seront jamais oubliés.

Que la paix soit avec toi, mon saint bien-aimé.

QUE DIEU TE BÉNISSE, NOTRE DOUX PRINCE.

2002-2023

Lac Yellowstone

Nager avec les dauphins, Six Flags, Californie

Robert, maman, Abuelo et Abuela Mexique

Robert et maman
Colisée de Rome

Robert et moi Lac Léman, Suisse

Robert avec maman, papa et cousin
Lac Léman, Suisse

Nouvelle-Zélande

Location de voiture Austin Powers

Robert sur le plateau de tournage
des maisons du Hobbit
Nouvelle-Zélande

Robert et Gollum Wētā Productions
Nouvelle-Zélande

Robert et Bruno au Grand Canyon

Robert avec son cousin en route vers Cabin Lake, en Alaska

Robert et maman profitant de la vue depuis la cabane du lac Trapper, en Alaska

Robert au tennis au lycée

Robert et maman Restaurant *JAX SNAX* au Mexique

Les sorties de pêche de Robert
Nouvelle-Zélande, Alaska et Oregon

Robert debout sous mon caribou à l'hôtel Armida, au Mexique
(Chapitre 14 : Bear No Hide)

Robert, tout fier, devant le sureau de mon beau-père
Park Condos, Anchorage, Alaska, construit en 1978-1979

Portrait au crayon de Robert par sa mère

Robert peint par Abuela

NOTES DE FIN

[i] Page 18 « **National Geographic a remarqué...** » Wilbur E. Garrett, éd., « Hunters of the Lost Spirit », *National Geographic* 163, n° 2 (1983). https://nationalgeographicbackissues.com/product/national-geographic-february-1983/

[ii] Page 20 « **D'après l'Alaska Fish and Game...** » « Northern Pike », Alaska Department of Fish and Game, consulté le 30 novembre 2024, https://www.adfg.alaska.gov/index.cfm?adfg=northernpike.main

[iii] Page 31 « **Les lecteurs qui veulent en savoir plus...** » David Lomax, « SJCC Construction Tech VDC », conférence, Stanford Center for Integrated Facility Engineering, 16 mai 2019. https://docs.google.com/presentation/d/17oM8BuuAIZFuelsR_lthXijPoP4Ov WqWr_tQaSAPkUo/edit#slide=id.g5aa4a38de5_2_128

[iv] Page 70 « **D'après l'Occupational Safety and Health Administration...** » « OSHA Excavation Compliance », National Environmental Trainers, consulté le 14 décembre 2024,

https://www.natlenvtrainers.com/blog/article/osha-excavation-
compliance#:~:text=Did%20you%20know%20the%20fatality,associated%20with
%20trenching% 20and%20excavation

^v Page 186 « **Des années plus tard, à l'université...** » « À propos de
l'expérience de la prison de Stanford », bibliothèques de l'université de Stanford,
consulté le 30 novembre 2024,
https://exhibits.stanford.edu/spe

Helio Courier

185 Float Plane

Short SC.7 Skyvan

C-119

Aviation Traders ATL-98 Carvair

UH-34D Seahorse Helicopter